永原和子著

近現代女性史論

――家族・戦争・平和――

吉川弘文館

まえがき

女性史の創造

私の書架の一番はしに白い厚手の表紙も中の紙も茶色にやけて、触るとばらばらになりそうな一冊がある。井上清『日本女性史』の初版本である。それほど読み込んだわけではなく、多く使ったのはその後に出版された新書版であったのに、こんなに傷んでいるのは戦後間もないころの紙不足や装丁技術、そして六十余年という歳月のゆえであろう。私が「女性史」という書に出会った最初である。

『日本女性史』にややおくれて高群逸枝の『女性の歴史』が刊行され、この二書はもっとも多く読まれた女性史といわれている。一九五〇（昭和二十五）年前後には他にも数多くの女性史が出版されて女性史ブームの感があった。なぜ、このような現象が起こったのだろうか。一つには戦争から解き放たれて新しい時代の生き方を模索し、その指針を求めたとき、女性たちは、その祖母や母や先輩たちがどう生きてきたかまったく知らないことに気づいた。これまで国家が教える歴史に女はいなかった。若い女性たちは井上や高群の女性史によって目を開かれた。

しかし井上清や高群逸枝の女性史は突然あらわれたのではなかった。そこには戦前からの歴史学の蓄積があった。高群の戦前からの女性史や婚姻史の研究についてはいまさらいうまでもない。井上は一九三七（昭和十二）年、歴史教育研究会の『歴史教育』の女性史特集に「近世農民社会の女性」「明治維新の女性の生活」を執筆し、家父長的家制度や農民男女の労働、地位について書いた。皇国史観の横行する時代に女性史の特集を企画し執筆した研究者の思いが伝わってくる。

戦時期に同じように、のちの女性史研究の基礎になる研究を続けた人々があった。経済史家の三瓶孝子《さんぺいこうこ》は紡績など繊維産業の女子労働についての研究を積んでいた。丸岡秀子は農村女性の労働の過酷さ、母性破壊の実態を調査し『日本農村婦人問題』を著わした。労働運動の活動家であった帯刀《たてわき》貞代は、活動が困難な時代になると丸岡秀子、西清子とともに、市川房枝の婦人問題研究所の支援で婦人問題文献の目録作成を行った。その事業は戦後、三井礼子らの近代女性史研究会によって引き継がれ、『明治文化全集婦人問題篇』に収録された。三瓶、帯刀、西たちは戦後、『働く女性の歴史』（三瓶）『日本の婦人』（帯刀）『職業婦人の五十年』（西）などのかたちで戦時期の研究を世に送った。

一九五〇年代には女性史研究を目指す人たちが各地に研究会やサークルをもった。東京では三井礼子、村田静子たちが中心になって民主主義科学者協会（民科）に婦人問題研究会をつくった。山川菊栄、菅谷直子たちの婦人問題懇話会もその一つである。戦後女性史研究はこのように戦前からの研究者や活動家たちの業績や努力のうえに築かれた。

この時期にそこに集まった人の多くが勤労女性や学生であって、女性史への関心は職場での男女不平等や、家庭での家父長制への不満、疑問からであったので、研究のテーマはおのずから女性解放の思想や理論、解放運動の歴史に向けられ、またこれと戦ってきた先輩の生きた体験に学ぶことが多かった。大学の講義やゼミで女性史が取り上げられることがなかった時代、このような市井の研究グループは女性史を志すものにとって貴重な学習の場であった。

一九七〇（昭和四十五）年、村上信彦は井上清の女性史を「解放史」と規定し、それは女性解放の図式や概念を述べたもので、そこからの研究の発展はなかったと批判した。そして女性解放とは無縁であった無名の女性たちの営みに目を向けた「生活史」こそ女性史であると述べた。これをめぐっては米田佐代子・伊藤康子をはじめ多くの研究者の間で女性史研究の方法についての論議がかわされた（村上信彦「女性史研究の課題と展望」『思想』五四九　一九七〇年、古庄《こしょう》ゆき子編集／解説『資料女性史論争』一九八七年）。公式的な階級史観についての批判は多くが認めるが、問題は「解放史」か「生活史」かの二者択一ではなく、これをいかに統一的にとらえるかであり、それが七〇年代以降の女性史の課題となった。

一九七〇年以降の女性史研究の動向

女性史研究の転機は一九七〇年代にあった。その契機の一つは女性史論争にあったが、さらに一九七三（昭和四十八）年の石油ショックをきっかけとする高度経済成長の終息が、一直線に発展をとげると思われていた近代への懐疑を生んだこと、さらに高度成長の約二十年間に起こった、急激な生活や家族の変容、女性の働き方の変化が女性史に新しい課題を投げかけたことである。

また、一九七〇年に起こったウーマンリヴと、その提起した問題を受け止めて理論化した第二波フェミニズムと女性学の誕生は、家族のなかに安住するかにみえる女性を揺さぶった。さらに、七五年に始まる国際婦人年と差別撤廃条約は、母性の役割の重要さを強調する一方で、伝統的な男女の性別役割の見直しによる平等の実現を求めた。

こうした潮流を反映して女性史研究においても一九七〇年代から八〇年代には、家族、子育て、母性、性別役割、生活、地域など広い意味での社会史、生活史的課題に関心がもたれるようになった。歴史学全体でも同じように社会史、生活史、民衆史、地域史研究が盛んになった。

こうした機運のなかで一九七五年ごろからの女性史研究はこれまでの近現代中心から全時代についての研究へと関心が広まった。また古庄ゆき子『ふるさとの女たち――大分近代女性史序説』（一九七五年）、高橋三枝子『北海道の女たち』（一九七六年）などのように中央の歴史が書かなかった女性の発掘が始まった。そこには地域を変えるという意欲がこめられていた。また、山本茂実『あゝ野麦峠』（一九六八年）、山崎朋子『サンダカン八番娼館――底辺女性史序章』（一九七二年）はまったく対照的な方法によって庶民女性の実像に迫り女性史研究の方法に大きな示唆を与えた。

女性史研究で新しい傾向の共同研究の成果がみられるようになるのは八〇年代に入ってからである。その一つである『日本女性史』全五巻（一九八二年）は、古代史から現代史までの研究者の共同研究によって、それまで女性不在であった歴史学に対し「歴史の中の女性の実像」を示す意図で編纂された（同書「刊行にあたって」）。

さらに生活史的女性史としての方法や実証に一つのスタイルを示したのは一九九〇年刊行の『日本女性生活史』全五巻である。ここでは「生活の中での女性の役割を問う」（同書「刊行にあたって」）ことを目的とし、生活史とは単に衣食住の日常生活の歴史としてではなく生活のなかの性別役割や差別の実態をみること、という理念を示した。近代の巻では住まい、家庭、結婚、農村、衛生、身体、子育て、労働、戦争、ライフサイクルなどの角度から役割分担と差別のあり方を追求した。

女性史の次の画期は九〇年代後半からの一〇年にあった。ジョン・スコット『ジェンダーと歴史学』（荻野美穂訳、一九九二年）を契機にジェンダーによる女性史の再構築がいわれるようになった。これまで生活史のなかで性別役割という点からとらえてきた女性史の課題もジェンダーの概念を採ることによってより明確にその本質に迫り、豊富な歴史像をもつことができるようになり、身体・性・生殖など女性のより根源的問題を女性史のなかで追及することも可能になった。さらに女性史を超えたジェンダー史という考え方も生まれ、また男性史研究も始まっている。

一九九〇年代には「従軍慰安婦」問題が国際的に大きな問題となった。これを契機に女性史研究でも「慰安婦」問題の研究、女性と国家、女性と植民地、「帝国」の女性が重要な課題となり、精力的に研究が行われるようになった。

これこそ、ジェンダーをぬきにしては考えられない問題であり、かつ、きわめて現代的課題としてわれわれに投げかけられている。

以上、女性史研究の動向の概略をたどった。女性史研究は戦後六十余年、初期のいわゆる解放史的研究から一九七〇年代の生活史、社会史的研究に、さらに二〇〇〇年代にはジェンダー視点による研究へとすすんできた。その間、女性史は学問ではないといわれるなかでの在野のささやかな努力から出発して、前近代から近現代までの研究者をふくめた共同研究の組織も生まれ、国際的交流も行われるようになった。また全国各地での研究も盛んになり、歴史学の一分野としての役割を担うにいたった。今日、男女共同参画の時代を迎えても、なお、さまざまな困難が女性たちをとりまいていて、女性史が明らかにしなければならない課題は少なくないと思う。

本書は一九七〇年代から九〇年代の旧稿をまとめたもので、その総括的意味で最後の一篇「戦後女性運動再考――地域の視点から「平和」「自立」を考える――」を加えた。旧稿は、これまでみたような女性史研究の流れの影響のもとで、あるいは共同研究のなかで、またときには出会った史料への興味から取り組んだものである。現在ではすでに克服された見方や方法を示すにすぎず、今日の課題に応えられるものではないという思いが強い。しかし、それもある段階での研究状況を知る一助となるかという理由で、あえてこれをかたちにすることとした。したがってここでは訂正、加筆は最小限にとどめて収載した。引用文献・参考文献の表示方法や「婦人」「女子」など用語の使用も発表当時のままで、統一をはかっていないことをおことわりしておく。

本書の構成

Ⅰ　家族・家庭

一九七〇年代以降の女性史研究において家族・家庭はもっとも大きなテーマの一つであった。戦後創出された民主主義の家族（戦後家族）が定着した時期に、逆に男女の役割分担がきびしく求められるようになり、女性は解放されたのか、平等は実現したのかという思いを強くさせられた。戦後の家族改革にはどんな意味があったか、さらに近代家族とはなんであったかという問題がクローズアップされ、法制度、良妻賢母イデオロギー、女子教育、子育てと母性など、さまざまの角度からの研究が行われた。

ここに収録した「一」「二」では、明治中期、明治末期から大正初期の言論界での女性論、家庭論を通してそれぞれの時代の女性の実像や家族・家庭の姿にふれることを目的とし、あわせて国家が求めた家族・家庭像や女性のあり方とはいかなるものだったか、いいかえれば女性と家族・家庭と国家がどうかかわっていたかを追求した。

一「平民主義の女性論・家庭論」は、明治二十年代に徳富蘇峰が主宰した『国民之友』『家庭雑誌』において展開された女性論、家庭論を紹介したものである。蘇峰は明治国家体制が確立し、その基礎として「家」の制度化をめぐって激しい討論が行われているときに、これに対峙して、「平民的」社会を築く基礎として中等社会の新しい家族「清潔、和楽、健康な家庭」を考えた。そしてその実現のために女子教育の伸張や女性の職業、廃娼・廃妾による一夫一婦制論などを展開した。二〇世紀を迎える時期のあるべき女性、家族の理想像であった。

二「良妻賢母主義教育における「家」と職業」は、『国民之友』『家庭雑誌』によって語られた女性論、家族・家庭論のその後の展開を、日露戦後から第一次世界大戦期について雑誌『新女界』を中心に検討した。この時代には両誌が提起した「家庭」が都市の新中間層の家族において実現する一方で、女性の職業進出の意欲が高まった。家事天職論と女性の自立のための高等教育振興論がきびしく対立した。資本主義の急成長の時代の、女性の職業進出か、家事天職かという議論は、戦後の主婦論争の時代にまで引き継がれた課題であった。

三「木村鐙子の良妻賢母思想」は、「一」の前史にあたる。木村鐙子は夫熊二とともに明治女学校を起こし、巌本《いわもと》善治《よしはる》に母として敬愛され、その思想形成に大きな影響を与えられた女性である。幕末の士族の女性が明治維新から明治十年代の激動の時代を生き、「家」の女から近代の「賢母」への転身に苦闘し、さらにそれを超えて自立し社会活動に生きようとした女性の軌跡である。

こののち、一九八〇年代後半からの落合恵美子・上野千鶴子・西川祐子らによる近代家族論は、これまでの「家」と「戦後家族」という断絶論に対して、その近代家族としての連続性を主張して多くの論議をよんでいる。また本論では教育思想に限定して論じた良妻賢母思想についても、これを国民国家の一員として女性を位置づける規範とする小山静子の研究がある。

なお家庭論、良妻賢母論については、金真琡《キムジンスク》「近代日韓の比較「家庭」論――両国の『家庭雑誌』を中心に――」（二〇〇〇年）のような日韓などの国際比較研究も始まっている。

Ⅱ　生活・地域

ここでは地域のなかで展開される女性の労働、家族のなかでの役割、地域での活動、また、地域から出て行く女性などを描いた三点を集めた。日本の近代を理解する一つの手がかりと考えている。

一「民俗の転換と女性の役割」では前近代から近代へ移行する時期の女性の生活や役割を考察した。

生活の近代化（当時の言葉では「文明になる」）とは先進国に追いつくという国家の命題のもとに伝統的なしきたり

や地域のつながりを改変し、女性にも新たな役割を期待するものであった。家族の近代、近代家族についての研究が都市の中間層の場合について論じられることが多いので、ここでは都市と農村の両者を視野に入れて考察することにつとめた。また、これまで民俗学の分野であった婚姻儀礼（結婚式）の変遷を、家族のかたちと女性の地位や役割の変化の象徴として女性史の視点でとらえることを試みた。

二「地方史のなかの女性を考える」は、Ⅲ―二「大正・昭和期農村における婦人団体の社会的機能」とともに茨城県結城市史編纂のおりに発掘した史料の紹介である。次の「三」の文中にも述べたように、これまで地域に残された断片的な史料、史料としての価値もないとされていたもののなかに、女性の生活や生きた姿をのぞかせるものがあることの例である。

三「女性・生活からみた地域の歴史」は、「二」にみた「女性の生活と近代」というテーマを一地点を舞台により具体的に描いたものである。自治体史での記述は一般の目にふれる機会も少ないという理由からここに収録した。なおここに取り上げた地域の生活、女性の活動についてはⅢ―三、四でも一部ふれている。

Ⅲ　戦争・平和

女性の戦争体験を記録することは一九六〇年代ごろから始まった。鶴見和子・牧瀬菊枝『ひき裂かれて――母の戦争体験』のように、自ら声をあげない戦争未亡人の悲しみ、苦しみが他者によって掘り起こされた。七〇年代になると挺身隊、学徒動員、従軍看護婦さらに沖縄のひめゆり部隊など極限状態での体験が明らかにされる一方、地域女性史での聞き書きが戦時の主婦たちの日常生活を記録した。また、『八月一五日と私』『こどもたちに伝えよう母の戦争体験』などの書名にみられるように、母親たちが平和への思いを子どもたちに伝えるという明確な目的をもってその体験を綴るという動きが始まった。さらに八〇年代になると『校庭は墓場になった』のように女性教職員が自らの体験を戦争協力の責任として語るようになった。

女性の戦争責任についてはとくに高群逸枝、平塚らいてう、市川房枝、奥むめお、高良とみなど戦後の女性解放運動の指導者たちの戦時期の言動が、鈴木裕子、加納実紀代、米田佐代子、西川祐子などによって明らかにされ、戦時期の言動について自身が語らなかったことをどう理解するかをめぐっての論議が今日も続いている。

しかし、今日では、現在の時点にたって、また個々の事実や言説について指摘、批判、糾弾することはたやすいが問題は、女性解放や平和を強く願って戦った人々がなぜ戦争協力になだれこんでいったか、行かざるを得なかったかを一人ひとりの全生涯のなかで、また当時の女性のおかれた状況のなかで、トータルにとらえることこそ大切であるというのが研究者の共通の認識となっている。

一「『婦女新聞』にみるアジア観」は、「婦女新聞を読む会」での六年間にわたる共同研究での収穫として『婦女新聞と女性の近代』に発表したものである。女性と戦争の問題は第二次大戦だけでなく明治期の戦争についても当然考えられなければならない。本論でも日露戦争期以後、女性のアジア観や「帝国」意識がいかに形成されたかの問題を取り上げている。『婦女新聞』は一九〇〇年代初頭からアジア太平洋戦争開始期まで、女子教育や婦人運動の豊富な情報と指針を示した新聞で、それが韓国併合やその後の朝鮮の人々に示した態度や、安井てつや下田歌子など女子教育家の朝鮮、中国やタイとの向き合い方について、この紙上を通じて考察した。本論文の執筆当時、「従軍慰安婦」問題が国際的にも大きな問題となっていたこともこれをまとめる動機の一つであった。

二「大正・昭和期農村における婦人団体の社会的機能」、三「女性統合と母性」、四「女性はなぜ戦争に協力したか」は、大正期から戦時体制に傾斜する時期に地域の女性たちのおかれていた状況、その女性たちが家族と地域の生活を守る営みを通して、また母性の名において、結果的に戦争への参加を余儀なくされていく過程をたどったもので、指導層の女性から庶民女性までがなぜ戦争を支持したかを考える一つの素材として収録した。

五「戦争と女性」は、一九八五年、自由民権百年第二回全国集会において設けられた「女性と民権」の分科会での報告の要旨。与謝野晶子はアジア太平洋戦争開始の時期に他界しているが大正デモクラシー時代には女性解放の最先端を行く主張を示したが、満洲事変以後その姿勢は一八〇度転換している。そうした晶子の生き方については多くの研究があるが、ここではさきに指摘したようにその全生涯の思想、行動から考えなければならない例であることを指摘した。

一〜五は、明治期以来、女性が戦争を容認し、協力した理由の多くが、女性のおかれた生活の状況と教育にあると考え、これに焦点をあてて考察をし、戦争そのもののなかでの女性の行動や意識についてはふれていない。これについては永原・米田佐代子『おんなの昭和史増補版』を参照にしていただきたい。

最後に六「戦後女性運動再考」は、二〇〇九、一〇年に杉並の「ひらかれた歴史教育の会」「杉並歴史を語る会」共催の学習会、「埼玉県新座市女性史講座」、「小田原女性史研究会三〇周年記念講演会」において、戦後女性運動における平和と平等について報告したものを、やや観点をかえて、女性にとっての「平和」と「自立」の問題としてまとめたものである。

ここでは筆者が戦後自分自身も参加した世田谷での原水禁署名運動当時の体験を思い起こし、また一九九〇年代後半以来中野区・杉並区の女性史編纂に協力したなかでふれた多くの地域の女性たちの顔を思い浮かべながら、母としての運動を超えて、女性が自立した「個」として運動を組み立て、平和を達成する道がどのように拓けるのかを模索したものである。

このようにみてくると、本書では各論文を二つのテーマによって分類したが、いずれの論文にも家族・家庭、生活・地域、戦争・平和の問題が含まれていて、その意味では共通の課題を追求していたことにあらためて気づかされる。それは今日の女性たちにとっても切実な課題として投げかけられている。

なお、ここに引いた諸論文については『日本女性史研究文献目録』Ⅰ～Ⅳ、およびⅤ（近刊予定）と「解説　近現代」を参照いただきたい。

目次

II 生活・地域

Ⅲ　戦争・平和

Ⅰ 家族・家庭

一　平民主義の女性論・家庭論
――『国民之友』と『家庭雑誌』――

はじめに

一八八七（明治二十）年、徳富蘇峰は民友社をおこし、『国民之友』『国民新聞』を舞台に思想・言論界に新風を吹きこんだ。その活動の意義について、また彼のいう「平民主義」の歴史的役割については、すでにさまざまの評価が試みられている。しかしながら平民主義が婦人問題についてどのような姿勢を示したかについては従来あまりかえりみられることがなかった。(1) たしかに同時代の植木枝盛が婦人解放や家族制度についてもっとも先進的な理論をくりひろげ、(2) 廃娼運動に自ら挺身したことや、巌本善治が『女学雑誌』と明治女学校によって、女性の啓発、向上に比類ない情熱を示したことにくらべるならば、(3) 蘇峰の名は婦人問題や女性史にとってはるかに疎遠なものに感じられる。『国民之友』の全号を通じ婦人問題や家庭問題にさかれたスペースは多くない。しかしそれをもってただちに蘇峰なり民友社なりが婦人問題への関心がうすかったと考えることは正しくない。

本論では平民主義の思想において婦人問題がどのように位置づけられていたか、その内容はいかなるものであったかを検討し、平民主義の性格の一面をさぐるとともに、明治期の婦人論の流れのなかでそれがいかなる意味をもつかを考えてみたいと思う。

1　『国民之友』と『家庭雑誌』について

『国民之友』における婦人論

『国民之友』はその創刊にあたって、有名な「嗟呼国民之友生れたり」という蘇峰の論説を掲載、その抱負を天下に披歴した。そのなかで蘇峰は婦人の問題にふれ、現在、日本の婦人は財産の所有権なく、家庭のなかに埋没して、社会へ目を向けることなく、また蓄妾や公私娼の存在もあり、婦人は隷属的状態におかれることははなはだしく、この改善なくしては社会の改革のありえないことを強調した。

ついで創刊間もない第三号から第五号の三回にわたって蘇峰は「日本婦人論」を連載している(4)。創刊早々のこの長文の論文は彼の婦人問題への熱意のなみなみならぬことを示している。さらにひきつづき『国民之友』に取り上げられた婦人問題の記事の主なものは表1のごとくである。これによれば『国民之友』の取り上げた婦人問題は大別すると、①女子教育問題、②家族制度問題、③廃娼問題、④参政権問題、⑤女子労働問題などであり、これらについて、植木枝盛、中江篤介（兆民）、金森通倫、有賀長雄、のちには横山源之助など当代の主だった学者・評論家が筆をとっている。

『国民之友』には蘇峰の署名入りの婦人問題の論説は少ない。無署名のものについては厳密にいえば蘇峰の論説であるか否かの検討がなされなければならず、『国民之友』の婦人論と蘇峰のそれとは区別して扱わなければならない。しかし一般に「平民主義の理念自体ほとんど徳富蘇峰一人に負うている」（鹿野政直「臣民・市民・国民」『近代日本政治思想史1』）と考えられているので、ここでは『国民之友』の論調＝蘇峰の思想＝平民主義の思想として扱っていき

表1 『国民之友』婦人問題関係記事一覧

号	年月日	内　容	備　考
3	1887. 4. 15	日本婦人論（一）	徳富蘇峰
4	1887. 5. 14	〃　（二）	〃
5	1887. 6. —	〃　（三）	〃
12	1887. 11. 18	家政改良論（一）	金森通倫
13	1887. 12. 27	〃　（二）	
18	1888. 3. 16	女学校の教育	
19	1888. 4. 6	売淫公許の事を論ず（一）	植木枝盛
22	1888. 5. 18	〃　（二）	〃
24	1888. 6. 15	社交上に於る婦人の勢力	
25	1888. 7. 6	婦人改良の一策	中江篤介
28	1888. 8. 17	婦人矯風会の新事業	内村鑑三
31	1888. 10. 5	森文部大臣の演説	
32	1888. 10. 19	婦人に関する雑誌	
〃	〃	子婦は舅姑と別居すべし（上）	植木枝盛
33	1888. 11. 2	〃　（下）	〃
42	1889. 2. 22	森有礼君	
52	1889. 6. 1	一夫一婦の建白	
53	1889. 6. 12	女学校	
54	1889. 6. 22	女学の驚慌	
55	1889. 7. 2	再び一夫一婦の建白	
60	1889. 8. 22	婦人の運動	
〃	〃	如何なる民法を制定す可き耶	植木枝盛
61	1889. 9. 2	〃	〃
68	1889. 12. 22	廃娼の運動	
72	1890. 2. 3	廃娼と存娼	
73	1890. 2. 13	廃娼の運動	
74	1890. 2. 23	婦人は何が故に政党に加入すべからざるか	
80	1890. 4. 23	廃娼・廃妓・廃妾	
84	1890. 6. 3	現今我邦婦人の地位	徳富猪一郎
91	1890. 8. 13	売淫公許の利害論に就て	T・W
93	1890. 9. 3	婦人と衆議院	
99	1890. 11. 3	芸妓を如何にすべきか	
〃	〃	女人禁制と有志婦人	
〃	〃	婦人問題	
101	1890. 11. 23	女人禁制の口実	
103	1890. 12. 13	廃娼論の再燃	
109	1891. 2. 13	政治問題と婦人	
135	1891. 11. 3	女子教育の事	
136	1891. 11. 13	婦人問題に係る余の蔵書	有賀長雄
152	1892. 4. 23	立憲政治と婦人	
160	1892. 7. 13	家庭の革命，人倫の根事	
194	1893. 6. 23	家族的専制	

号	年月日	内　　容	備　考
198	1893. 8. 3	女子教育の奨励	
199	1893. 8. 13	女子教育の気運	
202	1893. 9. 13	女子復興の時機	
206	1893. 10. 23	存娼論	
207	1893. 11. 3	女子教育復興せんとす	
208	1893. 11. 13	社会進化の新要素（婦人の自立）	
221	1894. 3. 23	女学教育再燃の兆	
229	1894. 6. 13	女学生の冷遇	
231	1894. 7. 3	労働問題と婦人問題	（海外記事）
232	1894. 7. 13	女子教育猶遅々たり	
234	1894. 9. 3	婦人は必ず男子に養はれざる可らざる可	
238	1894. 10. 13	女子高等師範学校	
240	1894. 12. 3	群馬県の存娼論者に告ぐ	
270	1895. 11. 16	群馬県における廃娼の結果	
315	1896. 9. 26	婦女処生の困難	
321	1896. 11. 7	女子高等教育の機関	323号＝再録
349	1897. 5. 23	女子教育の現状	
354	1897. 6. 26	女傑崇拝と女子教育	
363	1897. 11. 10	女学界の時潮	
366	1898. 2. 10	紡績工場の労働者	横山源之助
371	1898. 7. 10	婦人問題	

たいと思う（鹿野氏はこの蘇峰に代表される『国民之友』を中心とする思想を民友社派という表現で示している。ここで対象としたのは、いわばこの民友社派の思想についてである）。

なお、一八九五年、民友社から刊行された『市民』という書物では、日本人が「大市民」たる要件を三つあげ、その一つに「自己の半身を高めざるべからず」と女性の地位の向上をあげており、(5) これによっても、民友社派における婦人問題の位置づけがうかがわれる。

『家庭雑誌』について

平民主義の婦人論について語るには、『国民之友』とともに『家庭雑誌』が見逃せない。

『家庭雑誌』は一八九二（明治二十五）年発刊された。発行所は家庭雑誌社となっているが、これは東京市京橋区日吉町民友社内にあり、執筆陣も「国民之友、国民新聞社中」（『国民之友』誌上の『家庭雑誌』広告文）とあり、いわば『国民之友』の婦人版というべきものであった。『家庭雑誌』発行の動機について、蘇峰はその自伝において、「予は家庭改善の必要を認め、明治二五年九月『家庭雑誌』を発行した」（『蘇峰自伝』）と述べているだけで多くを語っていない。だがこの点について『家庭雑誌』創刊号に次のような抱負が述べられている。

日本の社会は今や漸く老なんとす。燃ゆるが如き改革の精神は将来論の時代と共に去り、死するが如き回顧の思想は歴史の時代と共に来れり。

世界の開化に後れたる日本社会は長足の進歩をなさざるべからざるなり。（中略）然れども日本社会は改革に倦めり。日本人民は進歩に疲れたり。

渠《かれ》は何を以て疲れたるか。模倣的の進歩にして自発的の進歩にあらざればなり。（中略）

理学的改革は国家的になされたり。又貴族的になされたり。然れども化学的改革は当に個人的になされざるべからず。而して個人的若くは平民的改革は家庭改革にあらずや。『家庭雑誌』は家庭改革の導火たらんとする者なり。

吾人は婦人が開化の母たるを知る。故に生きたる国民を生むの婦人あらんことを希望す。（中略）健全なる人民は健全なる揺籃（家庭）に育せられざるべからず。此新婦人をしてこの新人民を育せしめんとせば第一着に叫破せらるべきは家庭の改革にあらずや。然らば如何にして之を改革せんか。如何にして新婦人を助けんか。如何にして新人民を育さしめんか。抑々如何にして光明あり、和楽あり、清福あり、健康ある新家庭を作さしめんか。これ吾人がまさに号を逐ふて読者と共に講究せんと欲す。（以下略）

（「時事一斑」『家庭雑誌』一号）

ここでいっているのは、明治維新以来の改革が国家的・貴族的な、いわば上からの改革であった、その結果が今日社会の停滞を生み出している、こうした不徹底であった改革にかわって、今や個人的・平民的改革がなされなければならない、それはすなわち家庭の改革である、その家庭改革をいかにして推進し、婦人を啓発していくかを『家庭雑誌』の使命とすること、などである。さらにいえば、維新以来の種々の変革の試みが、帝国憲法・帝国議会による天皇制国家の確立というかたちで結実していくことに対する懐疑と失望から、蘇峰は次の時代の変革的ェネルギーの一つを中等階級の家庭の改革、婦人の覚醒に求めたのであり、そこに『家庭雑誌』発刊の動機があったのである。

このような抱負のもとに発行された『家庭雑誌』の体裁は、これを創刊号を例にとってみるとおおよそ次のようであった。

社説　家庭教育の事
論説　現今の家庭　九溟生
　一家の歴史
　勤労　山路愛山
　夜の家庭　藪日生
　女学教師を論ず　白雲生
家政　斉家一斑
科学
史談
社交一斑
育児小話　稚子の入浴
調理法　西洋料理（スープ等）の作り方

日用品物価

近時の家庭及婦女青年論

時事一斑

一見してわかるようにここには家庭教育の問題から、平易な科学・歴史の知識、さらには育児・料理等の実用記事にいたる広範な問題が取り上げられている。この構成はその後多少の変更はあるが大きく変わっていない。のちに文芸欄が設けられてからは、徳冨蘆花・国木田独歩・宮崎湖処子らをはじめ当時の新進文学者が登場して紙面をにぎわした。

要するに『国民之友』が、政策や世論に対する批判的立揚から婦人問題を論じたのに対し、『家庭雑誌』はそれを具体的かつ平易な、家庭や生活の問題におきかえて婦人を啓発・指導したものである。

明治十年代後半から二十年代の初頭は、自由民権期の政治的立場からの婦人論にかわって、改良主義的な婦人論や女子教育論・婦人組織の結成が盛んになった。これにともない婦人を対象とする雑誌もこの時期に踵を接して刊行された。(6)

『家庭雑誌』一二号はこれらの代表的なものについて「雑誌事情」と題して表2のような紹介記事を載せている。

これは当時の婦人雑誌の実情を興味深く伝えているばかりでなく、他雑誌への批判を通して『家庭雑誌』がそのいずれにも欠けているものを実現しようとした意欲が背後にうかがわれる。また当時の一新聞は『家庭雑誌』の創刊号を評して「『国民之友』を父とし『女学雑誌』を姉妹とす」(『郵便報知新聞』、『国民之友』一六八号に転載)と述べているが、これは『家庭雑誌』の性格をたくみにいいあてているといえよう。

このようにして呱々の声をあげた『家庭雑誌』の反響はどうであったか。当時の『国民之友』によれば「家庭雑誌

表2 「雑誌事情」(『家庭雑誌』2号より)

	主　義	特　色	短　所	主なる読者
女学雑誌	哀観的基督教	恋愛的文学	花栄えて実少し	女性的男子
女　鑑	貴族的保守的	大奥的訓誨	床しけれど活用まれなり	国学婦人
婦女雑誌	不定(やや平民的保守)	記事の多種なるを以て勝る	撰択精からず	物質的女学生
婦人矯風会雑誌	基督教	芳烈なる意向		有力なる基督教婦人
婦人衛生会雑誌		平易にして,卑からず而も有益なり		物事に心掛ある婦人
女学生	哀観的基督教	文学精練	徒らに六かしくならんとす	基督教高等女学生及女性的男子

先月十五日発刊、非常な喝采を以て歓迎せられ同十九日再刊なり、遂に三刊するの運に至る」(『国民之友』一六八号)とある。

事実その反響がけっして少なくなかったことは、毎月一回発行の予定で出発したものが、一年余後には毎月十日、二十五日の二回にふえていることからもうかがえる。『国民之友』が『家庭雑誌』発行に先立ってこれを予告したり、前述のような反響を取り上げるなどしてその宣伝につとめていることもあずかって力あったものと思われる。また『国民新聞』『国民之友』『家庭雑誌』を合わせ購読する場合は特別大割引を行う旨を繰り返し広告しており、もしこれが実際に行われたとすれば、『国民之友』の広汎な読者層から推して、『家庭雑誌』もかなりの読者をかち得たと思われるが、その実数は明らかでない。またこれによって『家庭雑誌』読者はほぼ『国民之友』読者と同じような層の婦人であったことが推察される。(7)

一八九七(明治三十)年四月、『家庭雑誌』はその一〇〇号刊行にあたって次のような所感を述べている。

吾人は決して今日の効果を以て其当初の希望に酬い得て足れりとなすものにあらず、然れども亦決して無下に失望するものにもあらざる也。今現に日本の家庭は斯く斯く《(ママ)》の影響を及ぼし、日本の社会に斯く斯くの効果を生じたりといふこと能はずと雖、一方に読者の日に益多く《(ママ)》、同志者の著しく其数を増し（中略）吾人の所論が社会の地盤に浸潤し去るもの日に漸く広く且つ広からんとす。

これによって『家庭雑誌』の数年間における反響のおよその状況がうかがわれよう。

なお民友社からは小冊子『家庭叢書』一一冊、[8]『国民叢書』のうちの一冊『家庭小訓』などが刊行されている。これらについても以下必要に応じふれることとしたい。

2　平民主義の婦人論

初期の女子教育論

『国民之友』『家庭雑誌』において女子教育問題はもっとも多く取り上げられている問題であるが、これは前掲表1『国民之友』記事一覧によってもわかるようにおよそ三つの時期に集中している。そこでここではそれに従いその各時期における論点について考えてみることとする。

初期は『国民之友』創刊よりほぼ一八九二（明治二十五）年ごろまでである。この時期の女子教育論はひと言でいうならば、それまでの欧化主義教育に対する批判と新たに台頭しつつあった保守的なそれへの反論であった。

すなわち、鹿鳴館に象徴される欧化主義は、一面では女子教育の隆盛を招いた。しかし「我が邦の貧乏国にして妄に婦人のみ巴里の婦人を学ばば是れ所謂百姓娘に振袖を着する類」で実用に適せず「偏に迷惑」であるときびしく決めつけている。そして「女子教育の要は実用的の教育に在り、精神的の修養にあり、役に立つ婦人を作るにあ」るとした（「女学校の教育」『国民之友』一八号）。

これは、欧化主義の教育が極端な外国語重視や西欧の生活様式の模倣にはしり、真に女子教育の内容を充実させ女性の地位を高めるものでなく、また一部特権層のものにすぎない点を指摘したものである。このような貴族的開化に対する批判と学問教育における実用性の強調は、平民主義の主張の一つであった。

同時にここでは「将来の事」に考えを及ぼしている。それは欧化主義の去った後、その反動として「女子教育の気運頓挫して、復た動かざる乎、左なくとも或は極端なる反動風に持ち来らされて、所謂『女大学』主義を恢復するが如きに陥」(「女子教育の事」『国民之友』一三五号)ることである。すでにこの九二年ごろには「貞操節義なる日本女子の性格を啓発し、以て世の良妻賢母たるものを養成する」ことを主眼とした『女鑑』のごとき婦人雑誌も発行されるような雰囲気にあり、女学校の衰微がはなはだしかった。[9] 蘇峰はこうした傾向への警告を発したわけである。

この両極端の傾向に対し、正しい女子教育はいかなるものでなければならないか。それについて彼は次のように述べている。

① 女子教育の目的は「人類としての女性の円満な発達」ということにある。良妻賢母とは女性の経過する一時期のことで、これをもってすべての女性の教育の主眼とはできない。

② 貞淑・温順・宗教などをもってする徳育は一種の鸚鵡教育、すなわち受身の教育である。女性にも主動的道徳が必要である。

③ 生活社会との平均を得ること。従来の教育は架空迂遠にはせ、不生産的人間をつくるのみである。

④ 職業的の趣味を奨励すること。

④について説明を加えるならば、「職業的の趣味」とは職業的観念、節約勤勉、生産意欲というような内容を意味しており、それは一般の教育のなかで行うというのが彼の考えである。

「女子の社会上に於る勢力の如き是れ女子が職業を有すると無職業なるとに縁由する」。すなわち女子の社会的地位を高めるには女子が職業をもつことが必要であり、そのために職業教育、ないしは職業的趣味の涵養がなされなければならない、というのが彼のいわんとするところである。

のちに『家庭雑誌』においても彼は同じ主旨のことを述べている。

婦人の教育――一芸一能あるを要す事。男子の教育はいかによき働き手ならしむべきかを主眼とし、婦人の教育は一般にいかによき幇助者ならしむべきかを主眼とす。（中略）婦人の教育にも同じく独立自治の資格を作るにあらざれば不可なり。（中略）独立自治の資格あるものにして乃ち人の妻たり母たるべし。婦人にも一芸一能の専門的教育ありて何時にても独立自治しうべき資格なくんば不可なり。（下略）　（『家庭雑誌』九五号）

このように彼が、女性の独立自治のための資格をつけることを女子教育の目的として明確に打ち出したことは「女子は普通文を読み書きし、加減乗除を能くするほどなれば人の妻として事足りるべし[10]」というような考え方が一般的であった時代においては、きわめて卓越した見識といわねばならない。

中期の女子教育論

次に女子教育が集中的に論じられたのは一八九三、九四（明治二十六、二十七）年である。これは井上毅が文相に就任、教育制度の改革にあたった時期[11]に相当する。井上は女子教育については、明治初年以来の懸案であった女子の就学率の不振の問題と高等女学校制度の整備に取り組んだ[12]。井上は九三年七月「女子教育に関する訓令」を発し、小学校教育において裁縫教育を重視することでその実用性を増し、それを通じて女子の就学率を高めようとした。『国民之友』はこうした井上の政策を、かねてより主張している〝実用、役に立つ教育〟であり、教育の底辺への浸透をはかるものとして全面的に賛意を表し、「井上文相、女子教育に心掛あつ」く「多くの者を実用的たらしめ、衣食に窮せざらしめる」ものであり、これにより女子教育は「いと着実にいと静粛に挽回し」つつあると再三述べて、これに声援をおくっている。

井上においては女子教育をふくむ小学校教育の充実は、とりもなおさず一人でも多くの国民をして教育勅語の恩恵に均霑せしめるために行われたものであった。彼はたしかに実業教育の充実に力を注いだが、これを女子教育についてみると、「裁縫其他の女工又は農業」を取り上げているだけで、それ以外の職業や技能教育は考えていなかった。[13]また彼の構想にもとづき彼の辞任後に制定された高等女学校令は、その後ながく女学校教育を規定するものとなったが、そこでは男子と女子の中等教育を截然と区別し、女子教育の目標は「貞淑ノ徳」の涵養にあることを定めたものであった。その意味において井上の女子教育政策には批判さるべき多くの問題がふくまれているが、『国民之友』はこの面についてはふれず、むしろ「多くの者をして実用的たらしめ……小にしては一身の独立を助け、大にしては一国の富強を作らしめんとするもの」としてこれを高く評価したのである。このことはひとり女子教育に限らず、『国民之友』の政府や政策に対する姿勢を示す一例ともいえるものである。

後期の女子教育論

後期は日清戦争後から一八九八（明治三十一）年『国民之友』『家庭雑誌』の終刊までの時期にあたる。

この時期に取り上げている第一の問題は義務教育の振興についてである。『国民之友』三四九号は「女子教育の現状」と題する記事を載せている。これは一八九四年の統計により、各府県別に男女小中学校の生徒数を分析して、いかに女子の就学率が低く、かつ地域的差異がはげしいかを明らかにし、井上文相時代の努力にもかかわらず「女子教育が未だ不振の地」にあることを指摘したものである。

そして女子教育が国家改造の根本であり、女子教育から家庭の健全な興隆、国民の興隆、国家の興隆にすすむもので、女子教育は一国文明の程度を測知するメルクマールであることを強調している。ところがここに彼が示した数字は女子教育の、とくに辺地のそれの貧弱さを如実に語っていた。日清戦争後の〝国家興隆〟という課題の前にそれは見逃しえない重大問題として彼に認識されたのである。

第二は女子高等教育の問題である。『家庭雑誌』八三号は「女学界の風潮」と題して、次のような意味のことを論じている。「日清戦争後の教育は国民の独立、国民たるべき資格をつくると同時にあわせて世界的国民たるべき資格をつくらねばならない。しかるに女子教育においては戦後における国民的位置の変動に対する影響をほとんど見出すことができない。女子教育はいっそう切要なるにもかかわらず精神的気迫なく、ひたすら良妻賢母を得んとするにあり、女子の独立や同権を主張しなくなっている」。

これは日清戦争の勝利、しかもその後の三国干渉、遼東還付問題が、蘇峰をして、国際的環境のなかにおける日本の立場、地位をぬきにしてはいかなる問題も論じることができないということを痛感させているところから出た言葉である。きびしい国際環境のなかで、いかにして日本の地位を高めるかというとき、女子教育が旧態依然たる良妻賢母主義のわくのなかにとじこめられていることは許されないと彼は考えた。ここで彼は女子教育の充実、とくに女子の高等教育の開拓を提唱するにいたるのである。

『家庭雑誌』九九号が「女子高等教育の急務」と題し、成瀬仁蔵の女子大学設立の主旨を載せ、また一〇一号に女子大学設立に関する〝名士の演説〟を載せたりしているのも、高等教育機関設置への彼の関心のあらわれである。

先行研究である坂本武人「民友社と家庭雑誌」は、『家庭雑誌』の婦人論を三つの時期に分け、第一期（一八九二～九三年）の革新性に対し、第二期（九四～九五年前半）よりそれが国家主義的色彩を強くし、さらに第三期（九五年後半

〜九八年）には戦争への積極的協力をすすめるようになっていくことを指摘している。だが女子教育の問題にかぎっていえば、上述のように、日清戦争後の蘇峰の主張はたしかに、国家の発展、国力の充実という、いわば国家主義的見地から論じられるようになっている。しかしそれは、ただちに外国語の排斥とか、忠君愛国の鼓吹というような狭義のナショナリズムを意味するものではない。むしろ義務教育の充実、高等教育の振興により、女性の地位を高めることがすなわち国力の充実、国家の興隆につながると考えられていたというべきで、その意味でこの時代の蘇峰のナショナリズムは、後年のそれとは区別して考えるべきものだと思われる。

3　平民主義の家族制度論

蘇峰ははじめに述べたように『国民之友』創刊の辞や「日本婦人論」において、婦人改良の大敵は家庭の専制制度にあることを指摘している。家父長的家族制度の打破は平民主義の婦人論にとって最大の課題であった。この課題は具体的には①廃娼廃妾問題、②民法の問題の二点から論じられている。

廃娼廃妾問題

この問題について蘇峰は『国民之友』八四号で「現今我邦婦人の地位」と題して語っている。

彼はここで、日本の家庭には「一種の帰化人」「一種の異邦人」が同居しているといって妾の存在を取り上げ、「凡そ一家の圧制は一夫数婦之が大原因なり」という。「妾」の存在がすでに法的には否定された(14)この時代にあっても、現実にはとくに上層階級などにおいて依然として妾・庶子の存在が容認されていた。こうした現実の社会の慣習を考えるとき、蘇峰の指摘は十分説得力をもつものであった。貞操観念の稀薄さは、一歩家の門外に出れば、芸妓・娼妓・「売淫婦」の存在をゆるすこととなる。まさに「社交場裡において女性は物体にして人類に非ず」というわけである。これに対し、あるものは芸妓廃すべしといい、ある者は妾を廃すべしという。しかし「孰れを先にすべきに非ず。皆共に之を廃すべ」しと彼は主張する。なぜならば、娼妓といい、妾といい、ことごとく皆「売淫婦」にかわりがないからという。

彼は家庭における妾の廃止を唱える一方、当時盛り上がっていた東京婦人矯風会や群馬県の上毛青年連合会の廃娼運動を積極的に支援した。一八八九年七月、矯風会の「一夫一婦制請願」運動は蘇峰の協力を得て行われたといわれる。また九〇年五月全国廃娼同盟の成立第一年会の学術廃娼大演説会には、湯浅治郎、伴直之助らと司会者をつとめている。(15) 前述「現今我邦婦人之地位」も東京婦人矯風会における彼の演説の筆録である。さらに『国民之友』も東京婦人矯風会の請願運動をはじめ、廃娼運動の動向をしばしば報道して、その関心の深さを示している。

彼は廃娼・廃妾により「人類にあらざる」状態から婦人を解放するには「婦人自ら起て之を改革するにあらざれば到底不可能と主張する。婦人も「男子より犯し悔る可らざる」「自尊の気象」を養うこと、自尊の気象＝女性の自覚・プライドをもつにはそれにともなう資格をそなえること。それは品行・職業・学識であり、「一身の生活を保つに足るの芸能を帯び」「知識を蓄」ることである。また「婦人に売淫婦、芸娼妓の数を減ずるものは実業教育なり」（『国民之友』一二〇五号）とも述べている。

これは学識・技能・職業をもって女性が自立自尊の地位を築くことが自らを隷属的地位から解放する道であるということであり、この意味からも実業教育の必要を繰り返し力説しているのである。

彼の廃娼・廃妾論は、公娼制度の是非のみを論じた植木枝盛などにくらべれば徹底した廃止論であり、その思想の根底にはキリスト教的純潔観があり、むしろ巌本善治、植村正久らと立場を同じくしている。しかし公娼制度やこうした女性の存在をゆるす経済的、社会的原因についての追求をせず、教育や職業による女性自身の自覚にのみ解決を求めた点では、植木枝盛らに比して、はたしていずれがより深く問題の本質をとらえていたか、一概に断じえないところである。

民法と家族制度

家族制度への批判の第二点は、民法の問題である。これは「家庭の革命、人倫の恨事」(『国民之友』一六〇号)「家族的専制」(『国民之友』一九四号)で論じられている。

「家庭の革命、人倫の恨事」では、一八八四年より八九年にわたる離婚率の統計をあげ、これを欧米諸国のそれと比較し、わが国の離婚率が欧米の数倍にのぼること、しかもその多くは男性による女性の追放の離婚であることを問題にしている。こうした弊害は、婚姻が愛情にもとづかず、父母のためにし、離婚も父母のためにする、すなわち個人の意志や愛情より、家が優先していて、「家ありて人を見」ないためであると説明している。こうした弊害、婦人の不幸を救うものは民法である。民法は「婦人を一個人として認識す」「離婚するの保護を平等に与へ」るとともに、「理由なくして離婚す可らざるの保護を夫婦平等に与」えるものであると考えている。彼はこのように民法の意義を評価し、民法の条文を掲げてその実施をうながしている。

また、「家族的専制」も家族制度が女性のみでなく、男性にとってもいかに重圧であるかを縷々述べたのち、この弊風を打破する途として、

(一) 財産を家に属せしめず人に属せしめる事

（二）隠居の制を廃する事――「自ら養ふに足る身を以て強ひて隠居しその子の為めに養はれんとする、実に家族的専制より出で来りたる一種の幻影なり」

（三）父子別居する事――「父子同居は人を軽んじて家を重んずるより生ず、父子同居は財産合併に伴ふ。一家には一家族より多く住居す可らず」

（四）結婚は自活の道を全うしたる後に行ふ可き事

（五）親類縁者の交際は成るべく淡白なるべき事

などをあげている。

これらの提言はすでに植木枝盛らによってなされたことであり[16]、とくに独創的見解とはいえない。しかしこれが一八九二、九三年の時点において書かれたことはやはり注目に値する。当時はいわゆる民法典論争の時期であり、戸主に権限を集中し淳風美俗の名のもとに家制度、「家」の観念の強化をはかることの是非をめぐってはげしい論争が展開されていたときであった。このときに家長や戸主の権限を否定して個人の自立・自由の方向を打ち出したことは評価されなければならない。

なお補足するならば、蘇峰のこうした家族制度批判には、彼の生い立ち、周辺の女性の生き方が深いかかわりをもっていると思われる。

蘇峰の生家、徳富家は熊本県水俣の豪農であり、一族には矢島家・横井家などその地方の名家が名をつらねていた。そのなかにはすぐれた女性が多かったことも知られている。しかし、それらの女性のなかには、蘇峰の母久子や、叔母で横井小楠の妻となった津世子、同じく叔母の矢島楫子のように妻妾同居の不自然な家庭生活や不幸な結婚に苦しめられた人たちがあった。彼女たちはその精神的苦悩をキリスト教への帰依によって昇華させ、その後のすぐれた生き方を全うした。また、一方には伯母竹崎順子のように地方女子教育につくした人物も存在した。蘇峰自身旧家の長男としての責任を負わされ家族制度の重圧を強く感じていたことも、その『自伝』の示すところである。廃妾論や父子別居論、隠居制廃止論などはこうした彼の生々しい体験からにじみ出た声とみられる。そして、女子の職業による自立論や生産的生活のすすめは、周辺の、当時としてはまれにみるすぐれた女性の生き方から得た教訓であったと思われる。

家庭論

蘇峰は家父長的家族制度、彼の言葉でいえば家族的専制を、「諸悪の孵化場」であり、卑屈・影日向・邪推・偽善・嫉視・悖戻・陰険・人心の沈滞汚濁（「家族的専制」）などあらゆる社会悪、非人間性の源泉であると決めつけ、これにかわる理想の家族について論じた。では彼の理想とする家族、すなわち平民主義の支え手となる家族とはどのようなものであったか。これを彼自身の言葉で示すと次のようなものである。

「純粋なる家族、異分子を交へざる家族、真実を以て万事を貫く家族、品行正しき主人と貞淑にして勤勉なる妻君を以て組織せらるる家族」（「美はしき家風」『家庭雑誌』三号）

「清潔、和楽、健康な家庭、しかし時事に盲なる婦人が主宰者で、世に遠く毫も時事の消息に接」しないのは「却って腐敗汚濁の固となり家庭の活潑と光明を失う」（「家庭の福音」『家庭雑誌』二四号）

このような理想の家庭を彼は〝ホーム〟といういい方で表現している。理想的家庭を〝ホーム〟と呼ぶことは、巌本善治が『女学雑誌』においてはじめて用いたものであるという。巌本は和楽円満なる家庭の意味にこれを用い、その実現の裏づけとして、家族不和合の元凶たる一家二夫婦以上の同居をやめること、一夫一婦制、離婚法を確立することを考えた。内村鑑三も同誌への寄稿のなかで〝ホーム〟について論じ「ホームのホームたるいわれは家に妻君あり、この妻を中心に秩序と清潔があり、倹素にして教育や躾が行われていく平民生活」を強調した。いずれも旧来の封建的な家に対置するものとしての家庭像を〝ホーム〟という言葉で表現したものである。

さらに巌本は、真正のホームは家族一人ひとりが人間として、「能く独立し、高きに進み、善に与し、仁に行う」「自己を確守して、しかも一家のために献身する、さらにこれを一国に及ぼす」ことによって築かれることを説き、内村は、婦人はホームの中心であり、その本質として犠牲的愛の実践者であることを力説した。いずれもピューリタン的信仰に根ざす個人の自主自立と愛と犠牲献身をもってホームの真髄と考えたのである。(17)

蘇峰のいうホーム、家庭像は、これらの考え方に強く影響されたところがあり、その根底にはキリスト教的な思想がうかがわれる。しかし彼は『家庭雑誌』で家庭論を展開する時点では、このホームの精神的支柱についてより深く追求しようとはせず、ましてキリスト教ないし宗教については語らなかった。

彼は〝ホーム〟を平民主義の担い手である中等社会のあるべき家庭像として設定し、この理想的家庭の実現を可能にする現実的方途をこそ問題とした。そして彼によれば、それを可能にするものは勤勉・質素・節約などのモラルであった。「平民主義とは用を節し費を省きて家に余裕あらしめ一家の独立をはかること。金銭の尊きをしり、時間と労働の貴重をしること勤勉と節約」であり、「最も平易に生活すること」をもって「平民的家風」とし、中等社会のもっとも好ましい平民的生活であるというのである。さらに「節約は消極的平民主義」「職業は積極的平民主義」（家庭叢書『家庭之和楽』）として、婦人の職業が平民主義の家庭の重要な要素であることも述べている。

『家庭雑誌』や『家庭叢書』が職業問題をしばしば取り上げ、女子教育における職業教育の必要を説いたのもこのためであった。ここでは次にこの家庭論との関連において女子の職業論について考えたい。

職業論

平民主義の職業論の第一の特徴は、これを〝上等社会〟〝中等社会〟〝下等社会〟のそれぞれについて別個の意義を付して論じていることである。下等社会の婦人が職業に就くことについては「大抵家計の困難より止むをえざる」こと、すなわち当然のこととして深く論じようとしなかった。ただ「下等社会の家庭において夫婦平等・男女同権の実あるは一家共稼ぎして各々自活独立する実力あればなり」(家庭叢書『家政整理』)と理解した。これに比して中等社会では「一家の生活は全くその主人の負担にしてその他の家族は……先づ厄介物の姿」であり、「上等社会になれば益々甚し」く「されば上等社会の家族程、その権力は概して薄く、実に錦を着たる乞食というべく、憐むべき情態なり」(『家庭小訓』)と寄生的生活が隷従の原因であることに注意をうながしている。

かつて「男女同権説盛に朝野の間に行われ」ながらその成果のあがらなかったのは、「男女同権の理由を説き命令的に実行せしめんとし」「未だ婦女の実力を説き独立の方策を明かに」しなかったためである(『家政整理』)。すべて権利は実力と並行するものであり、婦女に職業を得せしめ、自活独立の精神を抱かせれば、自ら男女同権が実現する、というのが下層社会の実情に接して得た彼の結論であった。

ここにおいて中等社会の家庭における婦人の職業がとくに重視されることになる。「自ら賃銀を得て(中略)夫又は男子の厄介にならざるは一身の独立なること疑なし、己に一身の独立を得れば其の集合体たる一家が他に対して独立と面躰を維持し得ること論を待たず」(『家庭之和楽』)というわけである。

しかしながら当時の社会では婦人が職業をもつことには、当然種々の障害や抵抗が予想されるし、第一女子に開かれた職業分野そのものがごく限られたものにすぎなかった。そこで彼のいう「職業」の内容もおのずから特定の条件つきのものとならざるを得ない。すなわち「吾人が言う職業とは必ずしも工業に限らず、家事の務め即ち家政の整理、小児の保育、食物の調整、室内の掃除等凡て婦人の職業なり、此大切なる家庭の事務を放棄して外に出て職業を取るべしとはいはず……家庭事務の外日々空費する時間なきようにするにあり。……吾人は飽までも中等以上の家庭にて家計の余裕ある人にても閑なる時間あらば進んで職業に従事すべし」（『婦人と職業』）。

『家庭叢書』の一冊『婦人と職業』は、婦人に適当なる職業として①裁縫、②編物、③養蚕、④美術、⑤造花、⑥縫取、⑦押絵、⑧慈善事業（看護婦）、⑨産婆、⑩文学、⑪教育、⑫事務員をあげている。これについて西田長寿氏は『明治文化全集　婦人問題篇』における同書の解題で「比較的知的な職業とキレイな手芸的内職的仕事の紹介に重点がおかれている。近代的な工場労働者についてなお言及されていない」と述べているが、それは前述のように、〝下等社会〟、すなわち労働者階級のことを問題外として、〝中等社会〟の婦人について、家庭生活に抵触しない範囲の、家計に余裕を生ぜしめる程度の職業、いわゆる「内職」が好ましいものと考えられていたためである。

『家庭雑誌』が毎号のように各種の内職の紹介記事を載せているのもこのような考えに発するものである。事実、当時の都市生活では下層社会はもとより[18]、中産階級においても家計はつねに逼迫しており、婦女子の内職は家計維持にとって不可欠のものであった[19]。

『家庭雑誌』がこの内職に関して次のような記事を載せているのもこうした状況を反映したものである。

　昨年十一月二十五日本紙第十八号にて婦女職業案内のうちに高等なる内職と題して世の姉妹に少しく資産あり余裕ある一家の妻女又は児女に好適する内職はメリヤス編に限るとして其の製作方法及道筋を記しおきしが果然職業に志ある姉妹より続々のことに問合らるれば……。

（『家庭雑誌』二四号）

この記事は二六号にも再度掲載されている。

一日四〇銭になるであろうというこのメリヤス編みの内職はたしかに当時一般の内職賃金にくらべれば非常に高額であるが、この〝高等なる内職〟に〝資産あり余裕ある〟家庭の妻や娘からの問い合わせが殺到したというところに、このような中等社会の家庭の実態を垣間見る思いがする。そしてまた『家庭雑誌』がそうした層の女性のあいだに与えた影響の一端もうかがわれるのである。

おわりに――平民主義婦人論の変質――

平民主義は職業が女性の自立の条件であることを繰り返し主張したにもかかわらず、これを中等社会の、家庭のわくのなかでのみ問題としたために、内職やさらには家事も職業というように視野がせばめられ、婦人の職業分野の開拓という展望をきりひらくことができなかった。教育の面でも、本来の職業教育を求めるのではなく、職業的教育＝職業的趣味＝勤労意欲や職業意識の涵養を期待するにとどまった。

このような職業論のあいまいさは、その後の情況の変化のなかで、不可避的にその矛盾を明確にしていくのである。日清戦争後の資本主義の急速な発展は、都市においても農村においても庶民の生活を大きく変えた。「今日に在ては富も一種の権力」(『家庭理財』)という思想が一般化し、富の蓄積に人々の関心が向けられるようになった。『家庭理財』などにおいて、家計の予算生活、貯蓄の方法、保険、投資、さらには小資本の運用などが論じられているのをみても、一般庶民生活のなかに資本主義経済の波が押しよせている有様がうかがわれる。それに応じて、勤勉・節約・貯蓄がいっそう熱心に『家庭雑誌』や『家庭叢書』で説かれるようになった。しかし日清戦争後の物価騰貴は貯蓄や理財どころか国民の生活をますます深刻に圧迫するようになっていった。ここにいたって彼は、「世の中は上を見ても限なく、下を見ても限なきにあらずや、此の時に処する細君の心懸は、生活の程度を三等も四等も下る外なし。平生貯蓄に心懸ある家庭にては決して斯る場合に遭遇するも、尚貯蓄をして悠々迫らざる生計を見るべし」(「物価騰貴と生計」『家庭雑誌』六八号)と忍耐や耐乏、平常の心がけで、生活窮乏を乗り切ることをさとし、「一家老幼各々、その分に応じ」(『家庭小訓』)内職にいそしむことを奨励するようになる。

次に内職は、戦時における家庭生活の保障という意味から奨励された。日清戦争の最中に、『国民之友』は勝利のかげに多数の戦争未亡人・遺児が飢餓に泣きつつあることを取り上げ、「勝利の光栄に眩惑して其暗黒の側を知らざる勿れ」(『国民之友』二六二号)と警告する勇気を示した。しかし戦後において彼は何といったか。

　下士以上の軍人の家庭に於ては月々一定の給料を政府より受け納め左したる不自由なきも予備、後備の兵士の家庭には、戦争のため尠からざる家政の不調を来したり。軍夫の妻女又は家人たるは其生計にほとほと困却し見るに忍びず聞くに気の毒に堪えざるもの甚だ多し。(しかしこれは)平生職業とやいふことに志を向けざる為なり。主人が在と不在とに係はらず、立派に生活して行かれるよう平生の用意が肝要。(『婦人と職業』)

夫を戦場に送った家族の生活の窮乏は平生の心がけのたりないためであり、かかる事態にそなえて日ごろから婦人が職をもつことが要求される。婦人の経済的自立は男女平等を実現し、健全な市民的家庭を築くためにこそ、求められたのではなかったか。ここにいたって平民主義の職業論はまったくその本来の理念から逸脱してしまったといわねばならない。

さらにつけ加えるならば、一日一〇時間ないし一二時間働き、わずかに六、七銭の賃銀にしかならない内職を、あえて中等階級の家庭にすすめることは家計補充のためのみでなく、倹約の美風を教え、贅沢をいましめるためであり、貧民に対する「同情の念を発」せしめる効用すら考えられた。すなわち、「中等以上の人が貧民の状態を知らず、日に驕慢奢侈で……貧民を愚弄隔離するに至りては徳義亡滅し、世に怖るべき社会党の現出する結果を見るに至るべ」(『家政整理』)く、こうした危険を防ぐことでもあった。

中等社会の人々が内職を通じ低賃金労働の実態を知り、下層社会の人々に同情・慈善(連帯ではない)の心をいだき、それによって中等社会と下層社会の反目を防せごうというのがねらいである。

下層階級の離反による〝社会党の現出〟こそ彼のもっともおそれるところであり、その現出を未然に防ぐ役割を〝中等社会〟に求めたのであった。一九〇〇年代は、片山潜らにより初の労働者の組織「労働組合期成会」の結成や、天満紡をはじめ紡績・製糸業の女子労働者の争議の発生によって幕をあけた。下層階級の問題が社会問題としてクローズアップし、〝怖るべき社会党の現出〟の気運が迫っていたのである。

こうした歴史の動きに対して、中等社会のイデオロギーたる平民主義は、その出発時に示した新しい時代を開拓するエネルギーとしてではなく、いまや次に台頭してくる者への防波堤としての身がまえをとるにいたった。『国民之友』は、一八九八年蘇峰が松方内閣への協力を約したとき、これに対する世論のきびしい攻撃に直面し、まったく突然にその幕を閉じた。『家庭雑誌』もこれと運命をともにし一一九号をもって廃刊となった。

平民主義の立場からの婦人論の展開は一八八七年に始まり、九八年に終わった。そのいのちはわずか一〇年余りにすぎなかった。だがそれは明治期の婦人論の一つの立場を代表しているといえよう。それは思想的には福沢諭吉ら啓蒙主義婦人論、植木枝盛にみられる自由民権論者の婦人論、巌本善治らのキリスト教主義の婦人論などに負うところきわめて大きい。蘇峰はそれらの思想を、彼の求める平民主義の家庭を実現するよりどころとした。すなわち、婦人の経済的独立、財産の個人的帰属を物質的基盤とした一夫一婦の市民的家族を実現すること、そのために教育や法(民法)の充実をはかることを主張した。

蘇峰の＝平民主義の婦人論は、封建的家族制度に対する批判、欧化主義・貴族主義的女子教育、あるいは保守的良妻賢母主義教育に対する攻撃においては、じつに徹底した鋭さをもってこれにのぞんでいる。婦人論の流れにおいていわば谷間のような、沈滞期にある一八九〇年代において、それはもっともはなばなしい闘士であったといえる。しかしながらその一方では、たとえば井上毅の女子教育政策の評価や、民法の性格のとらえ方など、時の政府の政策に対する姿勢はきわめて楽観的であり、しかも妥協的であった。また〝中等社会〟への期待の大きいばかりに〝下層社会〟の問題を充分正しくとらえることがなかった。

さらに彼は〝中等社会〟の家庭像をあまりに理想化してとらえたために、ついにそのわくのなかにおいてのみ女性の前進・成長を考えることになった。それが職業論に象徴されるような矛盾と限界となった。

日清戦争後、平民主義の婦人・家庭論は急速に国家主義的方向へ傾斜して、とくに職業論にみられるように、国家の興隆、経済の繁栄のために奉仕するものとなって終わった。

『国民之友』『家庭雑誌』の廃刊から三年後、一九〇一年より堺利彦は『家庭の新風味』を執筆、出版した。このとき彼は「全社会の原動力たる者を問えばすなわち中等社会なり」との立場から婦人問題を論じた。彼は蘇峰と同じ地点から出発したわけである。そしていみじくも同名の『家庭雑誌』を発刊したが、しだいに彼は「社会主義は人類平等の主義であ」り、「家庭はその理想を現わすべき場所である」と述べ、社会主義の立場から家庭・婦人問題を追求する姿勢を明らかにしていく。[20]

一九〇三年には羽仁もと子が夫吉一とともに『家庭之友』を編集し、キリスト教主義にもとづく人格の平等、合理的な家庭の創造を唱える（〇八年には『婦人之友』を発行）など、明治末期から大正初期には家庭のあり方により多くの関心がよせられるようになった。

註

（1）平民主義の女性論・家庭論についての先行研究として、中嶌邦「明治二十年代の生活論——「家庭雑誌」「家庭叢書」を中心として」（『史艸』一〇、一九六九年）、坂本武人「徳富蘇峰の婦人論」「民友社と家庭雑誌」のちに「民友社の婦人論・家庭論」（同志社大学人文科学研究所編『民友社の研究』雄山閣　一九七七年に収載）がある。

（2）植木枝盛の婦人論は外崎光広編『植木枝盛家族制度論集』（高知市立市民図書館　一九六一年）、同『植木枝盛婦人解放論集』（同前　一九六三年）。これに関する研究としては家永三郎『植木枝盛研究』（岩波書店　一九六〇年）がある。

（3）巌本善治と『女学雑誌』については、青山なを『明治女学校の研究』（慶応通信　一九七〇年）がある。

（4）前掲、坂本「徳富蘇峰の婦人論」は主に「日本婦人論」について論じている。

（5）鹿野政直『明治の思想』筑摩書房　一九六四年。

（6）三井礼子編『現代婦人運動史年表』三一書房　一九六三年参照。

（7）『国民之友』は、創刊号七五〇〇部、以後毎号増加して一〇号以後は一万部以上となった。当時雑誌の発行部数は五、六〇〇部で一〇〇〇部を超えれば盛んという状態であった。『国民之友』六号、『蘇峰自伝』（中央公論社　一九三五年）参照。

（8）『家庭之和楽』『夏と家庭』『玩具と遊戯』『家庭教育』『小児養育』『家庭衛生』『家政整理』『簡易料理』『社交一班』『婦人と職業』『家庭之理財』。

（9）深谷昌志『良妻賢母主義の教育』黎明書房　一九六六年。

（10）同右。

（11）井上毅は一八九三年三月より翌九四年八月まで文相に在任。

（12）海後宗臣編『井上毅の教育政策』東京大学出版会　一九六八年。

（13）同右。

（14）妾は明治初年の新律綱領では二等親として規定されたが、この名称は一八八〇年刑法草案において削除された。

（15）伊藤秀吉『日本廃娼運動史』廓清会婦人矯風会廃娼連盟　一九三一年。

（16）植木は『国民之友』に「子婦は舅姑と別居すべし」「如何なる民法を制定す可き耶」などを書いている。前掲「婦人問題関係記事一覧」。

(17) 前掲、青山『明治女学校の研究』。
(18) 横山源之助『日本の下層社会』はこの状況を具体的に伝えている。
(19) 中部家庭経営学研究会『明治期家庭生活の研究』ドメス出版　一九七二年。
(20) 『堺利彦全集第二巻　婦人・家庭論』法律文化社　一九七一年。

二　良妻賢母主義教育における「家」と職業

はじめに

教育のあり方はその時代が目指す社会の方向を物語っている。戦前の女性に対する教育はそもそも〝女子教育〟ということばが示すように、教育一般からは区別され特定の価値観と意図をもって行われた。それは女学校教育を中心として行われた良妻賢母主義教育にみられるように、女性の役割を妻・母としての「家」のなかにおける役割に限定し、しかもその妻・母としての役割を通して国家への貢献を期待するものであった。男女は人間として平等であることをたてまえとし、ただその役割分担の異なることを強調する教育は現実には、その教育内容においてつねに男子のそれより低い水準におかれ、「家」の外における女性の自立を可能にする職業や技能、あるいは社会的関心を育てることはほとんど配慮されることがなかった。

しかしながら、このような教育であっても、その普及は女性自身の自立や社会的活動への要求を培わずにはいなかった。また資本主義の発展はたえず女性労働力に対する期待を大きくしていった。とくに高等女学校制度が確立し、女子教育が急速に普及した一九〇〇（明治三十三）年から二〇年にかけての時期は、日本資本主義が日露戦争と第一次世界大戦をはさんでめざましい発展をとげた時期であり、女性の職業分野もひろがったときである。この結果、当然のこととして、女性を「家」にのみとどめようとする教育への批判と、女子教育に対する新しい多様な要求が生まれるようになる。

しかしまたこの時期、天皇制国家の支配の強化がすすみ、教育においても国家意識、「家」観念の強調となってあらわれ、女子教育においても、女性の「家」を守る任務がいっそう叫ばれるようになった。

このように、二〇世紀初頭のこの時期は、女は「家」を守るべしという教育と、これに対し女性の自立の途を求める動きとがするどく対立しだしたときである。同時に資本主義の発展がこの女子教育のあり方とふかくかかわっていき、結論的にいえば、女は「家」を守るべしという教育の上にのって、安価で従順な労働力を引き出すという資本の姿勢が露骨になっていった。

従来良妻賢母主義教育に関する研究においては、これが家父長制的家族制度や天皇制国家のイデオロギーの一環としてもった意味について多くの関心がよせられてきた(1)。しかしそれと同時に、資本の側からの期待と要求がどのようなものであったかということも見落とすことはできない。それは男女の性別役割分担を再生産して体制の強化がはかられようとしている今日の問題にも通じるものである。

ここではそうした視点も含めて、一九〇〇年から二〇年代の女子教育の政策や論議のなかでの「家」と職業の問題がどのように取り上げられたか、そして女性にとって「家」とは何であったか、いかにして自立の途が拓かれていったかを考えてみたい。なおここでいう職業とは、狭義の実業や技能に限らずひろく女性の自立の条件、いわば「家」に対置するものの意である。

1　学校教育における「家」と職業

女子教育の基本理念

女子教育に対する政策は、他の分野のそれとくらべてもっとも遅れていた。職業教育をふくめた女子教育政策は、一八九〇年代の後半にいたってようやく本格的なものとなった。それは日清戦争直前の国民的統合と、産業革命期に即応する労働力育成という二つの課題をもってすすめられた井上毅文相時代の教育改革の一環としてであった。(2) それは次の三点を中心にしてすすめられた。

第一は、義務教育における女子の就学率を高めることであった。教育勅語にもとづく教育の浸透、国民的自覚の徹底という観点からするとき、ようやく三〇％に達した女子の就学率の低さは大きな障害であった。そのためにとられた対策は、女子の学科を「益々実用ニ近切タラシメル」ために小学校教育に裁縫の教科を加えることであった。学校教育が実生活に迂遠なものであるという民衆の不満は、明治初年以来の女子教育不振の原因の一つであった。そこで、当時の民衆女性にとってもっとも必要とされていた裁縫教育を取り入れることによって、女子の就学の促進がはかられた。

江戸時代以来の女子教育では裁縫がもっとも重視された。それは実生活上の必要からの技術の習得を目的としたのみでなく、これによって得られる女子としての〝躾〟が重視されたものである。(3) しかしこうした教育に対する伝統的な期待を取り入れることによって就学の促進をはかることは、同時に義務教育の段階ですでに男女の特性を考慮し、教育内容における差別を公認することを意味し、女子教育＝裁縫教育という考え方が、その後の女子教育のなかにながく引き継がれることとなった。

第二の問題は、女子の中等教育＝高等女学校教育の整備である。明治初期以来の女学校教育は、ごく一部の公立女学校のほかは私立、とくにキリスト教主義の学校の手にまかされ、その内容・水準もまちまちであった。女子教育に熱意をもってのぞんだ森有礼文相の時代にも、その制度化には手が及ばなかった。井上はこれに着手して、のちの高等女学校制度の骨格をつくり上げた。

彼は、女学校教育の目的は、教育勅語の趣旨にもとづき貞淑の徳を涵養することにあるとした。そして多くの学科はこの貞淑の徳にそうことを目的とし、知識技能は一家の経理・子女の養育など、すべて女子の職分に適応せしめることとした。彼によれば、国民は国家社会の隆盛に貢献するために男女均しく教育を受けるべき（その意味での男女平等）だが、その内容については、女子には女子の職分に応じた教育がなければならなかった。彼はその著述のなかで、男女は人間として生理的差異があり、したがって政治上でも男女同権はありえない、そして男は外を治め女は内を治めるに適当な固有の性能があり、「男は剛勇にして闊大高尚の徳を具へ、女は温和にして機敏精緻」であるべきだと述べている（「五倫と生理の関係」）。このように男女の生理的差異をもとに、その役割の違いと固有の性能を固定化して強調する考え方は、近世の儒教的女性観以来支配的な考え方であり、井上の女学校教育に対する構想はこの理念によって貫かれた。そしてのちの高等女学校制度は「井上の文相在任中に着手され、立案され、彼の文相辞任後にほとんど修正されることなく公布され(4)」ることとなったといわれる。

第三は女子の実業教育の問題である。産業革命の進展に対応しての実業教育の充実に力を注いだ井上は、女子の実業教育についても関心をよせ、徒弟学校・実業補習学校制度のなかで女子についての規定を設けた。しかしそこでは「裁縫其他ノ女工又ハ農業ヲ授ケル」ことと「刺繍機織及其ノ他ノ職業」を教えることが決められただけであった。

そして逆に、一般の徒弟学校・実業補習学校においては「男女ヲ混同スルコトヲ得ズ」という但書がつけ加えられることによって、女性の職業教育は裁縫・刺繡・機織などの分野に限られ、その他の職業分野への進出の可能性は閉ざされたわけである。

これはさきにみたような、井上に代表される支配層の男女差別の教育方針を端的に示したものではあるが、その背景として当時の女性の労働市場の狭さが考えられる。当時の日本の産業が必要とした女子労働力は、主として製糸紡績などの労働力であって、彼女たちは職業教育はおろか義務教育すら満足に受けることなく生産の場に引き出され、安価な使い捨ての労働力としてこそ期待されたことは今さらいうまでもない。このほかの女性の職業としては、女教師・看護婦・産婆とごく少数の電話交換手などがあるのみであった。一八九五（明治二十八）年に出された民友社の『婦人と職業』という出版物のなかでは、これらのほかに女性の職業として、裁縫・編物・養蚕・美術・造花・縫取・押絵などをあげているが、これらはいずれも伝統的な手わざの域を出るものではなく、近代産業において女性が活動する場についての展望はほとんどみられなかった。

教育政策における女子職業教育への姿勢はこうした実状に規制されたものであり、女性の職業を開拓していくという意味ではきわめて不十分なものであった。

女学校教育における「家」

以上みたような井上文相時代の女子教育政策を受けて、一八九五（明治二十八）年高等女学校規程の制定、九九年高等女学校令の公布、一九〇一年同施行規則の制定と引き続く法令の整備によって、女子教育の中核をなす女学校教育が軌道にのった。

この一連の法令は、高等女学校教育が「中等以上ノ社会ニ於ケル女子ニ必要ナル品格」を具えしめることを目的とし、そのために各教科を通じて勤勉・節約・秩序・周密・規律・協同など徳性の涵養をとくに重視するものであることを明らかにしている。しかしこの女学校教育を良妻賢母主義と規定してその意味を繰り返し説いたのは、この時代の歴代の文部大臣たちであった。なかでも菊池大麓は、「家」と女性の関係を詳細に説いて良妻賢母主義の徹底につとめた。菊池は、「日本デハ此ノ婦女子ト云フモノハ将来結婚シテ妻トナリ母トナル」のが「当然ノ身ノ成行キ」という前提に立って女子教育のあり方を論じた。そして「外国ニ於テハ結婚スルト云フコトガ一ツノ家庭ノ成立ヲ意味」し「女子ガ其家庭ノ主人トナッテ総テノコトヲ行ッテ行」くが、「日本ニ於テハソレハ普通ナイ、即チ女子ハ他ノ家庭ニ這入ッテソコニ結婚シテモ矢張リ子女ノ位置ニ居」るものであり、しかもその家においては「何レノ時代ニ於テモ若イモノト老人ト一緒ニアル場合」「多少家庭ノ衝突ガ起ルモノ」であり、とくに「今日ノ日本ノ如キ過渡ノ時代ニ於テハ余程衝突ガ起リ易イ」と、今日の「家」における老若の世代間の摩擦を認め、それゆえに女性には貞淑・従順・忍耐・調和などの徳目による教育が必要であることを縷々述べている（一九〇二年全国高等女学校長会議における訓示）。

これによってわかるように、女性に求められたのは「家」に入り、これを安泰に守っていくことであり、その「家」とは、西欧のような夫婦単位の――そこでは女性が主人となって家事をとりしきる――家庭ではなく、結婚した女性も「矢張リ子女ノ位置ニ」あって舅姑・兄弟・姉妹に仕えるかたちのものであった。したがってその教育は家のなかでの心がまえのみを重視し、女性の社会生活に対する知識や能力の育成はまったくといってよいほど無視されていた。女学校教育における知的教科の男子中学校より低い内容、裁縫・修身の重視は、こうした意図によるものであった。さらに菊池文相はこの訓示のなかで、女学校教育は、これが女性にとって最高・最終の教育であって、これ以上の専門の学問は「女子ノ独立ノ助ケト云フコトニハナルケレ共コレヲ公ニ設ケル必要ハナイ」といって、女性のための専門教育、自立のための職業教育を公の教育として設ける考えのないことを明らかにしている。

こうして女子教育制度の確立の時点で職業教育と高等教育は無視されることになった。女学校制度の確立は、この時期に女子英学塾、東京女医学校、日本女子大学校などの専門教育・高等教育機関の発足を促したが、これらはいずれも女性のより高い能力開発を願う少数の教育者の努力によるものであり、これらはむしろ例外的な存在として国家の政策の外におかれた。

民衆女性と良妻賢母

これまでみてきたような「女ハ結婚シテ妻トナリ母トナル」のが「当然ノ成行キ」で、「家」に入り内を治めるものという前提で、かつ儒教的女訓や教育勅語の徳目をもって行われる教育は、当時の女学校生徒の家庭において抵抗なく受け入れられた。深谷昌志『良妻賢母主義の教育』によれば、女学校制度成立のこの時期の生徒の出身階層は、その六〇％以上が旧士族であり、これを職業別にみると、官吏・銀行員・医師などの専門職・ホワイトカラーが多く、農業・商業の出身者も地主・老舗などの、「士族と士族の行動様式を模倣するエリート」層であり、この人々を支配していた家父長制的「家」の観念や女性の従属の倫理と良妻賢母主義教育は何ら矛盾するものでなかった。

さらにこの教育理念は、「家」の女ではなく職業をもつ女性や、従来儒教的家族倫理とは無縁であった勤労民衆にまで押し及ぼされた。その一つは、当時の主要な女性の職業であった女教師を養成する女子師範学校の教育であった。明治国家は明治初期の富国強兵政策以来、次代の国民を育成するための教員の養成には力を注ぎ、とくに女性の母性的資質が次代のすぐれた国民の教育に不可欠のものであることから、はやくから女子の師範学校教育には関心をよせてきた。が、高等女学校制度が発足した一八九八年には、女生徒の教科を男生徒のそれから切り離し、「本邦女子ノ職分習慣等ニ注意シ貞淑ノ美徳ヲ涵養スルコト」として、「忠孝貞淑」を教え「武備ノ張弛・政治ノ沿革・農工商業ノ発達」など社会的な関心や知識について教えることは削除された（大江志乃夫『国民教育と軍隊』）。教育者であり、職業人である女教師に対して、このように男性とは差別した教育が行われ、社会的関心や知識よりは貞淑などの徳目を重視して良妻賢母的人間の師表となることが要求された。この後、女教師は女性の職業人の先頭にあって労働婦人の地位の向上に貢献する反面、良妻賢母主義の実践を通して、天皇制と軍国主義へ女性をかり立てる忠実なる尖兵の役を担うことになった。

義務教育において男女の特性に応じた教育が行われたことはさきにもみたところであるが、教育における国家統制のすすんだ一九〇〇年代になるとこれがいっそう顕著になった。一九〇〇（明治三十三）年の小学校令の改正では、「男女ノ特性」が強調され、さらに〇四年から使用が始まった第一期国定教科書では、修身の教科のなかに「男のつとめ、女のつとめ」という課を設けて、このことを次のように教えている。

男は家の主人となつて家業をつとめ、女は男をたすけて家のせわをするものであります。男のつとめと女のつとめはかよーにちがふところがありますからそのこころがけもちがはねばなりません。（中略）知識は男にも女にもたいせつでありますから、おのおのそのつとめをつくすためにひつような知識をみがかねばなりません。女を男よりおとつているものだとおもふのはまちがひであります。（以下略）

これは当時の小学校の最終学年、四年の終わりから二番目の課目である。国民は男女ともに義務教育を終わるにあたって、男のつとめと女のつとめをじゅんじゅんと教えられたわけである。なおついでにいえば、一九一〇年の第二期国定教科書になると、「男子の務と女子の務」の課目について、男女それぞれの務めを述べたのに続けて、女子が内にいて一家の世話をなし家庭の和楽を図るはやがて一国の良風美俗を造る所以なり、女子の母としての子供を育つることの良否はやがて其の子の人となりに影響し延いては国家の盛衰に関係するものなり。

と書かれている（このときには義務教育は六年）。女性の家における役割と国家との関係がいっそう明確に述べられ、明治末期の国家意識強化の影響が義務教育のなかにはっきりとみられるようになっている。

こうした学校教育における男女の役割分担論、女のつとめ論によって農民など勤労民衆も、その生産的労働での男性の主たる仕事に対する女性の補佐的仕事、女性の従属という関係が固定化されることとなった。そしてさらにそれは家庭内における関係ばかりでなく、家族的関係を擬制的にとりこんだ資本家による労働者支配の具ともされた。その一例は、この当時から行われるようになった企業内での労働者教育などにみられた。

一九〇〇年ごろから、労働者の一定の知的水準向上の必要や労働運動台頭への対策として、製糸工場・紡績工場において労働者に対する教育が行われるようになり、企業主によって簡単な読み書き・算術・裁縫とともに修身が教えられることが多くなった。そしてその場合の多くは、忠実・勤勉・信義などとともに、女性の男性への従属を説いている。たとえば一九一二年製糸織物新報社より出された『修身訓話工女の鑑』というパンフレットには、「人には男女老幼の差別がありまして男は男たる本分を尽し女は女たるの道を守らねばならず（中略）工場に居る間は主人重役方を父と頼み忠実に仕えなければなりません」とある。そしてその主人への恩返しは「命令に従い撓まず屈せず仕事に精を出すこと」で、「工場に勤めて多くの糸を外国に売込み沢山のお金を外国から儲けるやうにする」のが「天皇陛下への忠義」であると教えている。素朴であるだけに、露骨に当時の企業家の労働者に対する意図をあらわしている。

こうした教育の結果、「工女自身規律ノ必要ナルヲ自覚シ進ンデ克ク之ヲ厳守シ（中略）操業並ニ風儀上多大ノ効果ヲ致シ」つつあることが企業側から語られている（碓井正久編『日本社会教育発達史』）。

女のつとめの教育は、「家」や家族のあいだでのモラルとしてだけではなく、資本主義産業の労働者対策としても有効なものであった。

2　女子職業熱と職業教育論

職業熱の台頭

一九〇九（明治四十二）年四月創刊の雑誌『新女界』に「現代女学界の瞥見」と題して次のような記事が載っている。

日清日露両戦役中間の十年間が日本の女子教育の隆盛期で、今は却てその反動として稍下火になっている。成程新興の女学校は続々として絶えない。然し其十中八九は皆実業教育で学問よりも技芸に重きを置く。且在来の女学校でも漸く此顰《ひん》に倣うてか所謂実科奨励の態度に出でている。（中略）口を開けば直ぐ良妻賢母と云うが其実被教育者は能ふべくば卒業後職業に有り附こうとし（中略）安閑として家庭にあるを潔しとせぬ風がある。

さらにつづけて、女学校で習得した学問が実社会に役立たない、また家政裁縫が家事経営に実効を奏すものでないことをあげている。そしてこのような状況が出現したのは、日露戦争による壮丁の死亡廃疾により一家の支柱を失ったものの数がおびただしく、「多少素養がある女子をして家計を助け」る必要を生ぜしめたのであり、また一方では「実業界の需要が女子の職業熱を煽っている」からであるとしている。この筆者は横浜女学校教師赤星仙太である。

つづいて同誌第二号には、のちに友愛会を創立した鈴木文治が「女子教育に対する時代思想の変遷」という一文をよせ、いまや裁縫・刺繡・活花など技芸に関する教育の希望者が多くなり、一般の女学校の志望者が減少している、これは良妻賢母主義教育の失敗を意味するものである、と述べている。

これらの記事はいずれも日露戦後における女性の職業への関心の高まりと、そこから起こった従来の良妻賢母教育への批判を述べている。そしてその契機として、日露戦争が生み出した社会問題の一つである戦争未亡人の生活難が女性に自立できる技能・職業の必要を自覚させるにいたったことをあげている。

女医の竹内茂代も、のちに当時のことを回想して次のように語っている。

この戦争の特筆すべきは戦死者の未亡人たちの苦しい生活をみて一朝事あるときは女でも腕になにか持っていなければならぬというわけで婦人の職業という問題が真剣に考えられるようになり女医学校の志願者が急にふえてきたことであります。

（神崎清編「竹内茂代」『現代日本婦人伝』）

職業への関心と女学校教育に対する批判を生み出した第二の原因、より一般的な原因は、女学校進学者層のひろがりと、これらの人々の日露戦後の生活難の問題である。

高等女学校はその発足時の三七校が明治末年一九一二年には二〇九校、生徒数は八八五七名から六万四八七一名と約一〇年のあいだに文字どおり飛躍的な増加をとげている（文部省『学制百年史』）。このことは女学校生徒の出身階層が、さきにみたような旧士族を中心とする上流・中流上層のエリート層からより広汎な層にひろがったことを意味している。それは日露戦後の経済発展により生まれた新しい中間層ともいうべき俸給生活者・自由業者層（大橋隆憲『日本の階級構成』）であり、これらの人々は子女に中等教育程度の教育を受けさせることは当然のことと考えるようになった。しかし戦後の増税・物価騰貴によって、これら新興の給与生活者や自由業者の生活は必ずしも余裕のあるものではなかった。そして「到る処生活難、職業難がおこり（中略）女学校の卒業生など卒業後直ちに結婚というのが（中略）近来は先ず如何にして独立の資を得可き乎の痛ましき事に当人も父兄も心配して手芸なり何なり一つ独立して生活出来る様にという処から職業学校又は技芸学校が頗る繁昌するという現象を呈するようになった」（大塚楠男「婦人職業問題」『新女界』二―八）。

こうした問題は都市の俸給生活者を対象とした女学校ばかりでなく、都市近郊農村でも同じようなことがみられた。一九〇九年設立の大阪府北河内郡の一公立女学校における生徒の出身階層は、いわゆる資産名望家の子女はその半数以下で、残りの大半は年間所得四〇〇円以下の層であった。これに対し学費は、通学生三〇円、寄宿生は八五円で、これをみると家庭がかなりの経済的負担を負いながら子女を女学校に進学させていることがわかる。したがってこの学校の場合にも、卒業後「専ら良縁を求めて婚嫁の仕度にかかる」のではなく、上級学校への進学を希望するものが多く、こうした要望に応えて、この学校では本科卒業生に尋常小学校本科教員資格を与える制度を設けた（籠谷次郎「明治末期・大阪近郊農村における女子教育の動向」『近代大阪の歴史的展開』）。

このような女性の知的欲求の高まりと職業志向に対して、これまでの女学校教育が十分応えうるものでなかったことはいうまでもない。その結果、各種の職業学校への進学、とくに地方から遠く家庭を離れて大都市へ遊学することが盛んになった。たとえば東京の共立女子職業学校の例でみても、日露戦争後入学志願者が急激にふえ、それまでは志望者を順次入学させていたものが、一九〇六年からは志願者数が倍増したため試験による選抜に改めている。そしてそれらの生徒の出身地は全国各府県から沖縄にまで及んでいて、その盛況ぶりがうかがえる（『共立女子職業学校二十五年史』）。

こうした状況を反映してか、日露戦後には〝女子遊学案内〟〝男女修学案内〟〝女子就業案内〟等と題する出版物が数多く出されている（国立国会図書館『婦人問題文献目録　図書の部(1)明治期編』）。このなかには女子英学塾などの専門学校のほかに、特種《(ママ)》学校として、薬学・語学・産婆・看護婦学校やシンガーミシン学校、音楽学校、美術学校などの名があげられており（『男女学校評判記』）、公教育制度のほかにこれら職業・技芸学校が多数出現していたことがわかる。

また当時、女性の専門学校・実業学校・各種学校の在学・卒業生の数は、女学校・師範学校生徒の数をはるかに凌いでいたという調査さえある（平沼淑郎「婦人地位の上下は経済変遷と終始す」『太陽増刊近時之婦人問題』一九一三年。調査は一九〇八年のもの）。そしてこの筆者は「職業教育の盛なるに至れるは瞭然なり」と結論づけている。

一方、女性の新しい職業として電話交換手・郵便局員などの官衙事務員、銀行会社傭員のほか、婦人記者・写真師・速記者・音楽教師・料理番（ウェイトレス）などが紹介されており（『新撰女子就業案内』）、日露戦争前に比べその多様さが目立つ。また会社・デパートなどで多少とも女性を使っていない所は稀で、その数は全国で一万を数え、女教師・看護婦・産婆など従来からの職業婦人を加えると五、六万にのぼり、男子の一割に及ぼうとしているし、工場労働者の約五割以上が女性で占められ、産業全体に占める女性労働の存在が看過しえないものになっていることも指摘されている（「女子職業熱の勃興」『東洋時論』第二号）。

もとよりこれらの数字の正確さは期しがたいし、今日からみればその数は微々たるものに思われる。しかし重要なことは、こうした現象が単に量的な多寡の問題ではなく、さきの『新女界』における赤星仙太の論説や『東洋時論』のように女子の〝職業熱〟という言葉で表現されていることである。それは単に経済的な必要からの家計補助のための出稼的就業ではなく、女性の家からの解放、自立への願望がこめられていたことを物語っている。さきの『東洋時論』の論説は、これは女子の自由運動であり、女性が男性の付属物の地位を脱して男子同然社会の表面に活動せんとする合図であって「早晩重大な問題を起し来る」ことを予言している。

良妻賢母批判論

これまでみたような日露戦後社会の変動と女性の〝職業熱〟は、良妻賢母主義教育への批判と反省を呼びおこし、一九〇〇年代にはこれをめぐる論議がはげしく展開された（「良妻賢母論争」）(5)。これらの論議の焦点の一つは、女のつとめは「家」を守ることという女性の〝天職論〟の是非、またいいかえれば女性の職業をどう考えるかということにあった。

良妻賢母主義教育批判としては、まず第一にあげられるのは社会主義者の主張であったが、これら社会主義者の婦人論一般については他にゆずり(6)、ここでは直接天職論を論じたものについてのみふれる。天職論を取り上げたのは『家庭の新風味』『家庭雑誌』以来家庭のあり方を追求しつづけてきた堺利彦であった。彼は一九〇七（明治四十）年『世界婦人』の第一号において福田英子にあてたかたちで「婦人の天職」という一文をよせている。そこで彼は、女は結婚して家を守ること、夫に仕えることなど、いわゆる女性の天職といわれるものがはたして絶対不変のものであるかという問題を投げかけた。そしてこれが歴史的につくり出されたものであり、将来の進歩した社会においては変化するものであること、女性の固有の役割は母性としての生殖事業のみであり、その他の生産的労働は男女ともどもに分担し、しかもその比重はしだいに軽減されて、それぞれ知的活動や文化的活動に参加しうる余暇を生ずることを平易に説いている。

これに対して福田英子も同誌第四号において「男女の天職」について述べている。しかし福田はむしろ女性の母性としての「姙身哺育《ママ》」という特有の使命の重要さという意味で女性の天職を強調し、しかしその使命は男子に対する使命ではなく社会に対する使命であり、これに対し社会が十分に責任を負うべきこと、この天職によって女性の男性への従属が正当化されるものでも女性の社会的活動が阻まれるものでもないことを力説している。

しかし堺の場合には、天職を止揚できる社会の実現にいたる道すじと、それが女性の職業による社会的活動への参加とどうかかわるかという点、すなわち女性の職業に対する考え方という点が必ずしも明確にされていない。それは福田が女性としての自らのきびしい体験から女性の経済的自立を強く志向していた点と大きく異なっている。

その意味では、この問題に社会主義者ではないが明快な答えを示した人として河田嗣郎がある。河田は一九一〇年、J・S・ミルの *"The Subjection of Women"* に依拠して『婦人問題』を著した。そこでは、今や人間生活の唯一の拠点である家族なるものはしだいにその意義を失い、その最後の形態である小家族制度すら崩壊の危機に瀕していること、そして生産上の任務はつとに家族の手を離れ「企業関係」に移り、消費上のことも社会化されて家庭の必要は日に減却しつつあり、家庭を唯一の目標として女性を教育する方針は維持しえなくなっていること、今や婚姻を宿命とさえ考えたこれまでの通念に疑問が抱かれ、女性が独立の職業を得、自由な活動を好むのは必然であることを述べている。そして女性の職業進出はその分野での男子との競争を引き起こすが、「女子をして男子に対する競争に敗を取らしめず」「独立一己の経済的独立を保障するだけの収得を得せしめ」るために女性の能力の陶冶としての教育が必要であると、女性の職業進出と高等教育について積極的な見解を示している。この書は家族制度を批判したものとして危険視され、出版直後に自らの手で絶版を余儀なくされ一九二四（大正十三）年改めて『家族制度と婦人問題』として出版された（本論ではこれによった）。その意味ではこの時点でただちに一般に反響を呼んだものではないとしても、この時期にすでに天職論の否定と職業の積極的支持、そのための高等教育の主張の意見があらわれたことの意義は評価されなければならない。

社会主義者のなかにあって女子教育への批判と女性の自立をもっとも系統的に説いたのは安部磯雄である。キリスト教主義者としての社会問題への関心から社会主義に到達した安部磯雄は、一九〇〇年代のはじめから廃娼問題や労働問題への発言を続け、河田の『婦人問題』と同じく一九一〇（明治四十三）年、これらの集大成として『婦人の理想』を著し、女子教育・職業・婦人参政権問題など婦人問題全般についての彼の見解を展開した。それは廃娼運動や民主的な家庭人としての彼の実践と結びついた主張として、当時多くの人に影響を与えた書であった。

彼はまず男女差別教育の誤りを指摘し、教育とは人間の天性の能力を進歩発達せしめること、「人間らしき人間を造る」ことであって「男を造るのでも女を造るのでもない」ことを主張した。したがって彼は女子教育ということ自体を否定し、初等教育から男は男らしく、女は女らしくという教育をすることはむしろ害があり、なるべく後まで男女とも中性として教育すること、学校は小学校の段階から男女共学にすべきことを述べている。これは男女の特性にもとづくこれまでの教育観に対する決定的な批判であった。

次に、安部は、女性の人格の独立、結婚の自由のためには職業による自立の必要を積極的に支持した。そして女性に独立自活の途を与える手段として手芸（裁縫などの手わざ一般）を教えることには賛成であるが、手芸をもって教育の全部であるかのごとく考えるのは誤りで、教育の理想は人間の諸能力を釣り合いよく発達せしめることであり、「裁縫・割烹・造花などが婦人の幸福に関係を有するであろうか。手芸教育を以て足れりとするが如き論者は婦人を飽くまで高等下女若しくは職人として取扱わんと欲するものでこれを人間として待遇せんとするものではない」と当時の女学校教育や技芸教育をきびしく批判している。

彼は女性の経済的自立の問題をさらに深く考察し、今日すでに多くの女性が職業に従事しているにもかかわらず、その賃金や待遇が男性に劣っていて、現状のような職業への進出だけでは女性の自立につながらないという事実に目を向けた。そしてそうした女性の職業における不平等、とくに低賃金の一因は今日の女子教育における〝手芸的職業教育〟にあるとした。そして良妻賢母主義教育への不満、職業教育への要求がややもすれば安易な実技教育に解決を求める結果となっていると考えた。職業における男女の平等を実現するためには、真に女性の能力を鍛練し、思考力を高める学問としての高等教育が必要であること、「婦人が職業を得ることに熱中すれば其次に来るべき問題は婦人の高等教育である」というのが彼の到達した結論である。

以上みたように、安部の主張は社会主義理論にもとづくというよりはむしろキリスト教的な男女平等観・家庭観・職業観から生まれたものとみるべきで、その意味では次にみるキリスト教主義者の女子教育論に通ずるところが多いものである。

『新女界』の女子高等教育論

明治後期から大正中期の婦人雑誌の一つにさきにあげた『新女界』がある。『新女界』は海老名弾正主宰の雑誌『新人』の婦人版として一九〇九(明治四十二)年に発刊された。編集の実務は英国留学から帰国した教育家安井哲や海老名の妻みや子があたり、執筆者には『新人』に参加・協力している吉野作造・鈴木文治・浮田和民・元良勇次郎・内ケ崎作三郎・向軍治・井深梶之助・山脇玄・新渡戸稲造・石川武美・宮田脩・大塚楠男、女性では安井哲・海老名みや子のほか野口精子・矢島楫子・広岡浅子・小橋三四子などをはじめ、キリスト教主義者や自由主義者、さらに社会主義者までひろく登場させている。これは、海老名の政治的・思想的自由主義の信念にもとづくものである。

この雑誌の性格について、海老名は創刊号の「東西の女徳の調和」という論説において、日本女性が従来の忠実・従順・忍耐の美徳のうえに欧米婦人の「家庭の事のみではない天下の事に関する知識と独立心」をそなえるべしと述べている。そして良妻賢母主義を否定するものではないが、日露戦後から第一次世界大戦期の新しい時代の進歩に応じた家庭婦人のより高い教養、自立心と同時に、経済的自立を可能にする高等教育の必要を主張している。

宮田脩・大塚楠男・鈴木文治らは良妻賢母主義教育が社会の進展、経済生活の窮迫という現実に対応しえなくなっていることを指摘した。また女子教育の弊害が叫ばれることに対しては、浮田和民が「高等教育の悪結果ではなく現代教育の不完全」によるとし、向軍治は「教育勅語を唯一の標準として忠孝主義を吹込みさえすれば完全な人が出来ると思ふ」のは「浅薄な忠孝主義」であり、「日進月歩の今日、外国の新聞雑誌もろくに読めぬ母親、知識の乏しい母親が賢母たりうるか」ときびしい批判を投げかけている。さらに吉野作造は、婦人が家庭的であることには賛成するが、それは男子の奴隷となることではない、良妻賢母は賛成だが良妻賢母教育には反対と述べ、今日家庭の主婦とならない婦人、独立独行の婦人がふえているが、こうした婦人の社会的活動が家族制度を破壊するというのは謬見であり、「男、女という区別感を不当に拡げることは決して社会の健全な発達をのぞむ所以ではない」、ことに知識や道徳の面において「男女の性を分つことは古い思想にとらわれた一つの弊風」であると述べている。

女性実業家の広岡浅子は、女性に「相当の職業とその職業に相当した高等教育」をと主張した。編集者の小橋三四子は新聞の身の上相談担当の体験を語り、恋愛問題について職業への相談が多いこと、とくに下層の女性ばかりでなく中流社会の妻女の求職も多く、若い人でも自由のない奉公や収入の少ない仕事でなく「真正の職業を求める」ものの多いことを取り上げている。

さらに興味深いことは、こうした論説としての高等教育・職業教育の主張ばかりでなく、一般読者の投稿のなかにこのことにふれたものが多いことである。たとえば「嫁入り仕度の代りに財布の底を叩いて（娘の）教育を致したい」「日本の女学校に不満足、良妻賢母主義では神から授った能力を発揮出来ないので外国に留学させる」「高等教育を受けしめんとて娘を都会に出す母の心掛」など、娘をもった母親の声や若い女性からの良妻賢母主義や父母に対する不満・批判が載せられていることなどである。

このように『新女界』が一貫した高等教育と職業自立への積極的姿勢をとった背景には、『新人』『新女界』の基盤となった海老名の本郷教会に家庭婦人のほかに医師・看護婦・教師など職業婦人が多く、また地方の読者には教会・師範学校・高等女学校関係者が多かった（青木雨彦『複刻版新女界解題』）ことと深い関係があったと思われる。『新女界』は明治末期の婦人雑誌のなかでは知的水準が高く地味な存在であり（発行部数は二〇〇〇部）、その後半期には一般雑誌でも婦人問題がにぎやかに論ぜられるようになり、やがて『婦人公論』の誕生などもあって、その存在はいっそう目立たないものとなり、一九一九（大正八）年にはその使命を終えた。しかし、吉野をはじめ『新女界』に登場した人々は、その後、一般ジャーナリズムでの婦人問題論議の中心的存在として活躍し、また山脇玄・内ケ崎作三郎は議会における女子高等教育要求の論陣を張った。また主筆安井哲は新渡戸稲造とともに女子高等教育の夢を東京女子大学の創立にかけた。

このようにみてくると、『新女界』の存在は、明治中期における巌本善治の『女学雑誌』や徳富蘇峰の『家庭雑誌』の女子教育論・家庭論を継承し、これを大正デモクラシー期の婦人解放思想と運動に引き継ぐ役割を果したといえる。

3　家事職業論――新しい良妻賢母論――

家事職業論

明治末期にはこれまでみたような女子教育批判論の一方で良妻賢母主義教育の理論化・体系化もすすんだ。はやくは女子高等師範学校教授下田次郎の『女子教育』（一九〇四年）に始まり、絶対主義憲法学者上杉慎吉の『婦人問題』

（一九一〇年）、国定教科書編纂者で東大教授吉田熊次の『女子教育』（一九一一年）、谷本富『女子教育』（一九一一年）などがそれである。

これらの人々は当時の欧米の教育学の成果を取り入れ、また彼の地の婦人運動の実状をふまえたうえで女子教育を論じた。そして日本においても女性の社会的進出、経済的自立が避けがたくなっていることにも一応の理解を示しながらも、なお女子教育の基本は良妻賢母主義にあるという姿勢を貫いている。「種々の事情で自ら働いて喰わねばならぬ」女性の存在はあくまでも例外的なもので、「万一の時の予備として」また「特別の例外の人に向って特殊の職業的教育を授けること」はやむを得ないことで、これに対しては国家が積極的な施策を講ずべきこと（吉田熊次）を述べながら、しかし女子教育の基本は良妻賢母主義にあり、「良妻賢母は最も自然な職業」（下田次郎）であるといって天職を職業といいかえ、職業的自覚をもって家庭を守るべきことを説き、〝職業熱〟をすりかえようとしている。こうした考え方は職業教育の推進者と目される人々においても同様であった。

その代表は共立女子職業学校長の手島精一である。手島は明治の実業教育の立法化やその発展に多年尽力した人物で、一八八六年に女子の職業教育を目的として共立女子職業学校の創立にたずさわり、その後校長としてその発展につとめてきた。しかし彼のそうした女子職業教育も下層の女子に職業的知識を授け自立の方法を教えるということが趣旨であって、中流以上の女性の職業については彼は消極的であった（授業料の問題などから共立女子職業学校が中流の職業学校となったことを彼はむしろ本意でないといっている）。そして「中流以上の婦人は天職を守って寧ろ家庭の良妻となり賢母となることを希望する。我が国の産業は急速に発展をとげているが、未だ婦人の手を藉りざれば発展し得られない程の急を告げていない」（「女子の職業に関する余の二方針」『婦人画報』一九一〇年三月号）と述べている。

産業界の事情に通じた手島の目からみたとき、下層社会の女性の労働力は当然必要なものであったが、中流以上の職業進出まで受け入れる条件はいまだ備わっていない。中流以上の女性は「家事を整理して後顧の憂なからしめ良人を慰藉して楽しき生活を為さしめ益々業務に励ましめ」ることがのぞましいとされた。いつの時代も変わらない資本の論理であった。

次に女子の高等教育への道を拓いた沢柳政太郎の場合について考える。文部次官から東北大学・京都大学学長をへてのち成城学園を創設して自由主義教育の創始者となった沢柳は、女子教育についても深いかかわりをもった人物である。とくに一九一三（大正二）年東北大学に女子の入学を認めるという大英断をもって高等教育の門戸解放を実現したことは有名である。また一七年には帝国教育会会長として全国女教員大会を呼びかけ、女教員の地位向上に深い関心と協力を示した。しかしその彼においても女性一般に職業的自立や高等教育の必要を認めるものではなかった。東北大学への女性の入学を認めた当時にも、彼はこれはあくまでも例外的な人に対することと考え、「女子は結婚することが自然の本分で結婚しないのは不自然な生活をする不幸なもの」であると述べている（「結婚すべき女子に対する教育上の実際問題」『婦人画報』一九一二年五月号）。そして結婚しえない女性のために力をかすことは惜しまないが、多数の女子が高等教育を受けることは結婚することが女子の本分であるという「根本思想まで動揺する」ことで認めがたいという考え方を示している。またその後一九二〇年に女子教育のあり方を語ったときにも、学術研究、真理の討究をする大学教育では男女共学が原則であり、また職業教育も性別分離の必要はない、しかし中等教育は女性の特性を教えるものであるから性に適した教育が必要である、と女子教育の必要性を認めている。

以上のように、職業教育や高等教育を支持する人々においてもこれはあくまでも特殊例外のものであり、女子は結婚すべきもの、「家」を守るものという根本思想を覆すことはできなかった。

下田歌子の家事天職論

最後に家事天職論をもっとも強力に推進した人物として下田歌子がある。下田歌子はこの時期に『婦人の常識』（一九一〇年）と『家庭』（一九一五年）の二つの著書を著し、教育・職業・家庭問題を論じた。この二著はいずれも当時、家庭の主婦や女子学生の座右の書として版を重ね、その意味でも大きな影響力をもった書である。

両書のなかで下田は良妻賢母主義教育と、これに対立する人格教育（男女平等の教育を彼女はこう呼んでいる）の両者の批判のうえに自説を展開している。まず教育の目的は、「国家が国家の理想を遂行する」ために行うもので、女子教育も「国民として完全な婦人」を育成すること、「国体国粋を精神とした徳」すなわち愛国心を養うことが第一の目的である。その意味ではいわゆる良妻賢母主義は視野の狭いものであり、「完全なる婦人」の育成ということは良妻賢母主義も人格主義も包摂する一段次元の高いものであることを強調している。

こうした基本的考えのうえで女性の役割についてはどう考えるか。それは女性は男性にくらべ体力智力において劣る、「知識の範囲も狭く、理性も発達して居りませぬから国家の事業に其の責任の位置に立つ事などは望まれない」、その特性を活かして家庭を守ることが天職である、男子と女子は分業的に働くことで社会や国家の役に立つ、男は外に働き進んで収入を殖やし、女は家にあって出ずるを制する勤倹節約によって国家経済に両面から協力するもので、そのためには女子には女子相応の知識技倆が必要、しかしそれは「大躰今《（ママ）》の高等女学校程度位でよろしかろう」と、典型的な男女役割分業論を述べている。しかし役割分業、男女の分業といっても女子は「実際幾分にても下位に立たなければならな」かった。女性が一歩ひかえることが「社会の組織、家庭の組織では必要な」心得であった。

以上のような役割分業論、天職論は当然職業の否定につながる。彼女は次のようにいう。社会の下層にいる婦人、経済的に困窮している者にとっては職業は〝已むを得ない〟ものであってその是非を論ずるまでもない。むしろ国家経済の面からみて婦人が働き出す富は莫大であり、婦人は〝労銀が少しでよい〟ので大いに歓迎しなければならないとさえいう。しかしこれはあくまでも〝下層〟の女性についてであり、〝中流以上〟の婦人の近来の職業熱は歎かわしいものである。それは女性が家庭を放棄し品性を喪失するばかりでなく、体力的に劣る女性が働くことは次代の国民の元気を沮喪する国家的損失であり、その点ではエレン・ケイの母性論に共鳴するものだといっている。(7)

しかしその下田もこの時代の職業熱をまったく否定することはできなかった。そこで彼女は家庭と「両方面を調和した職業」として、養蚕・機織り・田植え・茶摘みなど農業に属する仕事と、家庭での内職をあげている。これは収入は少ないが家政における損害がもっとも少なく適当であるという。女性の職業として養蚕・機織りや内職をすすめるのは、産業革命期までの発想であり、日露戦後のこの時期としてはあまりにも非現実的な考え方といわなければならない。しかし職業熱は男女同権論から来ているとみる彼女は、母性の保護や品性の維持などを理由にあくまでも女性の天職は「家」にあることに固執し、それがこのような非現実的職業論となったというべきである。

このように下田歌子の思想は、下層の民衆女性の低賃金のうえにたって中流以上の女性には天職としての家庭への奉仕を求め、しかも「国家の基も、社会の礎も、皆家族から成って」いるから「家庭を治め、家族を整える事は、即ち国家社会の基礎を作る」ことであるという、まさに天皇制と資本主義への忠実な女性をつくり出す、みごとな論理であった。

家庭主義の出現

『婦人の常識』からわずか五年後に書かれた『家庭』において下田は新しい問題を提起している。「家庭とは何ぞ」「家庭という語は近来益々痛切な感じを吾々に与えるようになった」といって書き出されているこの書は、まず家庭の意義を説き、家庭は人類の生活・社会生活の根底であり、「いかなる事業も悉く社会の為国家の為と申すことは出来」ず「寧ろその大部分は家庭の為」であるといっている。これは国家への奉仕をすべての根源といった前書とくらべると著しい変化である。そしてその家庭の中心は女性＝主婦であること、女性は体力・理性等において男子に劣る（これはさきの書にもあった彼女の信念である）ので国家的事業や大事件の処理、要するに社会的活動には適さないが日常些細なことをとり行うにはすぐれている、家庭生活の中心・責任者を女性とするゆえんである。また子女の養育も男子の及ばない女性の特性であり、したがって家庭は女性が中心でなければならない。男性の国家的活動・社会的活動と女性の家庭という役割の明確な分担と、その分業のうえでの女性の重要さが強調される。こうした家庭重視・主婦重視の視点から書かれたこの書では「家庭の道徳」という徳目的部分は少なく、多くが家庭の実生活上の知識や技術についてさかれている。その項目のいくつかをあげると次のようになる。

家庭衛生の研究……水と空気とに関する衛生、睡眠と休息、食物と栄養、往み心地よき家屋、病人の看護

家事経済の研究……家事経済は主婦の任務、納《イ》るを思ふな出るを恐れよ、準備金の積立、保険の必要、廃物利用と社会事業

育児と家庭教育……胎教の概要、児童の資質能力

家庭の趣味及び娯楽……趣味ある家庭は一族の慰安所、家屋及び庭園の趣味、家庭に行はるる芸術文学美術

ここにはかつての家父長への従順・忍耐などを目標とした良妻賢母にかわって、家庭の健康・家事経済からひろく趣味娯楽までを主体的にきりもりする主婦の姿が示されている。

この下田の家庭論・主婦論の意味するものは何であったか。それはこの時期に顕著になった新しい家庭像、新しい主婦像の反映にほかならない。さきにもみたような都市の新中間層は第一次世界大戦をへてさらに増加しつつあった。

そしてこれらの俸給生活者・自由業者、さらには労働者の家庭では、柳田國男のいうような「家族内は夫婦も親子も長幼の序を余りやかましく云わぬ様な生活様式」「欧米式の夫婦観念が強くなり、親密な友人風の会話をかわす」ような家族関係が生まれつつあった（玉城肇「明治民法制定以後の家族」青山道夫他編『講座家族』1）。

こうした状況を生田長江は、〝家族主義より家庭主義へ〟を主張して、次のように書いている。「今や家族という言葉より家庭という言葉が魅力をもってあらゆる階級、あらゆる年齢を通じて行われるようになった」（『婦人公論』二―一一　一九一七年）。そしてそれは夫婦の関係を中軸とし、子ども孫尊重を根本とする小家族であると説明している。いいかえれば家族主義に対する家庭主義とは、家父長制的な「家」に対して、より市民的・近代的な人間関係・生活形態を意味した。

かつて明治中期にそうした家庭を巌本善治や徳富蘇峰・内村鑑三らはホーム、スイートホームということばによって唱えた。そしてそれは明治末期の『新女界』に引き継がれてきたもので、それは家父長制的な「家」に対置した西欧近代の家庭の理想像であり、その根底にはキリスト教的精神がすえられていた。しかし今やそれはより現実的な実態をともなったものとして「あらゆる階級、あらゆる年齢」に受け入れられるようになっていった。この新しい家庭の出現は、夫とともに家庭を管理運営し子どもを教育する主婦の存在をクローズアップすることになった。そしてまたこの時期に急速に進んだこれら中産層の生活の洋風化・合理化は、伝統的なしきたりや熟練にかわって新しい家事知識や技術を必要とするようになり、この面からも主婦の役割は見直されなければならなかった。

このような家庭生活の変貌は、たとえば家計簿による衣食住の合理化、計画的生活時間の励行による家庭生活の設計を追求した羽仁もと子の運動や、イギリスの家事技術を取り入れた大江スミの家政学の提唱などを生んだ。『新女界』における海老名みや子の家庭生活についてのきめ細かい啓蒙記事や、より賢い教育者としての母親の高い教養を主唱した安井哲など、さまざまの角度から新しい家庭と主婦への働きかけが生まれた。日露戦後から大正デモクラシー期にかけての家庭向け雑誌や婦人雑誌の盛行、とくに大正期に入っての『主婦之友』などの創刊はこうした主婦の存在を抜きにしては考えられない[8]。

下田歌子の家庭論はこうした新しい時代の動きを敏感に反映している。これは良妻賢母主義での男は外に働き女は内を守るという役割分担論や家事天職論が、主婦の役割の重視という新しいかたちに衣がえしたもので、都市を中心とする中産層女性のあるべき姿として提示された。

しかしそれは同時に主婦の関心を家庭の内にのみ向けさせ、個人的な幸福の追求、社会的関心の喪失の危険をはらんでいたことはいうまでもない。それは一面では支配層ののぞむところであると同時に、国家への関心の喪失として危惧されるところでもあった。下田はこの点にふれ、「主婦の最初の責任が家庭を理（ママ）む事にあると申した所で唯家庭を治むる道を知ってさえ居ればそれでよいかと云うと決してそうではありませぬ」、そのような婦人は「主婦としてまあ差支えがないというだけで理想の婦人とはいえない」のであって「家庭の整理、子女の養育、これを害しない限りに於て外の事業に従事」し「更に広い大（ママ）い方面に向って活動せられたい」といって慈善事業などによる婦人の社会参加を示唆している。女は内を守るという役割分担は家庭のなかで完結するものではなく、これを通じてさらに国家と結びつくことによってはじめてその使命を全うするものであった。第一次世界大戦以後、婦人運動の台頭に対抗しての体制による主婦層の掌握・組織化はこの論理を梃にして展開され、その先頭にたった一人が下田歌子であった。

おわりに――高等教育要求の運動――

良妻賢母主義が新しい外装と内容をもって広汎な女性層に浸透しようとしている時代に、女の役割は内にありという観念を打破して女性の職業自立を可能にする道はどこに見出すことができたろうか。その一つはこれまでみたような高等教育・職業教育の実現の問題であった。大正デモクラシー期はこれが言論の問題としてのみでなく運動として発展しはじめたところに新しい飛躍があった。今ここではその運動の概略をたどって問題の所在を明らかにしたい。

一九一三（大正二）年七月、雑誌『太陽』『中央公論』『六合雑誌』はこぞって婦人問題特集号を編集、婦人問題が一般ジャーナリズムのうえで論じられるようになった。そのなかで浮田和民は、婦人の人格を発揮せしめるに必要な諸種の自由を与えよといって、①教育の自由（高等教育、大学教育）、②職業の自由、③再婚の自由をあげた。高等教育の解放が、ひろく女性一般の自由と平等の要求の集約であることの指摘は、ベーベルの『婦人論』を想起させる。ベーベルは次のようにいう。

大学、専門学校の入学許可およびそれらの学習に相応する職業領域の解放をもとめる運動は、わが社会関係の性質上、市民婦人の圏内にかぎられている。無産婦人はこの場合直接の利害をもたない。これらの学習とこれに基づく地位とは今はまだ彼女たちに閉ざされてあるからだ。それにもかかわらず、この運動とその成功は一般的利害をもつものである。第一に男子社会に対する婦人の一般的地位に関する原則的要求に係わる問題だから。

（『婦人論』岩波文庫版）

東北大学の女性の入学認可は高等教育開放への突破口となった。ついで一九一五年には大隈内閣の高田早苗文相が高等女学校卒業者の大学受け入れを検討し、教育調査会では多数の賛成をみたが、低級大学を生ずるという理由で貴族院の強硬な反対にあい暗礁に乗り上げているうちに、大隈内閣の総辞職により廃案となった。

しかしこれについで文相となった岡田良平は、女子の進学が盛んになることは子女の生産力を減ずる、女子教育は高女程度で満足であり、専門職業学校を官設することは不可能と語って、女子教育への消極的姿勢を示した。岡田は臨時教育会議の中心となった文相である。

このころ世論に応えて早稲田大学・慶応大学でも女性への開放を企図したが、高等学校令違反の名目でその申請は退けられた。しかし一九一七（大正六）年第一回東京大学公開講座に六十余名の女性聴講者が集まり、その数は年々ふえて二〇年には四〇〇名中三分の一が女性という状況を示した。

この間一九一八年には臨時教育会議の答申が出され、女子教育についても国体観念の涵養と家族制度意識の強化が叫ばれて、高等教育や実業教育について積極的な方針は出されなかった。この会議には成瀬仁蔵はじめ沢柳政太郎・手島精一・平沼淑郎など女子教育に理解をもつ人々が加わっており、とくに成瀬は高等教育の実現のために奮闘したが、岡田良平・小松原英太郎・江木千之・山川健次郎・一木喜徳郎ら官僚・軍部の代表が圧倒的に多く、これらの人々の「国体及家族制度護持」の主張が支配的であった。

またこの会議におけるブルジョアジーの意向も女子職業教育には消極的であった。たとえば、この会議での女教員問題の論議のさい、関西実業界の代表小山健三は、男性の賃金が高騰し小学校教員に男性を採用することは「非常に不経済ニナルノデ成ルベク初等教育ハ女子ノ職業トスル」こと、「女子ハ余リ野心ヲ有タズニ矢張リ安ソジテ其教育ニ貢献スルダロウ」と述べている。女性労働力をあくまでも男性より安価なものとしてのみ期待する実業界の意図を端的に示しており、ここからは職業教育や高等教育への積極的姿勢は望むべくもなかった。

この会議の時代錯誤の女子教育観はいよいよ高等教育請願運動の必要を痛感させた。一九一九年十月、全国高等女学校長会議では女子の高等学校建議案が参加一〇一校の校長名で決議された。これについでかねてよりこの会議をきびしく批判してきた『婦女新聞』が中心となって請願署名運動を始めた。その経過を同紙によって追うと、まずその趣旨は、現在の高等学校・各種専門学校への女子の入学許可、または別途にそれらの学校を設立することを中心としていた。これにまず応じたのは宮田脩校長をはじめとする成女女学校教員一四名、ついで国民新聞が熱心に声援の記事を掲載、請願用紙をもって署名を集めた。また矯風会の矢島楫子、守屋東も熱心にこれを支持、地方では京都の柳原弥生が精力的に行動していると伝えている。この運動の賛成者のうちもっとも多かったのは小学校教員、ついで高等女学校・実科女学校の職員であった。

その他の主要な協力者は、たとえば実業家高野重三である。急進的自由主義者として家族制度改革・婦人参政権を主張していた彼は、この請願運動にも積極的に協力、実業家の集会でその趣旨を演説、列席した〝当代一流の実業家〟たち二五名は一人残らず署名に応じ、彼自身はこの運動に五〇円の寄付をしたことを『婦女新聞』は報じている。

またこの運動に積極的に参加した一人に与謝野晶子があった。彼女はこの時期の評論活動のなかで女子教育についてもたびたび意見・批判を発表している。晶子は「性的差別による」「低級な教育」「家庭専用の良妻賢母主義より独立し」「男子の教育と同じ人格の完成を目指す」女性の教育を主張した。そのために「高等女学校、女子大学というがごとき学制を廃し、男女共学の中学、高等学校、大学を設け天分の許すものには男も女も平等に大学教育を施す」ことを求めた(「女子と高等教育」『女人創造』一九一八年)。晶子の主張は女子の高等学校建議の運動の趣旨と同じではない、より徹底したものであったが、運動には参加していた。

この晶子の教育論はその家庭論と深くかかわっていた。晶子は男女は家庭の協同の責任者であり、家庭の基盤を堅実にし「愛と聡明と幸福とに満ちたものにするためには家庭の協同者である男子と同等の教育を必要とする」ことを確信していた。

こうしたさまざまの立場や見解の人々の期待をこめて集められた請願署名が一万四千余名に達し、山脇玄・沢柳政太郎・鎌田栄吉・江原素六・阪谷芳郎を紹介者として一九二〇（大正九）年二月二十九日貴衆両院に提出された。そしてこの年七月五日、山脇玄は貴族院において女子高等教育・職業教育の機会均等について質問を行った。「所謂良妻賢母主義を強要しまして其職業選択の自由を剝奪すべき理由を認め得ない」「女子も男子の如く其禀賦と趣味とに応じて家庭外の職業に就く自由を有し、之が為に男子と同じく高等教育を受くる権利を持つ」ことを基調としての質問であった。しかしこれに対して総理大臣原敬・文部大臣中橋徳五郎はいずれも時期尚早を理由にこれをしりぞけた。そして翌七月六日、高等女学校令改正案を示し、高等女学校に二年または三年の高等科専攻科を設置するということで高等教育開放への答えとし、逆に「国民道徳ノ養成、婦徳ノ涵養」を重ねて強調した。

ここにみたような高等教育開放を要求する運動は、大正デモクラシー期における女子教育のかかえた問題と運動のごく一端にすぎない。しかしそれは職業や男女平等の教育を通じて、男は外を務め、女は内を治めるという役割分担の固定観念を打破しようとするたたかいの出発点であった。それだけに保守的官僚や資本家を中心とする天皇制国家による攻撃もきびしく、「家」はその後も女性の上に重くのしかかった。課題は一九二〇年以後の婦人参政権運動や職業婦人・労働婦人の運動に托された。

註

（1）深谷昌志『良妻賢母主義の教育』黎明書房　一九六六年。
（2）海後宗臣編『井上毅の教育政策』東京大学出版会　一九六八年。
（3）常見育男『家庭科教育史』光生館　一九五九年。
（4）前掲、海後編『井上毅の教育政策』。
（5）久木幸男『日本教育論争史録』第一法規出版　一九八〇年。
（6）大木基子「明治社会主義運動と女性」『日本女性史4　近代』東京大学出版会　一九八二年。

(7) エレン・ケイは一九〇〇年『児童の世紀』を、一九〇三年には『生命線』を著し、子どもの権利と母性の保護、とくに働く母の保護を主張、また恋愛と結婚の神聖をといた。これらは部分的に一九一三、一四年『青鞜』に紹介され、その後本間久雄・原田実らによる翻訳が出た(金子幸子『近代日本女性論の系譜』不二出版 一九九九年)。

(8) 「家」と家庭について、明治から現代までを視野に入れて論じた研究として石田雄「「家」および家庭の政治的機能——政治的社会化の視点からみた連続性と変化」福島正夫編『家族 政策と法』1 東京大学出版会 一九七五年がある。

三　木村鐙子の良妻賢母思想
――『木村熊二・鐙子往復書簡』から――

はじめに

『木村熊二・鐙子往復書簡』は、旧幕臣でのちにキリスト教の牧師となり、明治女学校・小諸義塾を設立してキリスト教主義教育に貢献した木村熊二と、その妻でともに明治女学校の創立に力をつくし、また日本基督教婦人矯風会の誕生の基礎づくりにあづかった鐙子のあいだでかわされた書簡を収めたものである。

本論はこの書の紹介をかね、書簡を通じて、幕末明治前期を生きた一女性の思想形成をたどったものである。

現存する書簡は一八六八（明治元）年から八六年の間の鐙子書簡八五通（草稿を含む）、熊二書簡三七通である。その大半は一八七一年末から八二年までの熊二の米国留学中にかわされた、いわば太平洋を越えての夫と妻の生活と心の記録である。これらの書簡は、一八八六年の鐙子の死後熊二の手により保管され、一九二七（昭和二）年の熊二の死後は長野県小諸市中棚の熊二の旧居水明楼に残された。一九五九年熊二の遺族から、熊二・鐙子の日記や他の遺品とともに東京女子大学比較文化研究所に寄贈された。これらは故青山なを教授を中心に同研究所によって整理分類され、その全容は同研究所『木村文書分類目録』によって知ることができる。

なお本書では鐙子書簡については、長男祐吉、熊二兄桜井勉、熊二の留学中の恩師フィリップ・ヘルプス夫妻宛のものを補遺として収めている。

1　木村鐙子の生い立ち

木村鐙子は一八四八（嘉永元）年、幕臣田口耕三と妻まち（町、町子）の子として江戸に生まれた。まちの父慎左衛門（滉）は儒学者佐藤一斎の長男に生まれたが、佐藤家を離れ、御徒士の田口家に入り、田口かつ（可津）と結婚した。したがって鐙子は佐藤一斎の曾孫にあたる。鐙子という名は一斎の命名によるといわれ、木村文書に残されている命名書には一斎の筆で「鐙」と書かれている。書簡のなかでは「とう」「とう子」と自署している場合が多いが、ここでは「鐙子」に統一した。

なお経済学者で「東京経済雑誌」を主宰し、『日本開化小史』の著者である田口卯吉は鐙子の異父弟である。鐙子の父の死後、母まちは西山樫郎を迎えて再婚し生まれたのが卯吉である。

鐙子の生い立ちについては同じく木村文書のなかにある「木村鐙子の伝」に「家庭の訓極めて厳にして大に時俗と趣を異にせり」として、鐙子が幼いときから学問を好み漢学を学んだことを述べている。また士の妻となるには女子といえども武技に通ずることが必要との考えで父母がこれに習熟せしめたこと、さらに鐙子の大叔母河田縝子《しん》が鐙子を「其家に撫育し婦人営家の事を指導」したとある。河田縝子は佐藤一斎の八女で、一斎の高弟河田迪斎の妻、河田熙《ひろむ》ら七男二女を育てた賢夫人である。

このように鐙子は幕末の士族、高名な儒学者につながる家の女として必要な文武の教養と家政の知識をきびしくしつけられた女性である。このことは鐙子の書簡の理路整然として意をつくした文章や美しい筆跡にもうかがえる。こうした生い立ちは幕末維新の激動期を生き抜き、家を守り通した彼女の生き方の根源をなすものであった。

鐙子は一八六四（元治元）年、木村熊二と婚約、翌六五（慶応元）年挙式をした（「木村鐙子の伝」）。木村熊二は但馬国出石藩仙石氏の儒臣桜井一太郎の二男として一八四五（弘化二）年京都に生まれた。兄は桜井勉（熊一）、出石藩士、維新後松山県参事、内務省をへて、のち徳島県知事、衆議院議員となった。終始熊二・鐙子の相談相手、庇護者であった。熊二はのち江戸に出て聖堂都講（塾頭）の御家人木村琶山（近之助）の養子となり、佐藤一斎、中村敬宇（正直）、河田迪斎、安積良斎などに学んだ。河田縝子に目をかけられその縁で鐙子と結婚したが、二人の生育の環境には儒学的教養という共通の精神的土壌があったといえよう。

二人の結婚生活は最初から平穏なものではなかった。日に日にはげしさを増す動乱の時代、熊二は徒士目付として再度の征長の役に加わり東奔西走を繰り返して、実際の結婚生活に入ったのは挙式の翌年であった。そして大政奉還、江戸上野の彰義隊の乱のあと一家はなればなれの生活が始まった。熊二は横浜から静岡、沼津へ、鐙子は生後間もない長男祐吉をかかえ、祖母、母、弟卯吉と横浜に逃れた。

夫妻がともに生活することができたのは一八六九（明治二）年、静岡においてである。熊二はこの地で静岡藩の藩政補翼権大参事山岡鉄太郎と大久保一翁のもとでその付属の役を得、書籍取締出役に任ぜられ高百俵五人扶持をうける（「明治三年静岡藩職員録」）。そして静岡城趾に近い草深中通りに一八〇坪の土地を与えられた。

しかし二人の静岡での生活も長くは続かなかった。同じく静岡藩士の外山正一（捨八　哲学者、教育家。のちに東大教授、総長となる）の渡米にあたり、熊二はこれに同行することを切望し同僚の大儀見元一郎とともに勝海舟に懇願、勝の尽力でこれが実現し、七〇年末、森有礼一行に加わりあわただしく日本を離れる。このとき勝海舟は二人の渡航費用として金六〇〇両を渡したという。

熊二の留学は最初三年の予定であり、鐙子はむしろはげましてこれを送り出した。しかし後にみるように留学は再三延期され、一二年のながきに及んだ。熊二はミシガン州ホープカレッジ、ニュージャージー州ニュープリンスウイックの神学校とニューヨーク大学医学部に学び、牧師職の免許を携えて一八八二年帰国した。なお大儀見元一郎もホープカレッジをへて、神学を学び帰国後メソジスト派の牧師となった。

熊二・鐙子の書簡の大半はこの一二年間に、はるばる太平洋を越えてかわされたものである。そのほかに横浜、静岡での一家の放浪の時代のもの、熊二帰国後、キリスト教牧師として活躍し、明治女学校を鐙子とともに設立、多年の理想に向けて一歩を踏み出した時代の八通がある(1)。

この書簡集を理解するにはまずこの時代の郵便事情を考慮にいれなければならない。鐙子の文中にはしばしば〝幸便〟ということばが使われている。郵便制度が未発達の当時、手紙は静岡から東京に行く人、渡米する人の手に託されることが多く、そうした機会を幸便といっている。これがあることが知らされるとあわただしくしたためたり、逆に〝幸便〟が得られず、早くからしたためおきながらうちすぎ月日がたってしまうこともあった。

鐙子は「かさみ候ては悪敷」という注意を忠実にまもり、ときには葉書より小さい紙にわずかの余白も惜しむように、細い毛筆でぎっしりと書いている。一八七二(明治五)年六月の手紙では「郵便とか申飛きゃく出来」たことを報じている。この年七月国内の郵便物の列車による逓送が始まった。

熊二からの来信も事情は同じであった。たとえば同じく一八七二年十二月十六日付の熊二の手紙はアメリカから帰国する友人によってもたらされ、東京の河田氏から田口卯吉の手をへて七三年三月四日ようやく鐙子のもとにわたった。文面からみると熊二の手紙は順調の場合でも約二カ月を要している。そしてさきにもみたような事情で、折り返しの返事ということもままならず、一通の手紙への返事が戻ってくるのにはほぼ半年を要している。今日から考えれば気の遠くなるようなもどかしさであり、それだけに一通の手紙に託す思い、手紙を開くときの喜びは深かったであろう。鐙子はもとより、熊二も異郷の地を転々としながら、来翰のほとんどを破損も紛失もせず持ち帰っていることからもそれはうかがえる。それは、結婚生活の半ば以上を離れ離れに暮らさなければならなかった妻と夫の、生活のあかしであり、心の軌跡であった。

2　鐙子の静岡時代

次に書簡の内容にふれてみたい。鐙子の書簡は毎回、祐吉の様子、他の家族や木村・田口両家の親類、熊二の知人の消息をこと細かに報告し、家事とときには内職、親類・近隣との交際などをぬかりなく処理している様子を述べている。家計のやりくりや子育ての苦労についてときにはぐちをもらしても、その後で必ず「決して心配はいらない」旨を書き添える気配りを欠かさない。

しかしこうしたみごとな家婦ぶりの反面、夫の帰国を待ちわびる切々たる思いが年ごとにつのり、一日も早いご帰国を、ということばが繰り返し綴られていて読むものの涙をそそるものがある。

一方熊二は、渡米の直後には新しい生活の様子をこと細かに書き送っており、息子への父親らしい言葉を述べているが、アメリカ生活の定着と学業の多忙とともに望郷の念を口にすることは少なくなり、簡潔な生活の報告が多く、年月の重みを思わせるものがある。ここではこうした文面を通してみる二人のくらしぶりとそれにともなう感情や思想の変化をたどってみたい。

最初の手紙は一八六八（明治元）年、横浜在住の鐙子から静岡の熊二に宛てた二通である。

維新と同時に生活の基盤を失った一家が横浜で、外人相手の玉子売りや仕立てもの、店先のまた貸しなどで糊口をしのぐ様子を詳細に夫に報告している。卯吉の勉強のため福沢先生（福沢諭吉）に相談したことも記されている。木村・田口一家のもっとも苦難の時代としてのちのちまで熊二や卯吉が思い出を記している。鐙子にもまして当時四〇歳の母まちの健闘が大きかったとのちに卯吉は述べている。

次は一八七〇〜七三（明治三〜六）年、静岡在住時代のもので、鐙子は畑仕事、茶の栽培、綿作り、養蚕、糸とり、機織りなどじつに多忙な日々を送っている。当時の農家の女性の副業とほとんど変わらない労働である。江戸に生まれ育った鐙子がこれらをみごとにこなしているところに勤勉で努力家の模範的主婦としての面目躍如たるものがある。とくに機織りに熱がこもり家計の補いとし、また他の幕臣の妻たちに手ほどきをするまでになっている。当時鐙子二三歳、祐吉三歳、まち四三歳である。

次に興味深いのは静岡県における旧幕臣とその家族の生活についての記述である。鐙子の周辺には外山正一・乙骨《おつこつ》太郎乙《たろうおつ》・中村正直・目賀田種太郎・大儀見元一郎など旧昌平黌関係の熊二知人やその家族たちがあった。また親戚の河田家の人々も住んでいた。河田縝子の長男熙《ひろむ》（貫之助）は静岡学校掛少参事政事庁兼徳川家達の補佐役をつとめていた。六男烝《すすむ》（英之助）は七一年熊二と入れ違いにアメリカから帰国、七男烋《よし》（震之助）とともにのちに官途についた。縝子をはじめ河田一家の人々は鐙子にとって強力な後ろ立てであった。

外山家をはじめ留学者の家族たちは共同で手紙を発送したり、来信での消息を知らせあうなどしており、支えあって生活をしている。そしてこれらの人々の中心的存在として面倒をみたのは勝海舟であった。勝自身母と妹を静岡において東京とのあいだを往復していた。熊二の渡米直後、鐙子が祐吉をともなって勝を訪れ俸金二〇両を受け取っている。勝の記録にも「木村熊二家内困難につき」金を渡したことが記されている（「戊辰以来会計荒増」『勝海舟全集』）。

ときには外出のおりに上様（徳川家達）に出会い、祐吉に「いろいろおふざけ」になったことなどを伝えている。一八七二（明治五）年になると商店などがふえ「静岡がだんだんさかんになり」「江戸のようにな」っていく様子を報じている。しかも勝や中村正直によって静岡学校にE・W・クラークが招かれて英学や化学などを教え、聖書を講じた。鐙子たちもクラークのところで幻灯を見、アメリカの風景などにふれる機会をもった。それは鐙子にとって夫に一歩近づくことであった。静岡はけっして敗残者の世をしのび生きるところではなく「教育の枢軸を再編成するために旧昌平黌の人々が、静岡を新しい学問の根拠地とし」「日本の文化の担い手」たらんとする気運がみなぎっていた（太田愛人『明治キリスト教の流域』）様子がうかがえる。

しかしこの時期に限らず熊二の不在中鐙子がもっとも心をくだき、また悩んでいるのは一子祐吉の教育であった。熊二は出発に先立って一八七〇年十一月十八日の書簡で祐吉の教育を鐙子に託し「祐吉さへ能《(マヽ)》人と成候へは御前の役は相すみ候事と存じ候」と述べている。この期待を受け鐙子は「御帰りにはよほどりっぱに相成候つもり」とその決意を語り祐吉の教育に打ち込む。それは毎日朝食後に三字経を教えることから始まる。四歳から五歳にかけて学習は大学、論語とすすみ、その上達のはやいことを誇らしげに報告している。鐙子は漢学を教えるに十分な力をもった母親であった。さらにすでにふれたような静岡の学問的な雰囲気がいっそう鐙子にわが子の早期教育にすべてをかけさせたことと想像される。

しかし、やがて鐙子は祐吉がその成長とともに「あばれがはげしく」学問を好まなくなり、しだいに自分の手に負えなくなることを訴えるようになる。そしてその原因はすべて父親不在にあると考えるようになり、子どものためにも一刻も早い帰国を促すようになる。

3　熊二の女性観

一方熊二のこの時期の書簡は何を語っているだろうか。熊二は一八七〇（明治三）年十二月二十七日サンフランシスコ着、七一年一月初めにニューヨークに赴き、外山正一、勝小鹿、目賀田種太郎、福地源一郎ら現地の知人と身の振り方を協議の末、ミシガン州ハランドのホープカレッジ校長ヘルプスのもとに落ち着きグランマースクールで学ぶことになる。初期の熊二の書簡はことばも不自由な異郷での生活の不安、孤独感を訴え、筆など日本の日用品など何もなく「島流しのよう」とか「俊寛僧都のよう」などと書き、祐吉をなつかしんでいる。

やがて熊二はヘルプス校長が「温厚実直の人、学問も殊のほかよく出来、窮民を救い多くの徳行あり一郷之を仰ぐこと神の如」き人物、「無限の愛、温雅の風」をたたえた人柄であることに深く傾倒するようになる。それは苦境を救われたことへの感謝だけではなく、ヘルプスの生き方が折目正しく誠実な生き方を尊ぶ熊二の人間性に強くひびくものがあったためであろう。

熊二を感動させたもう一つのことはヘルプス夫妻、とくに夫人の家庭教育であった。熊二は祐吉と同年齢のヘルプス家の三男が利口でおとなしくよくしつけられていることに驚き、夫妻の家庭教育に関心をもつ。そして鐙子の子育ての焦りや迷いに対して「子どもの時はいたずらしても只々からだを丈夫に」のびのび育てること、「十二、三才まではからだの成長とちえのます時、余り読書など責めずに壮健に」育てるよう繰り返しさとしている。子どもの個性、人格を重んじ、規律と自由を適度に生かす教育の意義を熊二はヘルプス家の実例から学んだ。そこからみたとき、日本の伝統的な士族の家庭教育が子どもの伸びる力をそこねるものとして熊二の目に映っている。

さらに熊二はこうした家庭教育にとって母親の役割がいかに大きいかを述べている。「ハイフ《ワ》は家の柱にひとし」「子供のしつけ方と家をきれいに守り、家中の行儀作法を正しくすることはハイフの役にて、主人の決してとんちゃくせざる所なり。西人ハイフをもとむる美をとらず、只品行と読書をえらむのみ」というようなことばで主婦の役割、母親のあり方を教えようとする。やがて熊二の目はアメリカ女性と日本女性の比較へとひろがっていく。「日本の女は無学ニ而、当地の女とくらべ候へば実に気の毒に存じ候」「さりとて今より学問を始め候事も出来候間敷候間、何にてもよき手わざを覚え候様、御心掛可被候」という。

一九世紀以降のアメリカの中産社会において家庭は生産的機能を失い、男女の性別役割分業がすすみ、女性は夫に従順で、信仰心厚く、貞操堅く家庭を守るものとされ、また母として、自分の子を育てるだけでなく国家を支える市民を育てる公の使命をもつものとして位置づけられ、それがひろく定着していった（有賀夏紀『アメリカ・フェミニズムの社会史』）。ヘルプス夫人とその家庭はまさにその典型であった。こうした、家庭における女性とくに母親の役割を重くみる考え方は、このころ、たとえばダビッド・マーレーや中村正直などによって日本にももたらされ、明治の女子教育の基本指針となった。熊二が鐙子に期待したのはまさにこのような母親像であった。そしてやがて帰国後の熊二が鐙子と手をたずさえて明治女学校の設立という大事業に取り組む夢はこのときすでに芽ばえていたといえる。

この時期の二人にとってもう一つの重大な問題は熊二のキリスト教への回心であった。ヘルプス夫妻のすぐれた人間性、またこのころ熊二を襲った失明の危機などから、熊二は彼自身の回想「めぐみの旅路」によれば一八七二（明治五）年六月ホープ教会で洗礼を受けた。このころの手紙で熊二は鐙子に「矢張烟（煙）草、酒など御用ひ被成候哉」と問い、当地では誰もそのようなことをしないと、日本の旧い風習をいましめている。やがて鐙子から送られた水天宮のお札を送り返すという挙に出、これを機会に「我らが信仰する所の神は天にあり、決して日本の神の如きものではない」と告白、「お前方も今より天をいのりまことの神の恵を願うべし」といって祐吉に聖書を送っている。

熊二が自己の信仰について明確に語ったのはこのときが最初であり、しかもこののちこれほど明確に述べていることは少なくとも現存する書簡のなかにはみられない。またこれに対する鐙子の直接の返事も見出すことはできない。しかしこれは鐙子がこれを拒否したり無視したりしたことを示すものではない。さきにもみたような静岡の思想的土壌が鐙子にキリスト教を受け入れる何ほどかの下地をつくっていたであろうし、このの ち一〇年の歳月の彼女のさまざまな苦悩がこれを育てたであろうことは想像に難くない。熊二の帰国からほどなく鐙子が受洗したのもけっして熊二の説得だけによるものではなかったと思われる。

しかし熊二のキリスト教への回心という課題をつきつけられたとき、鐙子はもう一つの問題に直面していた。それは彼女をとりまく社会の急激な変化、進展であった。一八七二年になると静岡にあった旧幕臣の人々も新政府に招かれ、あるいは自ら新しい世界を求めて東京に戻っていった。鐙子の後ろ立てであった河田家の人々も東京に戻りそれぞれ官途についた。

そして日本の女たちにとっても新しい時代が訪れようとしていた。すでに一八七一年末には津田梅子ら五人が初の女子留学生として渡米、七二年には官立女学校が開校、つづいて学制がしかれて女子の就学が決められた。鐙子の周辺でも中村正直夫人てつ、娘たつ、りくが横浜のミッション女学校に入学のために、また外山家の女性は東京で英学を学ぶためにそれぞれ静岡を去っていった。

こうした時代の動きは当然鐙子にも届いていたことは手紙のはしばしにうかがえる。しかし家族の中心として生活を支える鐙子は身動きもできない。過労のために健康をそこね、それはこの後生涯彼女を苦しめたほどである。「静岡には女学校もなく」「私などはもはやおいぼれとか中(仲)間に相成くやしき月日を送りまいらせ候」と二五歳の鐙子は嘆き、機織りに明けくれる自分を「おかえりのころにははた名人」になっているであろうと自嘲ぎみにもらしている。

翌七三年になるとこうした心の葛藤はいっそうはげしくなった。三年の留学期限は切れ、文部省から帰国命令が出るが、熊二は帰国せず、以後私費で留学を続ける。鐙子の落胆は大きく「御地の婦人のように候えば今少しおるすにてもよろしく候ともまことにとどかぬことノミ」とのことばには、重い責任のみを負わせ、留学を続ける夫への精一杯の抗議がうかがえる。

この年には「もはや御地には少々の親類もなく」なり「学校（静岡学校）は半つぶれ」「よき人は残らず東京に」行き「ミソかすのみのこり居る」という有様となる。祐吉の教育のためにも東京へ行く決意がしだいに固くなる鐙子であった。

4　東京における鐙子の活動

一八七四（明治七）年田口卯吉が大蔵省紙幣寮に出仕したのを契機に鐙子は静岡の家と土地を処分して上京、小石川の水道端二丁目に田口家とともに住んだ。その後熊二の帰国までの数年間鐙子は木村・田口両家の主婦役を一手に引き受け、七七年からは卯吉の『日本開化小史』の執筆、東京経済雑誌編集を手伝い多忙な日々を送っている。

鐙子の書簡は家族や桜井勉など親類の消息、静岡以来の旧幕臣の人々との交流をこれまで以上に細かに熊二に書き送っている。しかし鐙子の関心は家庭の繁忙や身辺の出来事にとどまらず、七年ぶりに戻った東京が「ふる里とも思えぬ」ほど変貌し、西洋造りの家ができ、ガス灯がともり「ヤミ夜ニテも少々も不都合なく、雨降っても道もよく」

なり、女の風俗もぜいたくになったことなどを報告している。しかも鐙子はこうした開化の華やかさだけに心を動かされたのではなく、東京近在の作物の出来工合、横浜の生糸相場などにもふれ、さらに「当今の世の中かた（片）手おちにてよきものは誠によろしく悪敷相成候ものハわき目も出来ぬくらい」と東京の生活がきびしいものになりつつあることを指摘している。

『日本開化小史』の資料筆稿や、東京経済雑誌の編集事務の手伝いは、こうした鐙子の社会的関心をいっそうひろめたばかりではなく新しい生き甲斐を与えた。

当今私事雑誌社の番頭さんに相成候て、日々所々より注文また諸国より為替請取金銀出入帳をあつかり居候て、日々机にのミむかひせわ〲敷、仕事なとハ少々も当春よりいたし不申、（中略）万事家事手廻兼候まま（中略）仕事も外江頼ミ申候、（中略）私事は卯吉方より月給もらい居候。　（一八七九年三月二十六日付書簡）

ここには家事を手抜きしても社会につながる仕事をつとめ、それによって報酬を得るようになったよろこびと自信があふれている。静岡時代の、時代から取り残される焦りや嘆きはかげを消し、すでに鐙子が社会人としての一歩を踏み出したことを知る。これはのちの明治女学校創立時の活動のウォーミングアップといえるであろう。

もっともこの時期の鐙子の書簡はこうした生き生きとした面よりは、ひたすら夫の一日も早い帰国を促す切々たることばで終始しているという印象が強い。少年期に入った祐吉の教育はさらにむずかしくなり、その悩みはただ熊二の帰国というところに集約されていった。一方熊二は一八七九年ホープカレッジを卒業するがさらに神学校に入学、医学をおさめるために一八八〇（明治十三）年にはニューヨーク大学にすすみ、帰国の予定はつぎつぎに延期される。この間熊二の苦学生活は、学業とアルバイトに追われ、手紙を書く時間すらままならなかった。借財も帰国を困難にした理由の一つであるが、帰国後の生き方の見通しの不安が彼の決意をにぶらせた最大の理由であった。

その彼に鐙子からの執拗なまでの帰国の催促は彼をいら立たせ、「人の命は明日をも知れず帰国の約束はできず」「むやみに帰国と御申越されても甚だ困却」と怒りをぶつけ、それに対して鐙子は「あすをも知れずゆえに早い帰国を」とくい下がる。一八八〇年には「お帰りの日に当り、私は直ちに死すともいとい不申」とまで思いつめ、ついに八一年には熊二は一通の手紙も書かなかった。鐙子の忍耐も極限に達した八二年八月、熊二はようやく妻のもとに帰った。

5　明治女学校設立に向けて

鐙子と熊二の一三年ぶりの再会の感動や二人の新しい生活の設計の経緯は、当然のことながら書簡からは知ることができない。熊二、鐙子の日記もこの前後については空白である。おそらく新しい生活の設計の多忙ばかりでなく、歳月が生んだ心のへだたり、それを埋める葛藤が日記を書くことをためらわせたのではないだろうか。さきにもあげた「木村鐙子の伝」で熊二はこのときの鐙子について、長い苦難に耐えて迎えた夫が、牧師としての道を決意して帰り「俗界の栄達を取るべきに非ず鐙子の一時の失意想ふべきなり、斯くして西教の説を聴きたる時にわかに之を信ぜずして数月を経しが、漸く其説を審聴し且其人を感化するの力に驚嘆して大に信仰の念を発し十五年十月フルベッキ氏より洗礼をうけた」と書いている。なお鐙子の祐吉宛書簡によれば受洗は十二月三十一日である。

二人は下谷区初音町に居をかまえ塾を開き、青年たちの教育、伝道に精力的な活動を開始した。一八八〇年代の日本のキリスト教界は植村正久・井深梶之助・海老名弾正・小崎弘道などによる伝道活動が開始され、都市のみでなく農村にもその勢力をひろめつつあり、新たに帰国した熊二への期待も大きかった（高坂・山谷他編『近代日本とキリスト教』)。

一八八三(明治十六)年、熊二は植村正久の後任として下谷教会牧師となり、鐙子も同教会婦人会世話係となり会員に裁縫などを教えるようになった。婦人会には植村正久夫人季野、人見ぎんなどの名がみえる。

この年の鐙子の手紙は、布教活動のために高崎方面にあった熊二に宛てたものである。

この数通の短い手紙のなかからは、鐙子の前にひらけた新しい世界が鮮やかにみえてくる。鐙子は母まちや祐吉を同道して日曜日ごとに会堂に行き、親睦会に出席したことを語り、G・F・フルベッキや巌本善治、植村正久をはじめ、下谷教会を中心に新しい人の輪の生まれつつあることをうかがわせる。まちは八三年九月受洗している。鐙子は「朝暮いのり〳〵《(ママ)》居り」日々無事に安らかなことを「御恵の深き御事と有かたく」感謝のうちに平安な日を送っている。

かくして一八八五年九月、熊二と鐙子の生涯の最大の事業となった明治女学校の設立が実現する。この間の経緯については二人の書簡はもとより日記もこれを語っていない。

当時鐙子は明治女学校取締という名のもとに校務の処理にあたり、寄宿舎に泊まって生徒と寝食をともにし献身していた。また明治女学校と同時に発足した束髪会の運動に島田三郎夫人まさ子とともにかかわり、さらに翌年六月、万国婦人矯風会書記レビット夫人の来日を迎え、日本にその支部設立を志して準備を始めるなどの活動を行っていた。

明治女学校の設立願にある教員は、校長木村熊二のほか鐙子と人見ぎん、富井於菟の四人であった。人見ぎんは横浜共立女学校や米国人ミロ氏のもとで英学を学び、当時下谷教会婦人会々員、富井於菟は岸田俊子に私淑して自由民権運動に奔走、のち上京して植村正久のもとにあった。八六年の「女学雑誌」第二五号の内国女学校集報では明治女学校教員はイーストレーキ、植村季野(正久妻)、人見ぎん、鬼頭ます、ハールス、ワイコッフ、取締の木村とうと記されていて設立願とは異なるが、やはり下谷教会関係者が中心となっている。明治女学校の創立期を支えたのが下谷教会婦人会の女性たちであり、その一人に鐙子がいた。

のちに熊二の書いた「束髪の由来」のなかに、一八八五年田口卯吉、島田三郎や各新聞社主筆が集まったおりに、この機会に新しい事業を起こすことが提案され、一、束髪奨励、二、女子教育、三、衛生運動があがったとある。第一の束髪奨励の運動は石川暎作が中心で「島田まさ子と鐙子をして」束髪会を起こさせたとある。束髪会は八六年六月第一回の演説会を開いている。

第二の女子教育は明治女学校であり、第三の衛生運動は矯風会運動である。(2)「女学雑誌」第三〇号（七月二十五日）は、レビット夫人の演説会の後鐙子と鬼頭ますをはじめ一四名の人々が明治女学校に集まり日本婦人禁酒会設立の事を協議、巌本善治、津田仙も同席したことを報じている。かつて煙草、酒について熊二から忠告を受けたことが鐙子のなかに生きつづけていたのであろう。こうして田口卯吉・島田三郎・巌本善治や下谷教会の女性たちを中心に、ほとんど機を同じくして始められた女性の啓発、家庭生活や風俗改善の運動のいずれにも鐙子がかかわっていたことがわかる。キリスト教の信仰を支えに時代が求める課題に精力的な取り組みが始まった。鐙子の八六年六月十二日付の最後の書簡は、明治女学校から自宅に宛てたもので、帯をとりよせることを依頼した数行のものである。着がえを取りに帰る暇も惜しんで校務にはげんでいる様子がうかがえる。それは家を守ることを唯一の役目と信じ、ひたすら夫の帰国を待ちのぞんでいたときには考えられなかった、一つの目的にかがやく女性の姿である。

しかし運命はあまりにも残酷であった。それから二カ月後の八月十八日鐙子はコレラのため急逝した。幕末以来コレラは日本国内でしばしば大流行し多くの犠牲者を出していた。このときも前年からの流行がますます蔓延して患者一五万六〇〇〇人、死者一〇万八〇〇〇人余にのぼった。前年には富井於菟が同じようにこのころの伝染病として恐れられていた腸チフスのために鐙子の看病を受けながら若い命を終えた。明治女学校にそれぞれの夢を託し、まさに花開かんとしていたすぐれた二人の女性があわただしくその生涯を閉じた。

鐙子がそのいのちを賭けた明治女学校は、彼女を母と仰ぐ巌本善治によって引き継がれて日本の近代女子教育の礎をゆるぎないものにした。矯風会の運動は大儀見よね・井深せき・島田まさなど鐙子にゆかりの女性たちや矢島楫子を中心に、この年十二月発会の運びとなり、キリスト教主義にもとづく女性の地位の向上、家庭の純化を目指す組織として息のながい運動が緒についた。

おわりに

熊二・鐙子往復書簡の解題がもっぱら鐙子書簡の、それもごく一部分の紹介に終わったことは片手落ちの感をまぬかれないであろう。しかしあえて弁明をすれば、熊二についてはすでに『木村熊二日記』『翻刻版　木村熊二英文日記』(3)が公にされており、また高塚暁『小諸義塾の研究』のような研究も行われている。鐙子についてもさきにあげた青山なを『明治女学校の研究』によってその生涯と思想はほとんど論じつくされている。しかし鐙子の原史料の紹介はこれまでにないので、とくに鐙子を中心に紙数をさいた。

なおこの書簡の女性史的視点からの意義を考えてみたい。幕末維新の歴史の転換期は女性にもさまざまな苦難を与え、また新しい生き方を選びとる可能性がひらけた。そしてこれらの多様な生き方をした女性が自らこれを書き残したものも少なくない。よく知られているものに今泉みね『名ごりの夢』・川合小梅『小梅日記』・和田英『富岡日記』・鳩山春子『自叙伝』・中島湘煙『湘煙日記』あるいは福田英子『妾の半生涯』・山川菊栄『女二代の記』などがある。

また新しくは川崎勝「西升子日記――幕末維新期の女性の日記」（『南山経済研究』一四―一・二　一九九九年）などがある。鐙子と同じ旧士族階級の女性が、新しい時代の幕あけのとき、すすんで新しい運命を開拓していったものや、自らの眼で時代をとらえた記録である。

これに対して鐙子はこの時代の激変をひたすら耐えて家を守ることを求められた。それだけでも非常な忍耐とたくましい生活力をうかがわせるが鐙子はこれに終わることなく、与えられた条件のなかから新しい生き方を模索していった。静岡という特異な環境のもつ開明性、夫によってもたらされるアメリカの家庭と女性の姿、田口卯吉の事業への協力、それらはすべて鐙子の家庭婦人としてまた社会人としての成長の糧となった。そしてキリスト教の信仰への目ざめは彼女を新しい世界の入口にまで導いた。女学校教育創始と社会改革運動のスタートに鐙子が寄与したものは大きい。

また夫妻の十数年の別居生活は、はからずも家政と子育てにおける夫と妻の役割分担の問題を提起した。妻、母の役割は家を守り、とりわけ子育ての全責任を果たすことという夫の意見に忠実であろうとすればするほど母子家庭（母、祖母、曾祖母と一人子という家庭）での子育ては、子どもにとって重圧でしかなくなり、期待が裏切られていくといういたましい事実は、家事と子育てにおける夫と妻の役割のあり方というきわめて現代的な問題に示唆を与えている。

鐙子の生涯は、士族家庭の妻・母から近代の良妻賢母に脱皮し、さらに自立した女性の生き方を模索した苦悩と健斗の生涯であった。鐙子の志は熊二や巌本善治によって明治女学校の教育に活かされていった。

註

（1）　熊二・鐙子の書簡の年次とその数については、青山なを『明治女学校の研究』（慶応通信　一九七〇年）、『青山なを著作集第二

巻　同名書』（慶応通信　一九八二年）による。
（2）日本キリスト教婦人矯風会編『日本キリスト教婦人矯風会百年史』ドメス出版　一九八六年。
（3）『木村熊二日記』『翻刻版　木村熊二英文日記』は二〇〇八年『校訂増補　木村熊二日記』として東京女子大学比較文化研究所より刊行された。

Ⅱ　生活・地域

一　民俗の転換と女性の役割

はじめに

戦後の、とくに高度成長期以降の、日本社会の急激な変貌によって、日本の伝統的な生活様式や習俗は、ほとんどその姿を消してしまった。衣食住の極度の商品化、都市への人口の集中、農村の過疎化、家族構成の変化などが、これまで続いてきた地域や家庭での年中行事や冠婚葬祭、日常的な生活慣習までを大きく変えてしまった。そのことは、女性の社会進出、家庭内での男女の役割の変化とも深くかかわってすすんだ。

このような、短時日の急激な変化ではないまでも、近代の資本主義の進展は、たえず伝統的な生活や習俗を変えつづけてきた。とくに、一八九〇（明治二十三）年から一九一〇年前後の産業革命期や、重工業化・都市化が飛躍的にすすんだ一九二〇年前後は、農村、都市を問わず生活の実態そのものが大きく変貌し、そのなかで民衆自身が、生活のあり方を問題にした時期である。

また、明治以降の日本では、近代化の促進、国民統合という国家の政策から、民俗的なものは、古きもの、おくれたもの、あるいは統合の障害として否定されたり、組み替えを求められたりした。その一方で、女性に対しては伝統や慣習が、そのあるべき姿の規範として強い力をもって機能することも少なくなかった。

本論では、このような二つの面をもった民俗の変容を、とくに女のくらしの問題として考えたい。ここでいう民俗とは、年中行事や冠婚葬祭などに限らず、工業化以前の社会から生きつづける生活様式や慣習、労働のしくみ、消費生活や、家族の姿などをひろくふくめて考えている。

さらに、民俗の変容と女性の問題を考察する一事例として都市と農村の結婚式を取り上げる。結婚式をふくめた婚姻儀礼が、当該社会の女性の地位や役割を象徴するものであることは、民俗学の豊富な研究によって明らかにされてきた。また社会人類学の蒲生正男は、家族形態の類型による女性の地位、役割の異同が、婚姻儀礼の異同といかに密接にかかわっているかを各地の事例によって論じている（蒲生正男「日本の婚姻儀礼――伝統的社会の女性像に関する一考察」）。ここでは、伝統的な様式から新しい様式が始まった一九〇〇年代の結婚式を通して、この時期に女性たちの求めた新しい夫婦像、家庭像を考察する。

明治以降における民俗的世界の変貌については柳田國男の『明治大正史世相篇』が、衣食住から人々の感覚にいたるまでの諸側面にふれて、その変化をじつに鮮やかにきめ細かくとらえている。なかでも東京とは違ったかたちで、近代が村をとらえていく姿を「村の昂奮の増大」と表現した「故郷異郷」、遠方婚姻と嫁入り婚の成立を女の労働の変化とのかかわりで考察した「恋愛技術の消長」などは、くみつくせない深い示唆を与えてくれる。

さらに近年の近世女性史研究の進展は、民俗学の描いた女性像に包摂しきれない多様な女性の存在のしかたを明らかにし、伝統的生活からの転換が、すでに近世社会のなかに芽ぶいていたことを示している（『日本女性史3　近世』、『論集近世女性史』、『江戸時代の女性たち』、藪田貫「女性史研究における近世」参照）。

これらの先学に学びながら、本論では伝統的社会から近代への転換の一端を明らかにしたいと思う。

1　女性をめぐる民俗の近代化

文明開化と女性

一八世紀末の寛政改革の時期から明治中期までのおよそ一世紀は、民俗的なものが政策的なものによって抑圧されたり編成替えされたりして近代国家の支配体制のなかに組み込まれていった時期といわれている（安丸良夫「「近代化」の思想と民俗」）。とりわけ明治維新の変革は、文明開化の名のもとに、伝統的な生活・習俗を「野蛮」「非合理」なものとして急速にとりのぞき、改めていった。そのなかには当然女性の生活にかかわるものも少なくなかった。

維新政府はその成立直後の一八六九（明治二）年、産婆の堕胎取り扱いおよび堕胎薬の販売を禁止し、七二年には「産の穢れははばかるに及ばず」との布令を出した。また、諸道の関所を廃止して女子の通行自由を認め、神社仏閣への女人禁制を解き、女子の富士登山を許した。福沢諭吉が「かたわ娘」を書いて、成人となった女性が眉を剃りお歯黒をつけることを諷刺したのも女性をめぐる習俗への批判であった。

文明開化の諸政策は女性の行動半径をひろげ、伝統的な生活習慣や意識を変える契機となった。たとえば「人間ノ道男女ノ差アル事ナシ」「其子ノ才不才其母ノ賢不賢ニヨル」ということで発足した「学制」の教育制度は、女に学問はいらないという庶民、とりわけ農民のあいだにある根強い考え方を否定するところから出発した。

士族など知識階級の女性にとっては、教育の門戸開放はこれをステップに新しい生き方を選択しうる機会であった。山川菊栄は『女二代の記』で、その母青山千世が津田梅子ら女子留学生の渡米に刺激されて、向学の志をもって上京し、女子の最高学府、東京女子師範学校に学んだことを記している。しかもこの西欧風の学校で、「若い娘たちが学んだものはたんに学問だけでなく、新しい生活のあり方、衣食住の様式にもおよび、日本の近代化に力をおよぼし」たことを指摘している。そしてその一例として千世が寄宿舎生活で真白なシーツをはじめて見て驚嘆の目をみはり、それをさっそく母親が家庭で模倣して、その便利と清潔をたたえたことをあげている。

しかし、こうした学校教育を通して合理的な生活様式を家庭のくらしに取り入れることができる層はおのずから限られていた。農民の場合などは、新しい学校教育の内容が生活に必要な知識や技能から縁遠いものであったことや、男女が同じ教室で学ぶこと、椅子を使った教室への違和感などからも、就学に消極的となった。まして農家に必要な労働力を奪われることへの困惑はのちのちまで女子の就学を停滞させる原因となった。

民衆女性の生活を変える契機となったのは、このような新思想や、西欧的な生活の導入によってではなく、風俗改良の名による、伝統的な習俗や行事・信仰の見直しなどの政策であった。一八七三（明治六）年の違式詿違《いしきかいい》条例は、農業生産や山林原野河川の利用について、また共同体の衛生や秩序の維持についての細かい取り決めを行った条例である。そのなかには「婚姻祝儀等ノ節事故ニ托シ往来又ハ家宅ニ妨害ヲナスコト、神物祭事ニ托シ人《（ママ）》ヲ妨害ヲナスコト」などとともに、女にかかわるものとして「男女入込ノ湯ヲ渡世スルコト、婦人ニシテ謂レナク断髪スル者」などが処罰の対象とされている。

婚姻祝儀や祭事のさいの妨害はひろくみられた民俗であるが、こうしたことも秩序維持のためには禁じられた。そしてそれと同列のこととして、さきにもあげた女子の断髪が問題にされている。このように明治初年の民俗の組み替えには、女性に対する差別的扱いの廃止や衛生のための改善という合理的、進歩的要素もあった。がそれと同時に民衆の生活のなかに生きつづけてきたものが非文明ということで否定される側面もあった。さらには女性の断髪禁止のように、慣習を破った行動はそれだけの理由で秩序を乱す危険なものとみなされるという面もあって、文明開化政策は女性にとって二重の意味をもつものであった。

民俗規制にみる女性

近代化に向けて生活慣習や行事を改めるために出された国や県・郡の通達、村のなかの申し合わせをみていくと、当時の女性のくらしの一端をうかがうことができる。またこれをどのように改めていこうとしたかということを通して、女性のあるべき姿、女性に求められた役割というものを知ることができる。

たとえば新潟県（当時の相川県）の出した一八七六（明治九）年の「風俗改良についての達」では「自今可改ケ条」として次のような箇条をあげている。

第一条　女子嫁スルニハ其資装ハ勿論、引移リ当日ヨリ里披ノ日ニ至ル迄モ、無益ノ飲食ニ金ヲ費シ……或ハ其娘婦タル者、一生ノ間台所賄ヲ親里ヨリ贈遣シ、又ハ初産ノ時ノミナラス産毎ニ親里へ帰リ、分娩後幾旬ヲ経テ初テ父家ニ帰ル、或ハ親里ヨリ時候ノ贈物ハ勿論、一年中ニ幾度トナク聟舅ヲ招請饗応スルノ費一方ナラス。

これは、嫁入りから里披《さとびら》きまで三日から数日にもわたった伝統的な結婚式や、その後の、娘の婚家とのつき合いが娘をもった家にとって経済的に大きな負担になっていることを問題にしたものである。しかしそれと同時に、女が結婚によって夫の家にのみ帰属するのではなく事あるごとに実家に依存し、とくに経済的な援助を受けつづける慣習が地域によっては存続していたことを語っている。『全国民事慣例類聚』によれば出産を婚家でするか、生家でするかということは地域、階層によってさまざまであって必ずしも一定せず、「親里ニ帰ル」ことが禁じられる根拠は見当たらない。しかし「産毎ニ親里ニ帰リ」、分娩後も幾旬をへるまで滞在するようなことは、婚家の嫁としての自覚を問われることになったのであろう。

第二条　男女ニ限ラス国風トシテ二十歳ニモ至ラスシテ已ニ嫁娶リシ、夫婦舅姑ノ際ニ於テ聊意ノ如クナラサレバ、忽然離別スルコト掌ヲ反スルカ如ク、然シテ復他ノ家ト嫁娶スルノ迅速ナルコト驚クニ堪タリ、故ニ誰某ハ何度目也、何女ハ幾度目也ト公言シ、恬トシテ耻サル者此々皆然リ。

ここには早婚の風習と、離婚・再婚についてのゆるやかな考え方がみられる。それは養子関係についても同様である。こうした慣習はこの地方の特殊なものではないことは離縁状が再嫁の許可を意味したことからも考えられる。そればかりでなく「七度以上離婚ハ許サザル藩制アリ」（『全国民事慣例類聚』土佐国高知郡）という慣習が明治初年までつづいている地方もあって、民衆社会での結婚観が儒教的な「二夫に見えず」というものではなかったことがうかがえる。

このほか、この達では村落の若者組や娘組に対して「村内辻堂或ハ孀婦抔ノ家へ処女、若者等打寄、表向ハ紡織勉励ニ事寄セ、内実ハ淫行ヲ専ラトスル」ことや「神事祭礼ノ節動モスレハ他組ノ者ト喧嘩口論ヲ醸シ、甚シキニ至リテハ組内ノ処女ハ若イ衆仲間ノ支配抔ト唱へ」てはばからないこと、盆祭に「男ハ女装シ、女ハ男装シ、或ハ異形ノ物ヲ冠リ或ハ思ヒ〳〵ノ異風ヲナシ男女混淆団連シテ躍ル」ことなど、ひろく各地でみられた若者組の慣習や祭事のときの行為が〝悪習〟や〝猥褻〟として取り締まられている。

しかしその一方では「人間生死ノ事ハ素ヨリ天命ニテ医薬ノ外ハ決シテ保護ノ術無之、或ハ無謂祈禱呪詛ニ惑」うことをいましめた箇条もある。また「小児ヲ愛護スルハ父母タルモノ」のつとめであり、その子に種痘を受けさせることも子を愛する親のつとめとさとしている。このようにこの新潟県の達は伝統的な習俗を否定し、自由な男女の関係や婚姻を規制する一方で、迷信、俗信を退けて医学や衛生の知識の普及を目指すという合理的な面をもっていた。

同じ時期の青森県の規制でも結婚や婚礼について「当管下ノ陋習、兄ナルモノ妻ヲ娶リ候後病死致候へハ、其弟相続人ト相成、亡兄ノ妻ニ他氏ヲ冒サセ直ニ其妻ト為」すことを禁じている。また「婚家」が「旧慣ノ風習ニ流レ」「親類組合始無謂者共迄数日打寄、酒食等相貪《むさぼ》」ることをいましめている点では、さきの新潟県の例と共通の姿勢がみられる。

このほかに「堕胎ヲ厳禁」するために「妊婦申告」を義務づけて「懐妊シテ五六ヶ月ニ至リ候ハヾ最寄警察出張所へ書付又ハ口上」で届出、これがないところでは「巡廻邏卒へ届出」ることを決めている。

堕胎の禁止は女性にとっては、生命の危険から一歩遠ざかることではあった。しかしそのために妊婦が警察や巡廻の邏卒に申告をしなければならないことは、衛生や保健に名をかりた私生活への介入にほかならなかった。

〝文明〟の女の役割

習俗を改めて生活の近代化をはかるということは国家の手によって行われたばかりでなく、村落の共同体によって村の自治というかたちでも行われた。そこでは当然、共同体のなかで女性がどのような役割を担うかということも取り上げられた。とくに村落の共同体の強固なところではっきりとしたかたちであらわれている。

三重県英虞郡布施田村の共修社の記録はその一つである（『近代日本思想大系20　家と村』）。江戸時代以来の若者組を、村内警備、救助、風俗矯正の目的で再編した組織（同書「解説」）である共修社（一八八〇〈明治十三〉年設立）は、そのなかに女子矯風会という組織を設けて婦女子の生活をきびしく監視矯正しようとした。この会の記録は「是迄女子ハ奴婢ノ如ク見做シ、又女子モ自ラ卑シキモノト自ラ甘ジ来リタレドモ、決シテ左様ナル訳ニテハ無之、文明ノ今日トナリテハ第一女子タルモノ文明ニ至ラザレバ決シテ真ノ文明ト称セザルナリ」（一八九〇年「婦女子ヘノ達」）といって女子の風俗改良を目指している。

そして日常の衣食住から育児、村落共同体の秩序や安全の破壊につながるような行動への注意が多岐にわたって取り上げられている。たとえば、

人ヲ呼ブニハ必ズ様ト称スベシ、答ヲハイト称スベシ。是迄ノ衣類ハ不礼ナルヲ以テ之ヲ改良スルコト……（中略）垢附カザルモノニテ背丈ハ足部ニ達スルモノヲ着シ……（中略）手拭等ヲ被ルコト勿レ。入浴心得。月経ノ時ノ心得。女子ハ煮炙ノ者《（ママ）》ニ注意スルコト。子ヲ養育スルニ人専ラ我身ニ注意スルコト。子守ヲ撰ムコト。新調ノ衣類ニ針ノ有無ヲ調ブルハ女房又ハ子女ノ務トス。衛生法ノコト水ヲ呑ム注意……（中略）寝所ヲ清潔ニナシ戸締ヲ心得コト、小児及子守ニ猥説《（ママ）》ナル放歌ヲナサシムヘカラス。小児ヲ驚ス勿レ。

ここには衛生や、子供の健康や安全、家庭教育について女房の役割や心がまえが懇切に示されている。そしてその一方で、あるいはそれゆえにこそ「不貞操ノ事ハ見附次第其ノ夫ニ忠告シ直ニ離縁セシムベシ」とか「一旦嫁入后離縁幷ニ死別セシモノガ……権妻トナルコト勿レ」など女の貞操が要求されている。ことばづかいや礼儀、夫や舅姑への仕え方などにも細かい注意がなされている。そしてそれらはみな「女も文明になるべき」であるという大命題から出るものであった。

「女が文明になる」ということは家政や育児、衛生などについての責任を自覚し、ことばや衣裳、近隣との交わり方に心を配り、貞操を守り、嫉妬心を抑制することであった。こうした共同体の申し合わせは生活の規制や習俗の組み替えではあるが、見方を変えれば、これは学校教育による文明開化とは縁遠かった民衆女性にとっての、貴重な教育でもあった。村の共同体の自治組織が強固に生きつづけているところでは、このようなかたちで女性の役割自覚をうながし、底辺での生活の近代化がはかられていった。

2 農村生活の変容

農家の労働とライフサイクル

産業革命期の農家の労働とライフサイクルについて、暉峻衆三編『日本農業史』はこれを、「暮らしをこしらえる」ことと「田をつくる」ことということばで表現している。暮らしをこしらえることとは、日常的な衣食、住の自給と、子孫をこしらえ育てること、むらの人間関係の維持などを指す。これに対して田をつくるとは、稲作を中心とした農耕労働、副業労働、また余剰品の販売労働などを指すという。田をつくるための労働は、家長あるいは農業経営主の指揮のもとでの家族世代間の分業で行われた。それは二〇歳代の力役的・筋骨的労働、三〇～四〇歳代は経営の管理労働、五〇歳代になると基幹部門の稲作から引退し、畑（菜園）作業や屋敷雑業、公共のつきあい、家事雑事、というかたちで分担された。

「田畑山林の耕種、肥培、養蚕、養豚、養鶏、日傭とりは壮男壮婦のしごと、爺は縄綯ひ、百姓の手伝い、媼は襤褸補綴、家事助力、少女は子守り、家式、糸取り、機織り、百姓手伝、幼男は葛掻き……」（『神奈川県高座郡綾瀬村村是調査書』、以下『綾瀬村村是調査書』）ということばはこの農家の役割分担の様子を語っている。

また、これを女性の役割とライフサイクルという面からみると、家長の娘や嫁時代は筋骨的労働に従い、ときには日傭や女工として出稼ぎに出る。家長の妻、主婦となると、家長とペアになって経営全体の管理を分担することであった。しかも、「暮らしをこしらえる」広汎な仕事の大部分は女、とくに主婦の仕事であったことはいうまでもない。

女の労働の変貌

しかし産業革命期を境に、女の労働にも変化があらわれる。それは一つには「暮らしをこしらえる」分野の衣食住の自給のための労働が、商品化によってしだいに縮小されてくることによってもたらされた。

一八八〇（明治十三）年生まれの山川均は、小学生のころの思い出として岡山県倉敷の町や村の生活を描いている。そのなかで、昔からの綿作地のこの地方では「たいていの農家は綿を作っていた」、そして「ふだん着は糸車で紡いだ糸から織った手織木綿」を用いていた。ところが「機械で紡いだ紡績糸が出てくると……お百姓の家庭でさえも糸車は急速に納屋や天井裏に追放され綿の栽培はめきめきと減った。そして私が小学校をおえるころ（一九〇〇年ごろ――筆者注）には畑に綿の作ってあるのはまれにしか見られぬようになった」。その一方で「農家でさえも手紡ぎの糸をコウ屋で染めさせるかわりに色糸を買って呉服屋で売る反物におとらぬような好みのシマガラを織るようになった」と書いている（山川菊栄・向坂逸郎編『山川均自伝』）。

同じような光景を、加賀白山の麓の寒村の小作農民の子であった谷口善太郎の小説『綿』は幼時の体験をそこに働く母の姿を重ねあわせて書いている。白い綿の吹き出した畑と、節くれ立った黒い手で綿をちぎり、日暮れまで忙しく走り歩き、夜は機の上にあがって機織りに精を出すこの母の姿は、産業革命期までの女の労働の姿であった。そこには「村人は綿を作って紡ぎ布を織って自家の衣類をこしらえた。椿の実や菜種で油が作られ、宵の口だけ細々とした行灯が灯され」るまさに自給自足の労働と生活があった。

しかし「いつのほどにか」綿は栽培されなくなる。そして村には銅山ができ、陶器工場と製糸工場ができ、たくさんの男女がそこで働く。村には呉服屋・雑貨屋・菓子屋ができる。「糸車や手織の代りに養蚕の棚が家中を占領し、綿畑の代りに桑畑ができた」。それはちょうど日露戦争直後の時代であった。これを人々は「文明になった」と語った。しかし文明になり便利になったが、「労銀取りをしなければ暮せなく」なり、彼の母は「労銀」を求めてあらゆる激労に従事し、姉は近村の製糸工場の女工となって出て行く（谷口善太郎『綿』）。

この二つの作品が語るように、日清戦争から日露戦争への時期、一八九〇年代から一九〇〇年代の資本主義の発展は、多かれ少なかれここに描かれたようなかたちで農村の女の労働を変え、衣食住を変えていった。機織りはなくならなかったとしてもそこでつくり出されるものは、縞や飛白の精巧で美しいものになった。

谷口の描いた北陸の村のように、綿繰り、機織りにかわって、この時期から農家の副業として発展したのは養蚕であった。養蚕は女の細やかな心づかいが必要とされ、また活かされる仕事であった。しかも養蚕の時期の五月から九、十月ごろ（のちには晩秋蚕も行われ十一月ごろ）までは稲作の時期と重なって「年間を通じて働く女が目立つ時期」といわれた。「四令、五令という蚕の大食時には家中総出で嫁いだ娘までも手伝いに呼ぶほどであったから夜も眠れないのも当然のことであった」と明治生まれの農家の女性は語っている（中村雪子「農村と女性」）。多く聞書や証言にみる戦前農村の女の重労働は、この稲作と養蚕というかたちで日本農業が展開した時期のものである。

家族の一人としての女の労働が重くなっただけではなかった。養蚕の発展は村の女の雇用の機会をひろげた。いまこれを養蚕の盛んであった関東北部の村の一農家の例で考えてみよう。この家の一八九四（明治二十七）年と一九〇八（明治四十一）年の農事日誌を比較すると、この家のただ一人の女性（経営者の母）の仕事は九四年には機織りや家事労働が主で、農作業には加わっていない。養蚕も、わずかに数日たずさわっているにすぎない。ところが、養蚕経営が拡大し、養蚕収入が米作収入を上まわるようになった〇八年には、この母親と経営者の妻の二人がこれに従事するようになる。さらに繁忙期には一日一二人から一五人の労働力が一〇日間雇い入れられ、そのうち六人から一〇人は女性である。延べ一〇〇人前後の女性労働が雇用されたわけである。この場合、養蚕の労賃は他の農作業の場合と異なって女性にも男性と同額の労賃が支払われている。それればかりでなく、養蚕の終了時には自家の女性にも、その間の四〇日分の報酬として一日二五銭、計一〇円が渡されている。二五銭は野良仕事の賃金と同額であった（『真岡市史民俗編』）。

このことは、養蚕という商品生産の発展が、女性たちに同じ村内や近隣の村の農家に雇われる機会、現金収入の道をもたらしたことを物語っている。と同時に、雇う側の家でも家族の女性の労働に、他人労働と同じように報酬を支払うべきだという意識が生まれてきたことを示している。自給のための綿つみ、綿繰りの労働と商品生産としての養蚕とは、同じ女の労働であってもその意味には大きな違いがあった。

消費生活の変化

女をふくめて農村の生活のなかで賃金―貨幣経済のもつ意味が大きくなることは、消費生活への商品経済の浸透と不可分の関係にあった。「養蚕業に従事する者は意外の収益があったので麦飯をやめて米食にした」（『御殿場市史』）というような明確な関係ではないまでも、産業革命期の農村は消費の面でしだいに商品化がすすんだ。神奈川県下の一村の例でみると、生活が「概して精良を好み消費額多大……是等は十数年前に比すれば殆ど二倍、三倍、数倍せるものあり。とくに盆、正月、祭りなどの少し馳走らしきものをつくるときは周辺の町より購入」し「農家の家事費中其四割六分二厘は自家生産物を以て支弁し、其他は総て購入」するまでになった。すなわち生計の自給部分は四六％余、五〇％以上は貨幣による購入である。家事費のうち五五％を占めるのは食費で、魚、肉、牛乳、菓子、煙草、酒、砂糖、鰹節などが購入品としてあげられていて、穀物、野菜、果物、味噌、醤油、卵などが自給となっている（前掲『綾瀬村村是調査書』）。これは東京から三〇～四〇㌔の関東の一農村の例であるが、当時のほぼ平均的農家の生活であったと思われる（神立春樹「産業革命と地域社会」）。これでみても日常の食生活では女性の労働に依存する自給部分がなおかなり大きかったことがわかる。

食生活とともに衣生活についても同様で「……藤沢厚木辺より買入るるのが半分にて手織手縫は半分に過ぎず何れも高価なる故多くは婚礼の時に調える位」となっている。この村よりやや南に下った一村でも同じような様子が記録されている。「和糸を買い染めて手織となし自分で仕立てて着るが十の六七、買物は十の三四、常衣晴着共に手織が多し。不断着や仕事着は紺無地木綿の筒袖にて……晴着として大抵の家に紋付、羽織あり、洋傘あり、十戸に五箇時計あり帽子あり、三十戸に一戸位は外套を所有す、晴着の七分は絹物、三分は絹綿交なり」（『神奈川県上足柄郡金田村村是調査書』）。

これによると食生活でも衣生活でも商品化・貨幣化は、祭や正月の料理、婚礼衣裳などハレの生活に要するものや外出機会の多い男性の衣類から始まっていて、日常衣類や労働着はいぜんとして手織手縫ということで女の労働によるものが多かったことがわかる。

消費生活の商品化がすすんだといっても、女の家事労働の軽減につながるような意味での合理化にはなお距離があった。現金収入の増加は、「収益の大部分は衣食社交の費用に消費」され、「冠婚葬祭の用度設備虚飾し互に誇示せんことを競うのみ」であった。それは農民自身にとっても「社交上の真正の楽しみは少くして内心の苦痛」が多かったばかりでなく「旧来の情誼を温め懇親を結ぶ機関は其形式のみとなり……労を分ち苦を共にする機関は漸く衰退」し、農村の共同体的なつながりや民俗が変わりはじめたことを痛感させるものであった（前掲『綾瀬村村是調査書』）。

変わる農村の教育

一八九〇年代から一九〇〇年代の農村のくらしの変化を示す指標の一つとして教育の問題がある。学校教育の普及の状況を示す就学率は、明治年間に表3のように推移している。これは全国平均の数字であって、この時期には地域による格差がきわめて大きかったことを考慮にいれなければならない。

これによると、学校教育の発足時には男子約四〇%、女子は一六%に達しなかった低い就学率は年を追って高まり、一九〇〇年代に入って急速に改善される。とりわけ女子の就学率が飛躍的に高まって日清戦争の始まった一八九四(明治二十七)年には四四・〇七%となり、九七年には五〇%を超える。以後年々高まって、日露戦争の一九〇四年には九〇%を超え、明治末年には男子の九八・八〇%に対し、女子九七・六二%とほぼ男子と同様になった。

このような就学率の変化は何によってもたらされたのであろうか。一般にいわれるのは、一九〇〇年の小学校令の改正である。このときの改正で義務教育の授業料が原則として廃止されたことである(『学制百年史』)。それと同時に、

表3　就学率の推移

年度		就学率(%)		
		総数	男	女
1873	明治 6	28.13	39.90	15.14
74	7	32.30	46.17	17.22
75	8	35.43	50.80	18.72
76	9	38.32	54.16	21.03
77	10	39.88	55.97	22.48
78	11	41.26	57.59	23.51
79	12	41.16	58.21	22.59
80	13	41.06	58.72	21.91
81	14	42.98	59.95	24.67
82	15	48.51	64.65	30.98
83	16	51.03	67.16	33.64
84	17	50.76	66.95	33.29
85	18	49.62	65.80	32.07
86	19	46.33	61.99	29.01
87	20	45.00	60.31	28.26
88	21	47.36	63.00	30.21
89	22	48.18	64.28	30.45
90	23	48.93	65.14	31.13
91	24	50.31	66.72	32.23
92	25	55.14	71.66	36.46
93	26	58.73	74.76	40.59
94	27	61.72	77.14	44.07
95	28	61.24	76.65	43.87
96	29	64.22	79.00	47.53
97	30	66.65	80.67	50.86
98	31	68.91	82.42	53.73
99	32	72.75	85.06	59.04
1900	33	81.48	90.35	71.73
01	34	88.05	93.78	81.80
02	35	91.58	95.80	87.00
03	36	93.23	96.59	89.53
04	37	94.43	97.16	91.46
05	38	95.62	97.72	93.34
06	39	96.56	98.16	94.84
07	40	97.38	98.53	96.14
08	41	97.83	98.73	96.86
09	42	98.10	98.86	97.26
10	43	98.14	98.83	97.38
11	44	98.20	98.81	97.54
12	45	98.23	98.80	97.62
13	大正 2	98.16	98.74	97.54
14	3	98.26	98.80	97.67
15	4	98.47	98.93	97.96

(出典)『日本長期統計総覧』.

れた。

この法改正で、父兄が児童を就学させる義務、雇用者が学齢の児童の就学を妨げてはならないことがきびしく定められた。

農村では学校教員や村の吏員が個別に家庭を訪問して就学督促をしたり、地域ごとに父兄懇談会を開いて家庭の協力を呼びかけることなどが精力的に行われた。こうした制度改正や行政の努力によって、一〇〇％に近い就学率が達成された。しかし、これだけでほとんどの子どもが学校に通うようになったということはできない。それは学校への在籍数はふえても、現実には日々の欠席者が多く、また、長期欠席や中途退学も少なくなかったからである。このようなことは、農村のみならず都市の貧困層にもあったが、農村ではそれが単に貧困ということだけではなく、労働やくらしのさまざまな問題とかかわっていた。いまこれを静岡県の東端、神奈川に接した駿東郡の小学校の場合について考えてみたい。

その一つは、富士山の登山口の村の学校、須走小学校の場合である。この小学校は、冬は風雨や雪のため子どもの通学が困難になるほどきびしい自然条件のなかにあったが、その他にも子どもの出席がはかばかしくならない事情があった。それについてこの学校の一八九六（明治二十九）年の校務日誌は次のように書いている。

四月一五日、本日ハ陰暦ノ節句ニ該当セルヲ以テ生徒出席僅カニ四、五名ニ過ギザルヲ以テ臨時休校候事

六月一五日、陰暦菖蒲ノ節句ニ該当セシヲ以テ生徒ノ出席僅カニ十名ニ過ギズ、以テ一時間ハ修身談話授業ヲナシテ終業。

このほか、雛祭、道祖神祭典、村社ノ例祭の日にも同じような記載がなされている。農村の生活のなかでは伝統的な年中行事や祭礼が、旧暦によって行われる慣習が根づよく生きつづけていたことがわかる。

しかしこうしたところにも変化のきざしがあらわれてくる。一九〇五年二月四日のところには、

陰暦元旦ニ相当シタレトモ児童ノ出席常ニ異ラス追々旧習ヲ脱シタル傾向ト見テ可ナリ。

とある。このときは日露戦争のさなかであり、同校においても、天長節、紀元節などの国家的祝祭日の行事が、整然と行われるようになった。そうしたことの影響もあってか、旧暦を尊重するような農村の長いあいだの慣習はしだいにうすれていった。

節句や祭礼で子どもが学校を休む、親が休ませるということは少なくなっても、農繁期や家計の補助のための欠席は少なくならなかった。須走小学校に隣接する北郷小学校は、前者にくらべると平坦地の米作と養蚕の盛んな村の学校である。一九〇〇年現在、児童数七〇八人の同校では就学率は男子九一・六四％、女子五八・七四％で女子の就学率は低かった。校務日誌は「今後殊ニ女子教育ノ上ニツキ尚一層共ニ〳〵力ヲ尽サンコト独リ本村ノ面目ノミナランヤ」と記してこれを問題にしている。そして学校は家庭に向けて次のような文書を配って父兄の注意をうながしている。

農休を廃せし事　養蚕及仕農の際は農家一般に最も多忙なる時にて子供をも使われたきは無理ならぬ事ながら四・五・六月は児童の学習に最もよき時候にて学校に於て教育を施すに此の位大切なる時はなし。そのため父母は一時の不自由をも忍んで子どもを欠席させぬようにという。また女子についても、

今日の少女は後日婦となり母となりて夫と共に一家を治め又子供を育つるは云ふまでもなし一家よく治まり又子供の躾方よろしきは婦人の勢力最も大なるへし従て女子を学校へ出すことは農家などに於ては却て男子よりも必要の如く思はるるなり。

しかしこのような説得にもかかわらず農繁期の欠席者は減少せず、学校はやむを得ず「臨時休業」をすることもあった。こうした現象は明治末まで続き、一九一二年の記録では廃止されたはずの農繁休暇を再び設けている。

さきにもみたように家長―経営者の指揮のもとに家族労働をあげて行われるこの時代の農業労働のなかでは、田植

表4　農家子弟の上級学校進学者数

年次	中学校			高等女学校		
	入学者	農家出身者	比率（%）	入学者	農家出身者	比率（%）
1904	26,934	10,307	38.3	7,182	1,543	21.5
05	29,041	11,668	40.2	8,062	1,923	23.9
06	29,597	11,788	39.8	9,250	2,105	22.8
07	30,791	11,963	38.9	10,872	2,336	21.5
08	31,764	12,050	37.9	12,773	2,904	22.7
09	31,144	11,815	37.9	13,728	3,153	23.0
10	31,932	11,525	36.1	15,073	3,295	21.9

（出典）　小林輝行『近代日本の家庭と教育』.

え、養蚕の繁忙期に、子どもも働くということは当然のことであった。またその機会は子どもたちが百姓の技術や段どりを習得する貴重な教育のときでもあった。

なかでも女子は小学校高学年になれば、家事や子守りの重要な労働力として期待された。またその経験のなかで、生活技術や、村の共同体のなかで生きる知識を学んでいった。母から娘へのそれらの伝達は、学校教育にまさる教育と考えられていた。

しかし農民のなかにあったこのような伝統的な教育観、学校教育への消極的姿勢も就学率の高まった一九〇〇年代の半ば以降しだいに変化をみせていった。その一つは高等女学校や師範学校などへ進学する娘たちがふえていった（表4）ことである。これまで農村で高等女学校に進学するのは中・上層の有産階級とか資産名望家層といわれる層の子女であったが、日露戦争後になると、地域によってはさらに下の層にまでひろがった（永原和子「良妻賢母主義教育における「家」と職業」本書Ⅰ―二）。また、一九一〇年以降、各地に実科女学校が設けられた。また町村学校組合の手で、実業学校に女子部がおかれた例もある。ここでは、裁縫、家政と同時に、農業知識や実技が教科に加えられている。これは、衣食住から農業の新しい技術までを学校教育に求めるようになった父母や娘たちの意識の変化を反映している。

農村の父母の教育観の変化は次のようなかたちでもあらわれた。一八九三（明治二十六）年、愛知県の農村に生まれた市川房枝もその一人であった。七、八反の田畑と養蚕を営む農家に、七人兄弟の三女として生まれた房枝は、「自分は学問をしなかったから百姓をしている。（中略）おまえたちはみんな勉強せよ」という父の希望で、東京の私立女学校に入学する。のちに「お金のかからない」ということで愛知県立第二師範学校に入学して、その後の社会活動への一歩をふみ出した（『市川房枝自伝戦前篇』）。市川房枝より二歳年少の奥むめおは、福井市郊外の鍛冶屋の娘で、その家は「まあまあの暮らし」をしていた。しかし、やはり父親の「これからは女も男と同じように学問を」という意見で、一九〇八年、高等女学校に入学し、のち日本女子大学校へとすすんだ（奥むめお『野火あかあかと』）。

このように、農家の父母のなかにも、娘にも男の子と同じように（必ずしもまったく同じレベル、同じ内容ということではなくとも）、教育を受けさせようとする積極的な姿勢が明治末年にはみられるようになった。

3　結婚式にみる都市と農村

一九〇〇年代の婚姻

農村の伝統的な生活や習俗のゆらぎが大きくなった一九〇〇年代は、都市においてもさらに顕著なかたちでそれが起こっていた。その一つは結婚の習俗や結婚式のあり方をめぐる問題にあらわれていた。

有地亨は、一九〇〇年前後の時期は、婚姻の習俗が動揺し、混沌としていた時代であると述べている。そして伝統的な婚姻の儀式や習俗がくずれ、しかもいまだ新しい婚姻秩序が成立せず混然としていたともいっている（有地亨『近代日本の家族観』）。

結婚の習俗の動揺、混沌の具体的事例として、有地は当時の上層階級での蓄妾の常習化と、離婚率の高いことをあげている。明治期の離婚率は図1のように推移しており、たしかに明治前半期はきわめて高く、西欧先進国にくらべて特異なことといわれている。

通常、この離婚率の高さは、家制度による女性の地位の低さ、夫による一方的な妻の追い出しというように説明される。しかしこの問題について論じた湯沢雍彦は、地域的にみると離婚率の高いのは、大都市よりも郡部であり、とくに東北地方においてであると指摘している。そして「離婚率の高さは、農漁民によって支えられていた」としている。さらに「この離婚率の高さは、そのうらに再婚率の高さがあった」こともあげている（湯沢雍彦「離婚率の推移とその背景」）。

このことは、さきにみたような農漁村の民衆のなかでの結婚、離婚、再婚へのこだわりのない、自由な考え方や、早婚の習俗の存在などからみてうなずける。その反面で、華族や旧士族など上層階級において必ずしも離婚が多くなかったとしても、それは家の体面とか、儒教的道徳の規制によるものであった。そこには蓄妾の慣習も依然として存在していたのであって、数字にあらわれた離婚の多少だけでは、女性の地位の高さ、低さ、夫婦の平等性の有無を即断することはできない。

しかし、この高い離婚率は、図1にみるように一八九八、九九（明治三十一、三十二）年の時点で急減している。このような急激な変化は、それ以前の時期はもとより、その後一九四五年までには起こっていない。これは何に起因するのであろうか。この一八九九年は、民法親族篇が施行された年である。民法は婚姻、離婚の届け出を強制し、離婚における有責主義をとった。このことが、これまで民衆のなかにひろく存在した事実婚、事実離婚、再婚への寛容さに対する有形無形の圧力になったであろうことは推測される。とくにその施行の第一年目において婚姻・離婚の実数が急減しているのは、民衆のとまどいをあらわしているといえよう。

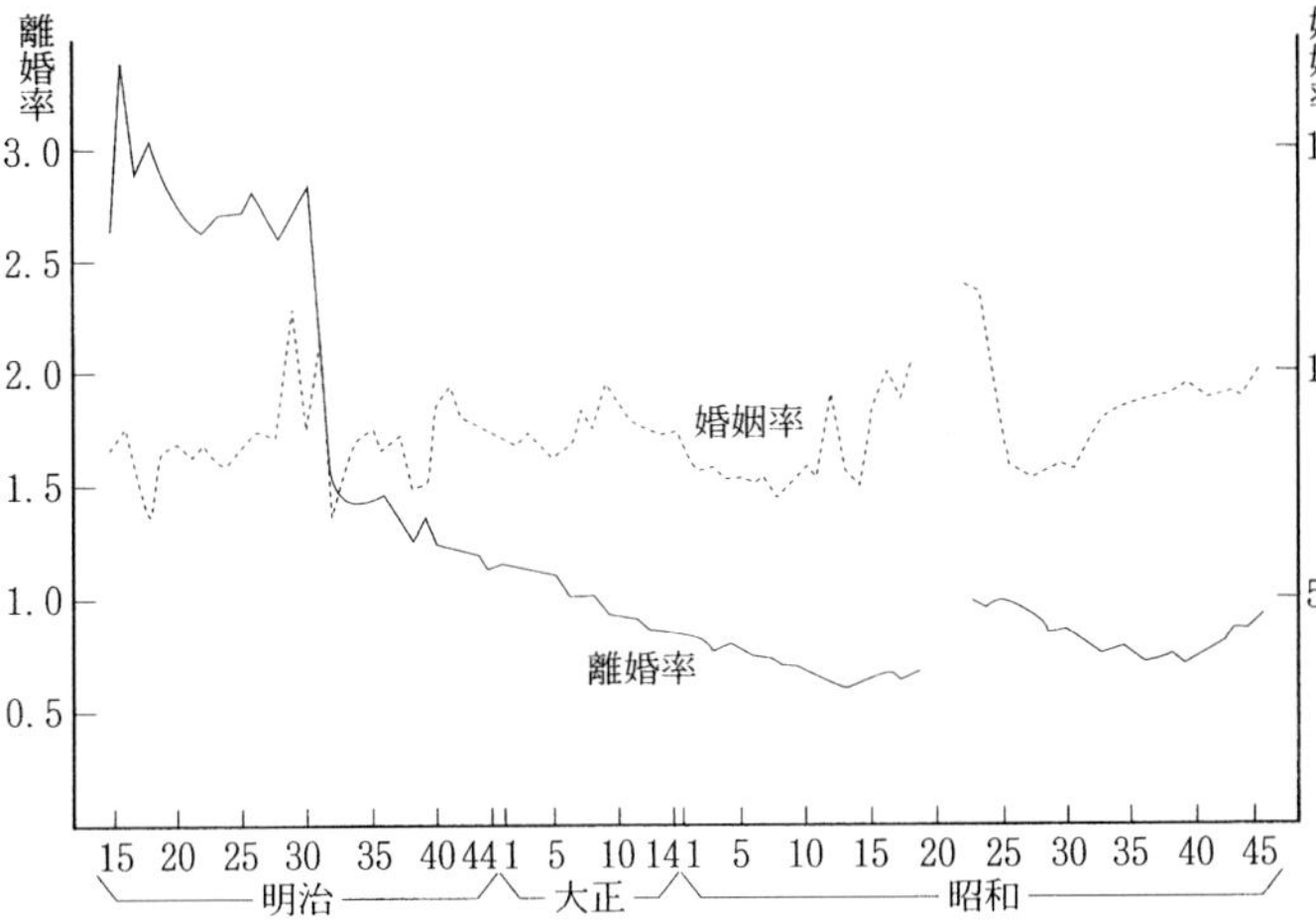

（註）　いずれも人口1000人当り件数の比．

年次		人口	婚姻		離婚		離婚1件に対する婚姻件数
			件数	率	件数	率	
1885	明治18	37, 868, 987	259, 497	6. 80	113, 565	2. 97	2. 28
1890	23	40, 453, 461	325, 141	8. 04	109, 088	2. 70	2. 98
95	28	42, 270, 620	365, 633	8. 65	110, 838	2. 62	3. 30
96	29	42, 708, 264	501, 777	11. 75	115, 654	2. 71	4. 34
97	30	43, 228, 863	365, 207	8. 45	124, 075	2. 87	2. 94
98	31	43, 763, 153	471, 298	10. 77	99, 464	2. 27	4. 74
99	32	44, 260, 604	297, 117	6. 71	66, 417	1. 50	4. 47
1900	33	43, 847, 000	346, 528	7. 90	63, 828	1. 46	5. 43
01	34	44, 359, 000	378, 261	8. 53	63, 442	1. 43	5. 97
02	35	44, 964, 000	394, 165	8. 77	64, 139	1. 43	6. 15
03	36	45, 546, 000	370, 961	8. 15	65, 392	1. 44	5. 67
04	37	46, 135, 000	398, 930	8. 65	63, 913	1. 39	6. 24
05	38	46, 120, 000	350, 898	7. 53	60, 061	1. 29	5. 84
1910	43	49, 184, 000	441, 222	8. 97	59, 432	1. 21	7. 42
15	大正 4	52, 752, 000	445, 210	8. 44	59, 943	1. 14	7. 43
1920	9	55, 963, 053	546, 207	9. 76	55, 511	0. 99	9. 84

（出典）　グラフ，表ともに湯沢雍彦「離婚率の推移とその背景」『図説現代日本の家族問題』より（表は一部を省略した）．

図1　わが国の離婚率と婚姻率の推移

この後、婚姻数は旧に復するが、離婚の比率は年々低下して一九四五年にいたっている。民法施行当時、福沢諭吉は「日本社会にて空前の一大変革」「強有力なる味方を得たる思い」を抱いたといわれる（「福沢先生の女学論発表の次第」）。また堺利彦は「今日の社会に採用すべき結婚制度は、この民法の精神によったものが一番よい」（『家庭の新風味』）と述べて、民法施行を評価している。民法の施行が女性の地位の一定の保障、家族の「近代化」への一歩前進であったことは否定できない。しかしその一方で、届け出によらない結婚は内縁として差別されるという関係もつくられていった。

伝統の結婚式

一九〇〇年代初頭は、民法の施行があり、また高等女学校制度が整備されて、良妻賢母主義教育が確立、普及した時期である。この時期に新聞や雑誌では、結婚のあり方や結婚式の方式についての記事が多くあらわれる。たとえば一夫一婦制の家庭の実現を一つの目標として一九〇〇年に発足した『婦女新聞』のなかで、不婚論争や姑嫁別居論争が一般読者の参加のかたちで行われている。このなかで、女が〝結婚をしない〟という選択を主張したり、姑と嫁の同居ではない、夫と妻と子どもの核家族を理想とすることなどが主張されはじめる（金子幸子「不婚論争一九〇〇―一九〇一年」）。

これと同時に新聞・雑誌などで取り上げられた問題に結婚式のあり方があった（有地前掲書）。そこでは伝統的な婚礼式が繁雑であること、逆に簡略にすぎるものは厳粛さを欠くことなどが指摘されているが、その多くは結婚式の方式を通して新しい結婚制度、夫婦のあり方を問うことを目的としている。この時期に多く行われていた結婚儀礼はどのようなものであったか。それは地域や階層により多様であったと思われるが、いまここではその二、三の事例をあげてみる。

その一つは、上層の結婚の例として、一八八三（明治十六）年に行われた豪商三井八郎右衛門高棟の場合である。妻は大阪府下の豪農橋本家の娘幾登、媒人は三井家より大阪の豪商広岡家に嫁した広岡浅子である。見合い、結納から一年数カ月をへて行われた婚礼式は、午後八時より始まった。花婿、花嫁、侍女郎、介添、酌人のみ出席、つづいて両家親族結盃の式が行われ、祝膳は夜半に及ぶ。翌日からは家の懇意、同族、経営内部の人々を招く。三日後、里びらきののち嫁の生家で内祝い。その間に送籍。七カ月後に婿入りと称して、婚礼と同様の式が橋本家で行われた（三井八郎右衛門高棟伝編纂委員会編『三井八郎右衛門高棟伝』）。このような結婚式は三井家の惣領という特殊な地位によるもので、当時としてもおそらくもっとも豪華で、格式高いものであったであろう。この三井高棟も、妻幾登の死後、九二年、華族の娘前田苞子との再婚のときにはこのような儀式を行った記録はない（前掲書）。

一般の農民のあいだでの結婚式は、もとよりこれとは比較にならない簡素なものであったが、それでも数日をかけての式や披露などはひろく行われていた。たとえば、

> 婚礼は徴兵を済むを俟ち男は二十五、六歳、女は二十一、二歳に至りて行うを一般とす。其結納は酒一升寿留女二連袴代五円（又は帯地代十円）位を取り遣わし「広目《ヒロメ》（ママ）」は村中各戸へ茶一捻りに紙一帖を配る。持参するものは簞笥、長持、手廻品の一通りを新調し（中略）送迎は親類近所に限り親類知人組合会飲燕楽を設け馳走は当日翌日三ツ目まで。四日目には「ハチハラヒ」とて手伝のものまで振舞をなし五日目又は七八日目には「ヒザナホシ」とか里返《サトガヘリ》（ママ）とか云て嫁又は婿の実家に於て馳走あり広目あり。（下略）（『神奈川県中郡豊田村村是調査書』）

とあり同じような様式で、組合、親族、親分、媒酌人が式に加わり、これらの人々に酒、米、反物等が贈られている例もある（『静岡県駿東郡玉穂村村是』）。

神奈川県、静岡県はじめ関東近辺の農村ではこのような方式が一般的であったといえよう。これらに共通していることは、村中各戸への配り物、親類近所による送迎、親類知人組合の会食、手伝いへの振る舞いなど、すべての儀式が、家の親類と共同体のこととして行われていることである。結婚が親類や村共同体の承認によって成立したことを物語っている。

これを女の目からみると次のようである。

> 婚礼は上級の外見合等なく、只だ親々の相談にて取り極めが常なり。結納開きには親類近所のものを呼び酒を振舞う。輿入れすめば近所の女房子供たちが見にくる。翌日姑、嫁村廻り、翌日衣裳開きをして近所の女房にみせる。嫁の評判はこれによってきまる。
> （「地方女子の風俗」下総印旛郡の例『婦女新聞』一九〇一年九月）

嫁が家に迎えられるだけでなく、村の女たちの仲間に迎えられるか否かが重要な問題であった。「中以下三分の一位は自由結婚、是れと申して盛なる式を挙ぐることなく極めて簡略、親戚故旧、近隣を招く」（前掲紙、茨木《ママ》地方の例）とあるように中以下といわれる層ではきわめて簡略であったことがわかる。しかしその場合でも「衣裳開き見すぼらしければ此の嫁は悪評なり」。したがって親は借金をしてまでも華美を飾らせなければならなかった、とある。

ここにあげたのは、ごく一地方の事例にすぎず、地域、職業、階層により婚姻の儀礼は多様であったことはいうまでもないが、結婚式が外形の華美に関心が向けられる傾向にあったことは否定できない。

こうしたなかで一八九九（明治三十二）年「上流より中流下流に至るまで応用し得らるる様古今の式を折衷し簡易にして鄙野ならざる一定の新式」として創案されたのが神前結婚式である。神前結婚を提唱した華族女学校校長細川潤次郎の『新撰婚礼式』は、従来の結納より里帰りまでの種々の儀礼が「今日多事の世に当り行はれ難い」こと、新しい方式は、「一日若くは一夜に行ふことができ、中等以下の家にも必行ふことを得べきもの」であるとその趣旨を述べている。
その儀式の中心になったのは、「婚礼に神を祭ること」である。その神は「産土神、氏神其他常に崇信する所の神にて然るべし」という。しかし「伊弉諾伊弉冉の二神」がもっともふさわしいという。そしてこの神前で夫婦の杯を行うのがその核心であった。また「婚礼が畢らば新夫婦相伴ひて先づ産土神氏神の社に詣で、次に新夫の墓所に参るべし、夫より新婦は姑若くは他の親属に伴はれて新夫の親属朋友の家を訪問すること随意たるべし」といっている。

このような様式が考案される契機となったのは、一九〇〇年、時の皇太子の結婚式が宮中賢所において行われたことによるという。しかしそれは直接の契機であって、この婚礼式が考案されたより根本の動機は、「近来の状況を見るに一定の式無きが故に、各自の執り行う所実に千差万別にして恰も異邦人どちが相集りて物するにも似たり」ということにあった。

婚姻の方式を同じくする村や、町のなかでの婚姻ではなく、さまざまな伝統をもつ人々が交わりあって生活し、この人々のあいだの婚姻が行われるようになった一九〇〇年代の、都市の様相を反映している。また伝統的な婚礼が繁雑で「之に拘泥するときは婚礼を行ふ双方とも之が為家事を眈廃《ママ》する」ことさえあり、「力めて時と財を省くことも必要」とされた。また一日もしくは一夜に行うことができると同時に、「婚礼の当日には、新婦の父母親族共に行かない伝統の方式を、近来俗に行なわれているように、共に行くことによって、婿入りの礼を省くことができる」ことをあげている。そこには民俗的な婚姻儀礼が現実にくずれつつあることを肯定して、むしろそれを新しい様式に組み入れようという意図がうかがえる。

細川潤次郎の書をもとにしてこの様式を普及させようとしたのは、当時の華族女学校教授であった下田歌子が中心となった礼法講習会であった。下田歌子は一八九八（明治三十一）年帝国婦人協会をつくり、多角的な女性の教育啓蒙活動を行っていた。神前結婚式普及もその一つであった。この方式にのっとった婚礼を行った東京築地の一夫妻の例を『婦女新聞』が報じているが、その場合に式の盃事は、帝国婦人協会の生徒（帝国婦人協会に付属する実践女学校生徒の意――筆者注）が行っている。

また藤田一郎著『新撰結婚式』も、同じように神前結婚を提唱している。彼は、神前での宣誓で、夫婦が終身の契約をすることを主張し、「夫たる者は其妻を信愛し、道理に適はぬ行為を為さず、かりそめにも婦を逆待《（ママ）》するが如き挙動をなさず、終身和睦して子を挙げ孫を設け一家の隆昌を図るべしとの事を心に誓ふなり。妻なる者は、其夫を尊敬し婦道に適はぬ行為を為さず、親ら貞順を守りて其夫に事へ終身和楽して子を挙げ孫を設け一家の繁栄を図るべしとの事を誓ふなり。心に誓ふは共に神に誓ふなり」（南博編『近代庶民生活誌9』）という。

神前結婚式の提唱者達の意図は、このことばに尽くされていると思う。それは、神の前で夫と妻が誓い合うというキリスト教の結婚式を模倣しながら、夫と妻の貞操と家の維持、繁栄を誓うという結婚式であった。もっともこの場合の誓約は、男女の対等な誓約のようにみえながら、伊弉諾伊弉冉の二神がもっともふさわしいということに象徴されるような、夫唱婦随が想定されている。これは、まさに、「夫婦相和シ」という教育勅語や明治民法のいう家庭像、夫婦像にふさわしい様式といえるものであった。

『婦女新聞』一九〇六年四月は、山口県の一女子教育家が、行った神前結婚式を紹介している。それは新夫、媒酌人、新婦が契約書を交換し、伊弉諾・伊弉冉の〝唱和〟をかわす方式であった。そして「或は神前に於て、或は祖先の霊前に於て近来日本の結婚式がようやく其方法を改めんとするの兆あり」といっている。地方でも神前結婚が採用されるようになったことがわかるが、これが取り立てて報道されるほどいまだ珍しいことであったともいえる。同じ年に同紙は、皇族、華族、陸軍大将家などの結婚式の様子を紹介しているが、その様式は小笠原流、神前結婚式などあり、必ずしも一様ではない。

神前結婚は、こののち礼法講習会の手から教派神道の一つの神宮奉斎会の手に移る。そして折からの神社統合政策の一翼的色彩を強めていく。それは、神前結婚の提唱のときには「産土神、氏神其他常に崇信する所の神にて然るべし」といわれていたのが、「天照皇太神」のまえで行われるようになることであった。一九〇七年には神宮奉斎会での神前結婚は一ヵ月六〇〜七〇組、ときには一日五組にものぼったといわれる(『婦女新聞』一九〇七年二月)。

神前結婚の普及は、これまで家を式場として行われてきた結婚式が、いわゆる結婚式場に移されていく過程でもあった。それは婚姻の習俗を異にする者同志の結婚、伝統的な共同体のなかでの結婚ではない都市市民の結婚にかなったものであった。とりわけ都市の小市民の住宅の状況を考えると、この様式は受け入れられやすいものであった(西川祐子「住まいの変遷と「家庭」の成立」『日本女性生活史4　近代』参照)。

大正期都市の結婚

神前結婚、結婚式場での結婚が普及しだした大正期には、このほかの新しい方式も考えられていく。一九一八(大正七)年十月、『主婦之友』は「嫁入準備号」を特集し「結婚の披露をいかに改良すべきか」「私どもの実行した簡易結婚式」を取り上げる。つづいて翌一九年十二月「私どもの実行した簡単で厳粛な結婚式」、二〇年四月「結婚の儀式と披露の改造法」というように毎年この問題を扱っている。

これは第一次大戦後の物価騰貴に対処して〝虚栄のための結婚披露〟〝結婚披露のための借金〟を改め〝手軽で真情の籠った結婚披露〟が求められていたことによる。そこでは何より大切な嫁入り準備は愛情であることが強調される。そして簡素な結婚式の経験談が載せられている。その二、三をあげると、

（一）早稲田大学講師帆足理一郎、五十嵐孝子の場合。いずれも米国留学より帰国して、成瀬仁蔵の考案による新結婚式を行う。それは、媒酌人内ケ崎作三郎宅で行われた。列席者は本人たちと媒酌人ら四人。誓約文を朗読し、夫婦の道は人格と人格の結合であることを確認する。時間はわずか二時間であった。

（二）盟約書に記名調印をした結婚式。列席者は近親と保証人とでわずか八人。三三九度のかわりに盟約書を交換し、披露は手紙で行う。総費用は六三円であった（読者手記）。

（三）総費用百円であげた新式の結婚。式はキリスト教形式。紅茶をすすりながらの打ちとけた新しい披露会（読者手記）。

などである。またキリスト教主義女子教育家井深花子はただ簡素というだけでなく、①友人を招くこと、②結婚と同時に入籍の手続きをすること、を女性の立場からとして主張する。

これらの方式には結婚が家と家の、また地域社会のものではなく、二人の男女の合意と、それへの社会の承認という意味を結婚式の形式にもこめようという思いがあらわれている。またこのころ、『主婦之友』には新婚旅行の体験が語られるようになる。そして旅行のあいだに、夫と妻が今後の家庭のあり方や、家計の分担について語り合ったという体験手記が載せられている。形成期の都市の中産階級の家庭はこのようなかたちで誕生した。

農村の結婚改善

農村で結婚改善が問題になるのは、日露戦後の地方改良運動においてであった。戊申《ぼしん》詔書を契機として展開された地方改良運動は、さきにみたような、農村の伝統的生活の変貌、価値観の変化を、奢侈、浪費、秩序の動揺というような視点からとらえて、その見直しをはかろうとするもので、風俗矯正、勤倹貯蓄はその中心の課題であった。節句、祭礼、講などの行事に国家の祝祭日をあわせると農村の休日は年間八〇日から一〇〇日に及ぶといって、その整理が叫ばれる。また農家の家計を圧迫していた冠婚葬祭や村のつき合いを簡素にすることも提唱される。葬祭や法要に酒を用いないこと、稚子祝は長子に限ること、神社仏閣の祭日に余興をなさぬこと等々を村々で取り決め、結婚式も各自の分度に応じて簡素に行うことが申し合わされている。

このような慣習や習俗の改造を個々の家庭に徹底するには女性の協力は欠かせなかった。その役割を担うものとして、この時期に婦人会、青年団、処女会などが各地につくられる。「今日成立している町村の婦人団体は二千を下らない」(「全国町村婦人団体調査」『婦女新聞』一九一三年)という調査もあるほどであった。これらの婦人会、処女会は、主として育児、家政、衛生、料理研究や、農事改良、副業奨励などをその活動の課題としている(千野陽一『近代日本婦人教育史』)。そしてその一環として結婚改善が掲げられている。しかしそれらには、結婚費用の節約のために飲食を行わないこととか、日数や招待者を少なくすることが問われているがそれ以上に、結婚式のあり方や夫婦や家庭のあり方を追究するまでにはいたらなかった。

この時期の地域婦人団体の運動は、その多くが学校長、学校教員などの主導によるもので、一般の農村女性の真に自主的な活動は、いまだ生まれるにいたっていない。そして、この時期の婦人組織が目指す女性像は善行女性の表彰に象徴されるように、伝統的な、勤倹と貞節の女性像の枠を超えることはなかった。結婚改善をふくめた生活の改善も、既成の家庭や家族関係の枠のなかでの、消費の節約や簡素化以上に出ることはなかった。

村の女性たちが、生活や家庭のなかでの男女の関係、さらに村社会のなかでの男性と女性の問題に目を向けるようになるのは、第一次世界大戦以後であった。これまでもしばしば取り上げてきた静岡県駿東郡の北郷村や隣接の小山町の婦人会・処女会の例でも、このことはいえる。この町や村では大正中期になって「青年団報」のなかに、青年の側から新しい女の問題、女の天職の問題についての論議が出される。そして処女会員のなかから、これへの反論が出てくる。そして、青年団の弁論大会に女子会員が登場するのは昭和期に入ってからである。処女会はこのころ、部落で夜間、毎週四日は裁縫、読書会を開き、また生花稽古、職業指導などを行っている。

結婚改善も当然その課題の一つとなる。そこでは、単に結婚に経費がかかることを問うだけでなく、因襲の弊風を改めることが取り上げられる。たとえば「婚約決定迄の弊習、一回ばかりの見合で婚約をきめること」「小さい時から婚約を親がきめること」への批判が出る。また婚約のときに「医師の診断書、戸籍謄本の交換」「結婚に関する種々の迷信の打破」「結納の取り交《(ママ)》せをした時は結婚は確定したものであるから其時に入籍の運びを」などがあげられている（「小山町結婚改善一覧」）。

これまでとかく男性優位あるいは親本位ですすめられてきた婚約から結婚への過程に対する女性の側からの主張である。そして、そのなかで「結婚の式は神前に於て厳粛に行うこと」「可成《なるべく》昼間に於て行うこと」も提唱される。都会に始まった神前結婚が、従来の結婚式よりは〝近代的〟〝合理的〟なものとして取り入れられようとする。

これは一地域の例にすぎないが、農村の結婚の様式を、結婚における男女の関係の問題として女性自身が考えるようになる過程がうかがえる。こうして村の女性たちが、きわめて緩慢ではあるが、明らかな変化をみせてくるまでには、大正デモクラシー期における農村生活の、より大きな変貌を経過しなければならなかった。しかしこの問題は本論の範囲を超えるのでここではおき、今後の課題としたい。

おわりに

これまで女性史が近代の女性の生活を語るとき、まず取り上げるのは女工（のちには職業婦人もふくめて）であった。そして次に都市の新中間層の主婦――専業主婦を問題とした。

女工は、いうまでもなく資本主義社会の象徴的存在である。一方、生産労働からまったく切り離された存在としての専業主婦もまた、資本主義の歴史的な所産ということができる。その意味で、賃労働者としての女工と、生産からまったく遊離して消費の世界に生きる専業主婦が、近代の特徴的存在として取り上げられるのは、当然のことであった。

しかし、新中間層の主婦の存在がクローズアップされるようになった一九二〇（大正九）年になってもなお人口の五四％を占めた農民の家族、農業に従事する女性たちの存在は、これまであまり明確にとらえられてはいない。女工を生み出し、都市の勤労者家族や主婦のふるさとである農村、その農村の女性たちにとって近代とは何であったか、この人々の生活の近代化は、どのようにして実現したかということを抜きにしては、日本の近代の真の姿はとらえられないのではないだろうか。本論では、こうした意味で、都市とあわせて農村において伝統的生活から近代への転換は、どのようにしてはかられたかを問題とした。

明治初期において、西欧的な近代化は、農村の女性を取り残したままますすんだ。そればかりでなく、民衆の世界に生きつづける習俗、自由な男女の関係などを否定して、秩序のなかに押し込めた。農村の生活が変貌しはじめる契機として、ここでは産業革命の村への波及を指摘した。家族の自給自足のため労働に完結していた女たちに、「貨幣《カネ》になる」労働が求められた。女たちが村のなかで雇われ、あるいは出稼ぎで村を出て行くようになる。

本論ではふれることができなかったが、このようなかたちで女が村を出て行くこと、さらに就学や結婚で他所に行くこと、これらの「人の動き」も、伝統的な民俗を変える大きな要因として考えなければならない。この時代には女が出て行くことは、一般に考える以上に多かったのではないだろうか（これに示唆を与えるものとしては、村上はつ「産業革命期の女子労働」『日本女性史4　近代』がある）。

とりわけ通婚圏の問題は、伝統的社会の変貌に大きな意味をもつが、これは地域や階層による差異が大きく一律には論じられず、今後に残された課題である。ただ明治中後期、日露戦争後には一般的傾向としてその範囲が拡大されていったことはいえよう（通婚圏については、古くは瀬川清子『婚姻覚書』をはじめとする諸研究がこのことを論証している。最近では、重松正史「日露戦後農村の社会秩序と政治」が、名古屋市に近い愛知県の一村について女子の結婚にもふれて興味深い研究を発表している）。伝統的な結婚式がくずれて、新しい方式が求められるのは、通婚圏のひろがりと直接かかわっている。それは農村の問題であるとともに、都市生活者の問題であった。

また女が自分の労働によって「現金をもつ」ようになったことは、女の社会的活動にも新しい動きをもたらした。すでにみたように日露戦後、地方改良運動のなかで、各地に婦人団体が生まれる。これらの団体の活動の一つの特徴は、教化活動だけでなく副業指導、授産に力を注いでいることである。それは、日露戦後の重税などによる農家の窮迫への対策という意味も大きい。しかしそれだけでなく、女たちが自分たちの労働で資金をつくり、婦人会・処女会などの活動をするという意図が強い。

そのなかで女たちが主体的に農事の技術を学び、衛生や育児、料理などについて学習する。風俗矯正というかたちで、伝統的習俗の見直しも取り上げられる（その代表的団体は報徳会婦人会であり、機関誌『斯民』にはその事例が多く報告されている）。しかしながら、授産によって女たちがかちえた資金や冠婚葬祭の簡素化によって生み出されたカネと時間は、貯蓄やいっそうの勤労となって、収斂されていった。それは「家」を支え、国家や地域の経済に寄与したとしても、個々の家族の生活の合理化や、女の労働の軽減に向けられることは少なかった。一九一〇年代までの農村の女の社会的活動は、こうして、農村の生活の枠を組み替えるにはいたらなかった。一九二〇年代以降の大正デモクラシー運動のなかでの生活改造の叫びが、これをどこまで実現したか、さらに戦時体制のなかで女性が生活の改造にどのように取り組み、それがいかなる役割を担ったかは、今後追究されるべき課題である。

参考文献

有地亨『近代日本の家族観　明治篇』弘文堂　一九七七年。

金子幸子「不婚論争一九〇〇―一九〇一年」『総合女性史研究会近代部会報』一　一九八四年。

蒲生正男「日本の婚姻儀礼――伝統的社会の女性像に関する一考察」『明治大学社会科学研究所紀要』五　一九六七年。

神立春樹「産業革命と地域社会」『講座日本歴史8　近代2』東京大学出版会　一九八五年。

近世女性史研究会編『論集近世女性史』吉川弘文館　一九八六年。

近世女性史研究会編『江戸時代の女性たち』吉川弘文館　一九九〇年。

重松正史「日露戦後農村の社会秩序と政治」『日本史研究』三二六　一九八九年。

女性史総合研究会編『日本女性史3　近世』東京大学出版会　一九八二年。

瀬川清子『婚姻覚書』大日本雄辯会講談社　一九五七年。

千野陽一『近代日本婦人教育史―体制内婦人団体の形成過程を中心に―』ドメス出版　一九七九年。

暉峻衆三編『日本農業史』有斐閣　一九八一年。

中村雪子「農村と女性」『母の時代　愛知の女性史』風媒社　一九七四年。

小林輝行『近代日本の家庭と教育』杉山書店　一九八二年。

湯沢雍彦『図説現代日本の家庭問題』日本放送協会　一九八七年。

南博編『近代庶民生活誌9　恋愛・結婚・家庭』三一書房　一九八六年。

安丸良夫「「近代化」の思想と民俗」『日本民俗文化大系1　風土と文化――日本列島の位相』小学館　一九八六年。

藪田貫「女性史研究における近世」『歴史評論』四四三　一九八七年。

柳田國男「明治大正史世相篇」一九三一年（再収『定本柳田國男集24』筑摩書房　一九六三年）。

二　地方史のなかの女性を考える

はじめに

地域女性史や生活女性史ということが近年さかんにいわれるようになり、数々のすぐれた研究も世におくられている。こうした関心は県史、市町村史をはじめとする地方の歴史の研究のなかにどのように生かされているのだろうか。中央の運動や著名な人物の歴史以上に地方に埋もれた女性の生活を掘り起こすことはむずかしいことと思う。断片的な記録や何気ない証言のなかにこれをさぐりあてなければならないし、またこれをその地域の歴史全体のなかにどう位置づけたらよいのか、また地域の歴史そのものに女性の視点をつらぬくにはどうしたらよいのかも、またいうべくして困難な問題である。

数年来一つの地域の女性の歴史を追っての感想である。ここでは茨城県結城市の二つの事例を紹介しながら、こうした感想を反芻してみた。（本論では歴史用語として「女工」「工女」を使用している。）

1　家計簿にみる商家の生活と主婦

明治末期の家計

茶箱のなかから見つけ出された数冊の帳簿、「明治四十四年勝手入用控」「大正六年家事雑費〇《(欠)》」「大正十四年家事費覚」などと書かれたそれは、茨城県結城町(現結城市)にある商家(Y家)の家計簿の一部である。Y家は運送業を中心に手広く事業を行い、地方銀行の役員をつとめた家である。家計簿といっても、おそらくこの家の主婦と思われる女性の筆跡で日々の金銭支出を書きとどめたものであって、購入品の単価や数量が書きこまれたものは少なく、年次の途中からの記帳や余白を残したものなど不完全なもので、これによって物価や生計費をうんぬんすることはできない。しかし明治末年から、第一次大戦期をへて昭和初期まで書きつづけられた記録からは、この変動多い時代の一つの家の生活の一面がうかがえると思う。

まず購入品目や金銭の使途から明治末年の生活をみると次のようである。

(一)　食品　一九一一(明治四十四)年十一月

野菜　さつま芋、大根、人参、ねぎ、ごぼう、つけ菜、青菜、きのこ
魚肉　豚肉(5)、さけ(3)、鯛、いわし、さんま
果物　みかん(2)、なし(2)、かき
調味料　醤油、砂糖、味噌
その他副食品　半ぺん、納豆、豆腐、天ぷら、そば
嗜好品　酒(4)、ビール(一本)、菓子(毎日)

―( )の数字は回数、( )のないものは一回、ただし野菜は数回ずつある。―

このように書きならべると食料品の品目、とくに野菜、調味料の少ないことに気づく。米はまったく購入していないことから考えて、米や野菜の自給あるいは現物での入手があったかと思われる。

この品目を同じころの結城地区の地主永藤家のそれと比較してみると（『結城市史　近現代通史編』以下『結城市史』）、むしろ地主の家の場合のほうがバラエティーにとんでいる。しかし、永藤家の場合は保存食的なものが多いのに対し、Y家のほうはその日その日の副食品的なものが多く、ときには惣菜やいわゆる〝てんやもの〟もあって、すでに明治中期より各種商店や飲食店がならんでいた（前掲『結城市史』）商業の町での商家の生活を思わせる。菓子を毎日のように購入していることも客の出入りの多い商家の日々がうかがわれる。

(二)　衣料品　一九一一（明治四十四）年十月より一二年七月まで

裏地二反一円五〇銭、真綿、中綿、足袋、羽織ひも、袖口、半衿、男物シャツ、その他

ほとんどが和服の小物で反物や洋服などの購入はない。これに対して目につくのは洗張、染物、夜具仕立賃などの多いことである。当時の衣生活は既製品や新しい反物・寝具の購入は少なく、洗張、染め替え、仕立直しといった再利用が多く、裁縫が主婦の主要な家事労働であった時代の生活を物語っている。これらの品もほとんど近隣の呉服店、小間物店から、ときにはつけで購入しており、近隣商店との密接な関係を示している。

(三)　交　際

次に家計簿のなかで目につくのは仏そなへ、香料、病気見舞といったいわゆる交際費で「本家小供（ママ）」「〇〇小供小遣」というような親戚等の子供への小遣的なものが金額は少ないがしばしば出てきて、親戚、近隣、知人との交際が盛んである。

町内初午大会、びしゃもん堂節句寄附、大神宮寄附、えびす様、大山講会（ママ）、三ツ峠山講、住吉神社大々講、田間血方様（ママ）、成田不動初ごま、靖国神社など社寺への寄付献金、講が各種あることも興味深い。これら旧来からの祭祀や信心のほかに町内演説会、戊申会費、教育会費、町内日掛、婦人無尽、愛国婦人会費など町の有力者としての地域社会

でのかかわりも多い。戊申会は一九〇八年戊申詔書の趣旨にそってこの町でつくられた共同貯金のための組織であり、日露戦後の地方改良運動の一環としての勤倹貯蓄がさまざまのかたちで市民や婦人を組織しつつ行われていたことが知られる。

（四）教養・娯楽

こうしたなかでこの家の主婦個人の支出は五日ごとの髪結一〇銭のほか、さきの愛国婦人会費、雑誌『婦人世界』の定期購読料一五銭がある。『婦人世界』は明治末期に続出した婦人雑誌のなかでは比較的通俗的と評されていたものである。なおこの家では朝日、時事、国民、下野など数種の新聞が同時に二紙または一紙読まれていた。活動写真や三味線大さらいの記録もあるが、主婦自身のものであったか否かは明らかでない。

このようにY家の主婦の生活は、数日ごとの五円の入金（夫から渡されたものと思う）をもってごく日常の衣食生活を町内の商店でまかなっている。そのなかでつましく、しかも身だしなみをととのえながら町の有力商家の主婦として地域社会との交際、社寺への寄付、親戚への細かい心くばりをおこたらない日々であった。

大正期の家計

第一次大戦による日本の資本主義の飛躍的発展が民衆生活に明暗さまざまの影響を与えたことはいまさらいうまでもないが、このことは一庶民の家計のなかにどうあらわれてくるだろうか。そのもっとも大きな変化はなんといっても家計費の増大である。さきの一九一一（明治四十四）年と一七（大正六）年の大戦中のY家の家計費を比較すると、一一年の月平均三一・六八円に対し四一・四五円となっている。この変化は米騒動や戦後恐慌そして関東大震災をへて昭和恐慌にいたる好況不況のはげしい変動のなかでいっそう著しく、二八（昭和三）年にはこの数字は九五・六六円と倍以上にのぼっている。もちろんこの間にＹ家の家族構成その他が一定していたかどうか明らかではないが、少なくも家計簿のうえでは家族名等にはっきりした変化は認められない。矢木明夫『生活経済史』によれば、一〇（明治四十三）年から一四（大正三）年にいたる五年間と、大戦後の一九年から二三年の五年間を比較すると、米の小売価格は二二円七〇銭から四七円五三銭に二倍以上、醬油一樽は二円七五銭から六円二四銭、木綿一反は六二銭から二円五五銭に上がっている。Ｙ家は米を購入していないので、もしこれを加えれば家計はさらに膨張していたことになる。

当時結城町内でも生活困窮者が七、八〇名にものぼり、その救済が町の社会問題となり、周辺の村では小作争議が起こりつつあった（前掲『結城市史』）。町の上層にあるＹ家の主婦がこうした社会の動きを、家計を通して感じえたか否かは知りがたい。

しかし支出の増大は物価の騰貴ばかりではなく、生活の多様化・商品化による現金支出の増大も見逃せない。食生活をみても豚肉・鶏肉などの購入回数がふえているし、菓子嗜好品を中心に従来にない新しい商品が目につくようになる。たとえば牛乳、トンカツ、キャラメル、チョコレート、バナナ、カルケットなどがそれである。パン、ビールはすでに明治期に取り入れられているが、その購入回数がふえて生活への定着がみられる。日用品でもベルツ水、香水、ポマードがあらわれ、タクシーも使われている。こうした傾向は大戦後にいっそうすすみ、一九二九（昭和四）年の記載のなかにはコーヒー、ココア、アイスクリーム、カレーライス、ネーブル、サイダー、チキンライス、メンチボール、しゅうまいなどがみられるようになる。

またより大きな変化は暖房・光熱費にある。明治末年のこの家の暖房・光熱費は毎月灯油、木炭、石炭、薪のほか瓦斯料として二円六〇銭を支払っている。また一九一七（大正六）年の家計簿には電灯料が毎月記されている。この町では〇七（明治四十）年の陸軍大演習のさい、町内目抜き通りにガス灯が点灯され、一三年には電気会社が創設、町内に二〇〇〇灯の電灯がついたという（前掲『結城市史』）。支払っている料金（二円一〇銭前後）からこの家では三個の電灯がついていたのではないかと思われる。前掲矢木『生活経済史』によると二三年になっても電灯の普及は人口一〇〇につき東京で六一、大阪七二、茨城一八・二の普及度であったという。これは約五〜六人に一個ということで、ほぼ一軒に一個の割となる。この数字にくらべるとY家では三個がついていたとすれば、町の中心地にあり上層商家であったこの家では、新しい文化施設をいちはやく取り入れる条件があったことがわかる。電灯料金は二五年七月四円五〇銭から二九年四月六円二六銭にふえている。電灯の急速な普及がこの数字からもうかがえる。

昭和期に入ると自動車（タクシー）、電話通話料、ラジオ聴取料、蓄音器などの文字が家計簿のなかにあらわれ、生活の洋風化・近代化がこうしたかたちで地方の庶民生活のなかに浸透していくさまがうかがわれる。そしてそれによって家庭の主婦の労働や生活がどのようにかわっていったかということに興味がもたれる。がいまここではそれはおいて、この家計簿を通してみたこの家の主婦の役割について考えてみたい。

主婦と家計簿

女性の立場から家計ということを考えた羽仁もと子はすでに一九〇三（明治三十六）年に雑誌『家庭之友』を、一九〇八年には『婦人之友』を出して、清潔、簡素で合理的な家庭生活にとって予算を立てた計画的な家計のきりまわしが必要であることを教えた。それは日露戦後にふえていった都市の俸給生活者にとってきわめて有益な指針として受け入れられた。

第一次大戦期にはさらに数を増す給料生活者、サラリーマン家庭の切実な要求を反映して、雑誌『主婦之友』がこの問題を取り上げた。一般読者から模範家計簿を募集し日給四七銭の職工や、月収二七円の小学校教師、月収三三円の銀行員の家計の実例が載せられ大きな反響を呼んでいる。「生活難解決号」や「生活改良成功号」も主婦の体験記でうめられている。これらをみると、俸給生活者の主婦が生活の責任者として貯蓄から子どもの教育、家族の健康を考え、その家計を運営し窮乏を解決しようとする真摯な姿が感じられる。勤倹節約は良妻賢母の条件の一つでもあった。

こうした状況のなかでY家の家計をみると、月々の経費は数日ごとに五円を目安とし、そのなかで主婦は日常生活をまかない、その使途を報告するかたちで克明な支出の記録がなされている。それは必要に応じて増額される余裕があったが計画性に乏しく、一家の経済の全体を掌握しているのはむしろ夫であり、高額の支出はその裁量のもとにあったと思われる。そしてこうした家計のしくみは昭和期までまったく改革されていない。

婦人団体の中心でくりひろげた生活改善運動や、婦人雑誌の教える合理的な経済生活は、それが主として都市の俸給生活者を対象としたものであったためか、地方都市の商家の生活までを視野にいれることはできなかった。

2 募集人のみた製糸労働者

大正期の工女募集

年の暮れがせまると若い娘の群れが結城駅から汽車でそれぞれの郷里へと立っていく。そして約一カ月ののち、正月を郷里ですごした彼女たちは二〇人、三〇人とまとまってまたこの町に帰ってくる。なかには新しくこの仲間に加わった人も交えて……。

これは大正の半ばから太平洋戦争のはげしくなるころまで毎年繰り返された光景であった。大工場のない結城の町でただ一つの女子労働者の集団――それは県是製糸のちの鐘紡製糸会社の工場に働く人々であった。彼女たちは遠く長野県・山梨県・山形県などから会社の募集人に連れられてこの町にやって来た。この人たちがどうやって集められて来たか、また工場での労働と生活がどんなものであったか、この町の人々はほとんど知らなかったし知ろうともしなかった。わずかに、かつて県是製糸や鐘紡製糸の職員で募集人をつとめたK氏やT氏、女子労働者であったIさんがその思い出を語ってくれた。

K氏が徴兵検査を終えて県是に入社したのは一九二三（大正十二）年、関東大震災の直後であった。当時の県是製糸は一棟一〇〇釜の建物が三棟あり、工女は再繰工その他を合わせ約三五〇人、男子は事務、現場をふくめても一〇名くらいであった。これら工女のうち結城町の出身者は約二〇人、周辺の町村出身者が約五〇人にすぎず、他はみな遠隔地の出身者で、当時は長野県から来る者が多かった。

これら工女の募集は男子職員のしごとで、毎年十二月会社の閉業と同時に男子職員はみな募集人として各地に飛び、工女集めに奔走した。K氏は見習いから検番になったが、やはり募集員として各地をまわった。現在の栃木県小山市出身の同氏は主として地元の結城や小山地方や栃木県下を歩き石橋町あたりまで行くのがつねであった。しかしこの地域の農家では世間体をはばかり娘を工女に出すことをよろこばなかったので、募集は容易ではなかった。

そこで、ときには信越線沿いに長野県の坂城・屋代・篠ノ井方面におもむいた。この地方では諏訪をはじめ周辺に製糸工場が多く、娘が工女に出ることはごく一般的になっていた。したがって工女募集の競争もはげしかったが、また勧誘もやりやすかった。茨城県や栃木県ではとても娘を工女に出さないと思われるような裕福な農家の娘でも、この地方では勧誘に応じるという違いがあった。

募集の途次、見学した諏訪や岡谷の工場は技術や経営方法がはるかにすすんでおり、これにくらべて県是製糸は幼稚で放漫な経営であることを痛感した。労働者の賃金も安く、工女募集の競争では当然不利のようにも思えたが、またそれだけに労働の密度が低く、らくであるということから、その点にひかれて来る工女もあった。

教育の盛んな長野県では農家の娘たちは冬の農閑期は夜間の補習学校に通っているので、これが終わるのを待って、深夜その家を訪れて勧誘の話をした。そのため話がすんで宿に帰るのは午前一時ごろになり、夜ふけの千曲川を渡るときの風のつめたかったことは今も忘れられないという。

当時の県是製糸の工女は多くは他の製糸工場と同じように一年契約で前借金は一五円くらいであった。契約者が四〇人ほどにまとまるとあらためてトラックで迎えにいき荷物を運び、娘たちは汽車で高崎経由で結城に向かった。それはかつて明治初年に和田英たちが信州松代から富岡へ碓氷峠を越えていったことや、飛騨の工女が野麦峠を越えて岡谷の製糸工場に出稼ぎにいった物語を想起させる光景である。

昭和の工女

T氏が働いたのは県是製糸が鐘紡製糸として再生した昭和期である。このころには募集専門の職員がおかれ、季節を問わず一年中募集にあたった。県是製糸倒産のさい賃金が不払いのままであったという噂から、近隣からはいっそう工女になるものがなくなった。そして工場長の縁故から山梨県から多く集められ、その出身者が七〇％を占めていた。T氏は山形県東置賜郡の出身のため主に山形や新潟地方をまわった。集められたのは小学校卒業者が約九〇％、なかには義務教育を終わっていないものや身障者などもまじっていた。募集人は何日も旅館に宿泊しながら勧誘に歩き、募集費は工女の賃金を上まわるといわれていたため、おのずから無理な勧誘や違反を承知で一人でも多くの女性を集めなければならなかった。

こうした無理な募集は工女の側にも不満を抱かせ、途中で退業を申し出るものがあったり、故郷の両親から苦情をよせられることもあり、また夜逃げがあとを絶たなかった。夜中に荷物を工場の外に運び出したり、事前に町内の商店に預けたりして深夜に工場から逃げた。なかには最初から荷物を少なくして、身のまわりのものだけを持って来る者もあった。真剣に働く覚悟のものは一年分の衣類を行李につめて来ており、荷物の多寡によってその決心のほどがわかったという。またサボタージュもときどき起こり、ことに山梨県出身の工女は気が荒いといわれストライキでも何でもやるという気風があり、会社側はこれをおそれていた。

しかし工女の不満や相談は直接会社に向けられることは少なく、募集の責任者に向けられた。そしてこれへの応対によって翌年の契約更新や新規の募集に影響するため、募集人としてはとくに気をつかわなければならなかった。ときには工女を自宅に招いて食事をさせたり借金の相談にのったりした。借金の多くは病気の治療費であった。

当時の工場の就業時間は午前六時から午後六時まで、昼休みが四〇分のほかには休憩時間はなかった。日給は四〇銭くらいであった。毎月第一・第三の日曜日は休暇で、その日は町に出て小間物屋で化粧品などの買い物をしたり、柳川座を見たりするのが工女たちのわずかの楽しみであった。しかし工女たちは言葉のなまりが違い蛹のにおいがしみついているといって町の人からはうとまれ、ほとんど交流はなかった。したがって町の青年と結婚をしたものなどはなく、工場勤務の男子職員と結婚して町に住みついたものが少数いるだけで、大多数の人々は青春の何年かをこの町ですごしたのちそれぞれの故郷へ帰っていった。Iさんのように職場結婚をして現在もこの町に住み幸福な家庭を営み、かつて工女であったことを何のためらいもなく語ることのできる人はむしろまれな例である。

Iさんはなつかしそうに〝女工の唄〟をうたって聞かせてくれた。しかし最後に「昔は女工は人間とは思われなかった」とつぶやいた。

紬織りというすぐれた仕事をもつこの地方の農家の女性は製糸工場に働くことをきらった。やむを得ないときには東京に出て女中奉公をするほうを選んだ。この地方は、東京への女中の主な供給地であった。そして製糸労働者の苦しみやふるさとへの思いに共感し、ときには相談相手にもなり、またサボタージュや夜逃げをも辞さない彼女たちのしたたかさを知っていたのは、募集人とか検番といわれた同じ職場の男性たちであった。

おわりに

この二つの事例はまったく異なる女性の生活を語っている。一つは結城という町のまっただ中にあって、地域と深く結びつき、そのなかで完結している女性の姿である。一つは遠い他国からこの町に来て、ここで労働して去っていった人々の生活である。それは地域からはまったく無視された存在であった。前者は、その時代の女性全体のかかえた問題、家庭というものの築き方や勤倹節約の意味等々が個々の生活にどう反映し、どのような地域的な特徴があったか、などの問題のひそんでいることを気づかせる。そして後者は、地域の底辺にあり、疎外されていた人々の存在はこの地方の歴史のなかにどう据えられるのか、といったことを考えさせる。投げかけられた問題は地域の歴史のなかでまた女性史全体の流れのなかで今後深めていくべき課題である。

参考文献
矢木明夫『生活経済史　大正・昭和篇』評論社　一九七八年。
中村政則『労働者と農民』『日本の歴史　29』小学館　一九七六年。

三　女性・生活からみた地域の歴史

――静岡県小山町を例に――

はじめに

静岡県小山町《おやまちょう》は、県の最東端にあり、神奈川県、山梨県に隣接し、富士山と箱根の山々に囲まれた農村である。一八八九（明治二十二）年の町村制により、行政・教育・工業の中心となった六合村・菅沼村、純農村地域の北郷村・足柄村、富士登山口として知られた須走村が生まれた。一九一二（大正元）年には六合村・菅沼村が小山町となり、さらに五四～五六（昭和二十九～三十一）年の合併で北郷村などが合併し現在の小山町となった。人口は一九九五年現在二万二七八〇人である。

この地域の近代化の契機は同じ一八八九年の東海道線の開通と、九六年富士紡績株式会社（富士紡）の創業であった。東海道本線によって町の東端に「駿河小山駅」（現在のJR御殿場線同名駅）が設けられ、東京や沼津・静岡との人の流れ、物資の輸送を盛んにし、都会の情報をもたらした。富士紡も、この交通の便と豊富な水を求めてこの地に開業した。富士紡は、日清戦争後の産業革命の波にのり鐘紡につぐ第二の紡績会社に発展し、この地域の産業や住民生活に多大な影響をもたらした。

この地域の農業は米作と各種の蔬菜栽培であった。比較的高冷地で、富士山の火山灰に覆われたこの地域の農業はけっして豊かであったとはいえない。明治中期からは養蚕業が盛んになり、大正初期には六七％から八七％の農家が養蚕を営んだ。明治前期の例でみると、北郷地区などでは、農家の家族数は平均七人で、農業には平均男一・九人、女一・七人が従事しており、最低でも一家で男女一人ずつがペアで行っていた。養蚕が盛んになると男女の季節雇いが加わるが、女性は一家の重要な働き手だった。

この地域では、明治初期から学校教育の充実のために住民が物心両面からこれを支えてきたが、女子の就学はなかなかすすまなかった。とくに農家では、家業の手助けや家人の病気看護、子守のために、子どもが学校を退学したり欠席したりすることも珍しくなかった。しかし、日露戦期になると就学率を上げることに、村人や学校がいっそう関心をもつようになった。この時代には、女性の母親としての役割が重視され「女子を学校を出すことは農家においてむしろ男子より必要である」とさえいわれる。こうして一九〇三（明治三十六）年には就学率は男子九七％、女子八一％に達した。しかし、これは在籍数で実際の日々の出席者とは開きがあった。その一方で、高等小学校や、家事や裁縫を中心にした補習学校、また隣接町村の女学校に通う者もしだいに増加していった（『小山町史（以下『町史』）第八巻　近現代通史編』）。

このような明治期の地域の実態を前提に、ここではその後、大正デモクラシー期、戦時期、戦後初期、高度成長期など大きな変革の時期に、この地域の生活がどのように変わり、そのなかで家族の様相、女性や青年たちの労働や意識がどのように変化し、またそれが地域にどう反映していたかを考察したい。

（本論では歴史用語として「工女」「女工」を使用している。）

1　大正から昭和へ　女工・主婦・娘のくらし

富士紡の創業と女性労働者

明治の半ばまでの小山地域の女性の姿といえば、いうまでもなく大多数の農家の女性とごく少数の商家などの女性であった。富士紡の出現はこれを一変させた。一八九八（明治三十一）年富士紡小山工場の創業にあたって男工二〇五人、女工八三〇人、計一〇三五人が採用された。この人々は富士紡の会長富田鉄之助がその故郷仙台市の市長に依頼して募集したもので「女工のみならず男工まで合せて一千有余名がたちまち小山に集ってき」て、工員の募集にはあまり苦心を要さなかったと『富士紡績株式会社五十年史』（以下『五十年史』）に記されている。

遠い東北の地から突然一〇〇〇人以上の男女が入ってきたことは、静かな小山の町にとってどんなに大きな出来事であったか想像に余りある。「一時はズーズー弁が小山の町を風靡した」（『五十年史』）といわれ、「筒袖に色とりどりの帯をお太鼓にしめ、なかなか色彩濃厚であった」ともある。この人々は「女工」とはいわれず「工女さん」と呼ばれていた。そこにはまだ、女工を町の人たちが外部から来たお客様としてみていたという感がこめられている。

狭い小山の町が女工の町となった様子を一目瞭然に示すものは、六合村・菅沼村の人口構成の変化である。表5の(A)(B)に対し(C)は富士紡創業後の両村の人口の著しい増加、とりわけ人口の男女比のそれ以前との違い、女性人口の激増を示している。これはいかに多くの女性がこの町に入ってきたかを語っている。なお六合村の場合はややおくれて一九〇八年の富士紡第三工場の開業前後にこの変化があらわれている。

しかしこの時期にはまだ小山の町や周辺の村からの女工の募集は行われず、地元の「菅沼村ニ於テハ富士紡績ニ就

表5　六合村・菅沼村人口構成の推移

(A)		菅沼村他九カ村			
年次		戸数	人口		
			計	男	女
1887	明治20	611	3,548	1,773	1,775
1889	22	602	3,594	1,825	1,769

(B)		六合村				菅沼・足柄村			
年次		戸数	人口			戸数	人口		
			計	男	女		計	男	女
1890	明治23	264	1,688	844	844	360	1,994	1,034	960
1891	24	265	1,731	867	864	(1364)	2,050	1,058	992

(C)		六合村				菅沼村			
年次		世帯数	人口			世帯数	人口		
			総数	男	女		総数	男	女
1901	明治34	639	3,043	1,588	1,455	244	4,065	671	3,394
1902	35	657	3,037	1,588	1,449	259	4,097	718	3,379
1903	36	702	3,283	1,706	1,577	300	3,432	746	2,686
1904	37	611	3,139	1,552	1,587	304	3,246	745	2,501
1905	38	603	3,248	1,666	1,582	321	3,443	862	2,581
1906	39	702	3,731	1,903	1,828	333	5,087	956	4,131
1907	40	910	5,727	1,903	3,824	383	4,521	895	3,626
1908	41	1,092	6,638	2,187	4,451	378	5,576	1,745	3,831
1909	42	1,324	9,175	3,281	5,894	627	5,145	1,526	3,619
1910	43	1,569	10,118	3,607	6,511	651	5,196	1,546	3,650
1911	44	1,566	10,347	3,730	6,617	580	5,227	1,571	3,656

（出典）『町史第5巻』「小山の統計」1-1，1-2，2より作成．（　）内数値は原資料のまま．

キ従事スルモノ現今（一九〇一年）拾人ニ過ギズ」（『町史第四巻』）という状況であった。このため遠隔地から小山の町に女工が集められてきたが、当時の紡績工場一般の例にもれず富士紡でも初期から多数の逃亡者や退職者があり、その交替は目まぐるしかった。会社側はやむを得ず高い塀をめぐらした構内に女工を押し込め、みだりに外出を許さないばかりか、市街や村の要所要所に屈強の人夫を配置し見張りにあたらせたので、女工は地域の人々からは隔絶された存在であった。

一九〇〇年代になると会社は、女工の確保に頭を悩ますようになり「今後ハ可成当県下ヨリ募集シ相互ノ利益ト便利ヲ斗リ度」という趣旨の手紙と、改正した職工規則を静岡県下の町村に配り、積極的に県内から女工を募集することになった（『静岡県榛原郡川根村史料』）。この職工規則では男工一八歳以上、女工一五歳以上、第一期三年、第二期一年半と期限をきる定期工と、期限を定めない臨時工、規定の年齢に達していない見習工とあり、工賃は日給制と請負制とあった。採用にあたっては誓約書の提出を求めた。これには、工員は社則を守り期限中はけっして解約を申し出ないこと、しかし会社の都合により一時減給降給等や解雇があっても「聊カ苦情ヲ申間敷」など、会社側にとってのみ有利なことが盛り込まれ、対等平等な雇傭契約ではなかった。

その一方で会社は「清潔壮大な寄宿舎」を用意し教育を行うこと、一家を挙げて移住するものに住宅を提供すること、通勤工員には自炊舎を貸与すること、寄宿工女の外出制限を緩和し見張番を廃止することなど、諸々の対策を設けて労働者を確保することにつとめた。これまでは工場と寄宿舎に囲いこまれていた女工がその家族とともに地域に住むことが始まって、地域とかかわる契機がつくられていった。さきにみたように一九一〇年代に入ると富士紡第三工場が開業し、一九一〇（明治四十三）年には職工数八九〇〇人余うち七二〇〇人が女工であった（『小山の統計』『町史第五巻』）。町には飲食店四〇軒余、その多くが職工を相手とするもので小山の町の賑わいがひろがった。

小山の女工と友愛会

さきにあげたような女工に対する待遇改善策によってこのころから女工の逃亡はなくなったと『五十年史』は記している。しかし実際には逃亡があとを絶たなかったことを『静岡民友新聞』等は報じている。さきの誓約書にみるような女工の無権利状態や深夜業などの劣悪な労働そのものは、容易に改善されることなく労働者を苦しめた。そしてこれへの抵抗の一つはそこから逃げ出すことであった。新聞には鉄道の線路沿いに女工が逃亡する事例を数多く報道している。なかには逃亡した女工が東京にたどりついたがそこで所持金を奪われ、ふたたび小山に戻された記事などを掲載している。

また一九〇四（明治三十七）年八月のある夜工場を出て、降雨のなかをはだしで歩きつづけ、神奈川県大磯町で疲労のために保護された三名の女工があった。宮城県出身の一七歳・一五歳・一四歳のこの三人は工場の虐待に耐え切れずに逃亡、鉄道沿いに大磯町に着いたときは所持金はおろか所持品もいっさいなかった。同町役場ではこのまま出立させては「長途の行路心痛に不堪」、とくに横浜・東京のごとき繁華な土地が通過地で誘拐の危険もあることから、三人の出身地の村役場に照会し出迎えを依頼した（「神奈川県大磯町役場史料」）。小山の町ではうかがい知ることのできなかった女工の姿が、はからざる機会を通して一般社会に知られていった。

やがて女工の抵抗は逃亡や退職だけではなく待遇の改善を積極的に求める運動へと変わっていった。〇六年には労働大会が企画されて①賃金男工七〇銭、女工五〇銭、②衛生・健康の改善、③自由を与えよ、④労働時間八時間といった具体的な要求を決議している（『町史第四巻』）。さらに一二（明治四十五）年には賃上げを求める女工の同盟罷業の動きも起こっている。

そして同年（大正元年）八月、労働者の組織として友愛会が鈴木文治を中心として結成され、一三年七月には小山支部が発足した。友愛会はその綱領に相愛扶助、知徳と技術の向上、協同の力による地位の改善を掲げた労資協調の団体で、小山支部には朝倉毎人小山工場次長（のちに工場長）などの幹部、美普教会（後述）牧師の高山豊三、十輪寺住職菊池良三、正福寺住職八重山宗恵をはじめ知名人が賛助会員として加わった。

小山支部の発足に先立って友愛会は女子労働者を準会員とすることを会則によって決めた。いうまでもなくこれは富士紡小山工場の女子労働者を念頭においてつくられたものである。そして発足時には三人、一年後には一五八人の女性が準会員になった（ただしこれは中途退会をふくめた累計の入会者であろうといわれている（『静岡県労働運動史』））。小山支部の結成は友愛会が女子労働者を組織する道を拓き、一六年には友愛会婦人部が生まれ、機関誌『友愛婦人』も発行されてこの後の紡績労働者をはじめ女子労働者の組織化と運動の発展に大きく寄与した。しかし小山支部は一六年には高山牧師の他教会への転出、朝倉工場長の転勤によって協力者を失い衰退した(1)。

キリスト教会と女工

富士紡の出現は小山の町にとって単に産業の発展や町の経済の繁栄をもたらしただけではなく、友愛会支部の結成にもみられるように、新しい思想や文化がこの地に波及し、それらの全国的な潮流の一環に小山の地域が組み込まれていく契機となった。その一つがキリスト教教会の設立であった。一九〇一（明治三十四）年美普教会（メソジスト・プロテスタント教会）が小山に伝道を開始した。美普教会はすでに一八九〇年に静岡市を中心に浜松・江尻・蒲原・鷹岡などで活動を行っていた。一九〇一年に小山に伝道を開始したのはいうまでもなく富士紡の存在を意識したものである。

〇七年には美普教会小山講義所の会堂が小山町の音淵に建設された。そして毎週沼津教区から伝道師が出張して布教活動にたずさわり、この町がきわめて有望の地であるとの報告を教会本部に提出している（『町史第四巻』）。一二年には「前途有望、毎回出席多きのみならず紡績工場第四工場内でも毎月一回集会を開くに至れり」（『日本メソジスト教会第五回東部年会記録』）とあり、町民と紡績労働者がこの教会の集会に参加していたことがわかる。一八年には伝道師は「富士紡績の大工場あるため出張毎に三、四回の講義を開き、役員及工男工女間に道を志すもの漸次多きを加ふ」と報告している。

友愛会が小山に支部をつくる契機となったのは、美普教会の高山豊三牧師と夫人が紡績労働者の悲惨な生活に心を痛め、その改善に力をかしたいということにあったといわれ、高山牧師は小山支部の中心的な存在であった。それだけに、小山支部が短時日で衰退した原因の一つは高山牧師の転任のためとさえいわれている。

美普教会の布教の内容や女子労働者への影響について具体的に知るよしはないが、同じころ一二歳で宮城県から上京し東京の紡績工場に働いていた山内みな（のちの友愛会の活動家）は、その自伝『山内みな自伝』のなかで同じようにメソジスト教会に日曜ごとに通ったことを語っている。教会の集まりで彼女は日ごろの工場生活のなかでは得られなかった知識を得、「文化的要求を満たすことができた」と述べている。また「自分の考えを述べることを覚えた」ともいっており、女子労働者にとってキリスト教会の存在は信仰だけにとどまらない知識や教養を与えてくれる場であったと思われる。それは小山の美普教会の場合も例外ではなかったであろう。

音淵の美普教会は一九二一（大正十）年にはこの地に幼稚園を開設した。なお美普教会では戦時下になって軍部の圧力が加えられながらも、県下の吉原教会から通ってくる牧師によって布教活動が続けられた。

労務対策にみる女工の姿

さきにみたように富士紡創業時には地元小山やその周辺の村からの就業者は少なかった。やがて地元からの就業者もふえて、なかには小学校児童で在籍のまま工場に就業するものもあらわれ、このことが一つの教育問題となった。その結果、工場と小学校との話し合いによって、これらの児童に対して学校教員が出張して工場内で授業が行われるようになった。これは地元の小山に新しく生まれた問題への対応であったが同時に、会社は工場内で学習ができることを女工募集のさいの条件にあげるようになった。昭和期に入り、深夜業廃止の後は労働者の余暇時間もふえたため工場寄宿舎での教育もいっそう充実した。名称も小山富士女学校と称して、毎週一〇時間、修身・裁縫はじめ各教科を教えた(『静岡県産業福利施設概要』)。また一九三三(昭和八)年小山町公民学校に女学部が設けられて、町内小学校卒業者で工場に通勤する女性の教育が行われるようになった。(2)

第一次大戦期以後には労働運動が激化し富士紡小山工場でも保土ヶ谷工場から活動家が訪れ、女工の同盟罷業を指導するような事態になった。これへの対策として全国の紡績工場で労働条件の改善と福利厚生施設の充実がはかられるようになった。経営家族主義を標榜する鐘紡などはその代表的なものであったが、富士紡小山工場でもさまざまな試みが行われた。その一つに寄宿舎の衛生管理の改善があった。これまでも工場寄宿舎での赤痢・腸チフスなどの伝染病発生は多かったが、一九一四(大正三)年には「寄宿舎ニ多数ノ悪疫患者突発シ出勤工女ノ数ヲ減ジ操業ニ苦シムニ至リ八月一日ニハ操業短縮実施一割休錘」(「富士紡小山工場一九一四年下半期営業報告書」)せざるを得ない状況となった。この後会社は町当局と協力してその予防に努力し、寄宿工女の健康管理にも注意を払い町民の覚醒にも貢献し、翌一五年には「寄宿工女ニ(伝染病患者発生ハ)僅カ一名ニ満タズ《ママ》」(「一九一五年上半期同報告書」)と報告されていて急速な改善が行われていったことがわかる。その結果一八年には工場探訪の新聞記事に「富士紡の(衛生管理は)やゝ理想に近いのには一寸意外に感ぜられた」と報じられるようになった(『町史第四巻』)。

またこの時代になると、娯楽をかねた教化活動がさかんに行われるようになり、たとえば三月三日には工場の娯楽室で雛祭りが行われ、菊池布教師(十輪寺住職菊池良三か)の講話が行われた。講話では「女性にとっては女らしくということが何より大切でこれが婦徳の根本である。女性は修養が必要、美徳を養いそれぞれつとめはげむことが君の恩と衆生の恩に報いる道である」と訓している(『富士のほまれ』一九二一年三月三十一日)。女子労働者に女らしくあれと婦徳を説くのは、友愛会婦人部機関誌『友愛婦人』の誌上などで鈴木文治が語り教えていたことと共通している。

また小山工場では一九二一年には、工員が休憩時間に歌う歌を音楽家に依頼して作成した。これについては「軍歌式ではなく、民謡調を加味した芸術味のあるもの」を要望した。その歌詩は「心をこめて勤務のあとに、来るは楽しい休み時……鳴る汽笛、それ鳴る汽笛」（以下略）といったもので午前・午後の休憩時間に歌わせることとした。会社が労働者たちの心をなごませ、労働にはげむよう腐心していたことがうかがえる。

その一方で会社は一九二三年から二六年には永年勤続者の表彰を行い、反物一反を賞品として贈ったり、勤倹貯蓄を標榜して毎月ごとに貯金や家族への送金を行わせてその氏名や金額を『富士のほまれ』誌上に発表している。この貯金は小山以外の富士紡工場でも同時に行われた。これによると、たとえば二一年二月には小山の五工場で送金者は九〇九名、総計金額は第一・第二工場で九五三七円七〇銭、第三・四・五工場で一万四一七三円六九銭にのぼり、もっとも多い送金者は六五六円で一〇〇円前後から数十円の送金者が多い（この金額は各人毎月の送金額ではない）。そしてこうした送金によって郷里の親が二階建の家を建てた事例などが「生きた教訓」として同誌に掲載されている。

かつては苛酷な労働に耐えかねて工場を逃亡していた女工たちは、改善された環境のなかで一〇年・一五年と勤続し、その成果としての貯金を家族に送金することが孝行であり善良な女工であると教えられて、いちだんと労働にはげむことになった。

なおこの『富士のほまれ』誌上の貯金送金一覧表は、はからずも女工の出身地を知る手がかりを与えてくれる。これによると一九二〇年代に、小山工場の女工の出身地としてもっとも多いのは静岡県とともに宮城・秋田・山形・青森など東北各県である。その他ほとんど全国の県・北海道に及んでいる。またここには沖縄県の出身者の名はみられないが、この後一九二三（大正十二）年関東大震災のさいの府県別被害死亡者一覧のなかには沖縄県出身者の名がみられる。さらに日中戦争期、労働力不足が激しくなるにつれて沖縄県出身者の募集はより積極的に行われるようになった（後述）。

この時代の富士紡の労務対策の一つとして見落とせないものに工場内託児所があった。一九一九年の協調会『紡績業労働事情』の調査では小山工場の満五歳以下の幼児をもつ女工は二八八人で、通勤女工の一八・七％に相当し、その子どもの数は三五九人にのぼった。戦前の紡績女工は若年未婚が一般的と考えられているが、この時代には結婚・出産後も働き続ける者、また町内周辺の農村から工場に通う既婚女性もふえつつあったことがわかる。これらの母親労働者と子どものために工場内に託児所が設けられた。小山工場では一四五人の人が託児所を利用し、その他の母親労働者は子どもを他に預けたり、自宅において老人など家族が世話をしたり、また授乳時間に工場に連れて来たりする例が多かった。遠隔地から働きに出て来た若い女性にとっても、また小山の地域に住みながら工場に通う母親労働者にとっても、ようやく福利厚生の施設や対策が始まったとはいえ働きつづけることは容易ではない時代であった。

小山町主婦会

富士紡の発展にともなって女工の数がふえたばかりでなく、男性の職工・職員の数も増加した（『町史第四巻』）。そのなかに旧来からの小山町やその周辺の村の出身者もあったが、東京その他から職員として赴任した人もあった。小山の町には現代と同じような給料生活者とその家族が数を増していって小規模ながら都市のサラリーマン型の生活が出現し、この人々を中心に消費生活の都市化や文化・娯楽の賑わいがみられるようになった。

そして関東大震災の後には、この町の主婦たちが組織をつくって活動するようになった。震災の被害の甚大であった小山地域では、その復興に向けて行政と住民一体の取り組みが始まった。その一つとして生まれたのが小山町主婦会である。小山町主婦会は富士紡工場長朝倉毎人の夫人きわが中心となり、町長・小学校長・富士紡工場長・宗教界代表などを顧問に、一九二五（大正十四）年三月発足した。会員は三五〇名であった。

主婦会は本部を町役場内に、支部を菅沼・茅沼・大久保等町内一〇地区において、その地域の主婦（未婚者も入会可）を網羅する地域的な組織であった。会の趣旨は、震災後に始められた勤倹奨励運動の実行母体となるとともに「婦人ニ必須ナル知能ヲ開発シ以テ人格ノ向上、生活ノ改善ヲ図リ伴セテ社会ノ風紀改善ヲ計ル」ことをその規約に掲げた。そしてこの趣旨の実践のために、①時刻ヲ確守スルコト、②屋内ノ清潔・整頓、③家事ノ精励、読書修養ト子女ノ教育、④家庭ニ於ケル内職奨励、などの実行項目を取り決めた。最初は会員に入会金五銭と節約による毎月五〇銭の貯金を義務づけた。やがて昭和恐慌期に入り勤倹節約はいっそう切実な課題となったが、不況下に入会金や貯金の義務の負担に耐えない人が出たことから、一九三一（昭和六）年にはこれを廃して町内の主婦全員を会員とすることになった。

このころになると主婦会の活動は教化・授産等多角的なものとなった。いまその主なものをあげると、

（一）①絞り染めその他染色講習　②洋服裁縫　③洗濯講習　④足袋裁縫講習　⑤編物講習　⑥家庭料理講習　⑦盛華（花）講習　⑧簡易女帯講習　⑨衛生講習

（二）①竈・台所検査　②乳幼児愛護デーにおける乳幼児育成の知識の普及

（三）生活改善とくに結婚改善・神前模擬結婚式練習・結婚式服の貸し出し

などである。（一）の各種講習にはそれぞれ東京などから専門の講師を招聘し、毎回数十人から百数十人が受講した。また著名人を招いての講演会も開かれて、その活発な活動ぶりは駿東郡下の主婦会・女子青年団のみでなく神奈川県下の婦人会や女学校教員が見学に訪れるほどであった。

主婦会の活動のなかでもとくに創造的であったのは、家庭の襤褸《ぼろ》を利用し、これをさいて織り婦人用の単帯《ひとえおび》を作成

することであった。これは坂田公時の出生地にちなんで山姥織《やまんばおり》と名づけられた。農家で使用する在来の織機を使い経糸には木綿糸や絹糸を、緯糸には古布を幅三分（約一チセン）にさいて織った。一本の作成には五、六時間を要し、一日一本ないし一本半作成することができ、工賃は一日三〇銭ないし五〇銭となった。これは美的で実用にも適し全国にその名を知られ、各地からその原料としての襤褸が毎日送られてきて、製品を全国的に販売し年間約三〇〇〇本（一九三四年）にも達し、主婦会の主要な授産事業となった（『町史第五巻』）。このように小山町主婦会は、関東大震災から昭和恐慌という、地域にとってもまた個々の家庭にとってもきわめて困難な状況にあったときに、これを家庭経済をあずかる主婦の手によって打開し、地域の活性化をはかることに大きな役割を果たした。

昭和に入ると時の政府浜口内閣は緊縮財政と国際協調外交を掲げ、とくに金解禁の断行のために国民の協力を求め、消費経済をあずかる家庭の主婦の協力を期待して積極的な動きを示した。組閣間もなく浜口首相・井上蔵相・安達内相の三閣僚がはじめて婦人界の代表を招いて懇談したり、女性の集会に出席してガス・水道・電気の節約や不用品の不買、時間励行などの具体的要望を提示した。これを契機に婦人団体による積極的な勤倹節約や生活改善の運動が展開された。小山町主婦会の活動は、このような全国的動向が地方の町にも敏感に反映したことを物語っている。

一方文部省もこの経済困難が家庭崩壊や思想悪化に発展することを恐れ、「家庭教育の振興ニ関スル訓令」を出して母親の家庭責任の自覚を訴え、主婦や母親の啓蒙と教化のために大日本連合婦人会（連婦）を結成、市町村の婦人会や宗教団体の婦人会を行政単位に組織していった。小山町主婦会も支部長以下幹部が連婦の機関誌「家庭」を講読して一般会員の指導にあたることを決めている。主婦会が事実上、連婦の下部組織として組み込まれていたことがわかる。小山町主婦会の積極的な活動はやがて満洲事変が勃発すると、女性の軍事援護活動の役割を担う素地ともなっていった。

処女会の結成

一九二〇年代には主婦会とならんで未婚女性の組織として処女会の結成がすすんだ。地方改良運動期の夜学会・青年会などと併行して始まったのが処女会であった。最初は少女会・婦女会などさまざまの名称で、その内容も小学校の同窓会であったり、娘たちの裁縫講習の集まりであったり多様であったが、しだいに処女会に統一されていった。処女会の理念や運動方針を確立したのは内務省地方局嘱託の天野藤男であった。天野はもと静岡県庵原郡庵原村の小学校の代用教員として同村の処女会を組織し、そこから処女会構想をつくり上げた。彼にとっては、農村経済を豊かにし若い女性が住みつづけられる農村を建設することが活動の眼目であった。そのために農村の娘たちに「都会生活の暗黒面を紹介し、都会に対する憧憬を冷却」せしめ、男性の背後にあって家庭や村を守ることを期待し、そのための女性の教育、風俗の矯正を目指した(3)。

第一次大戦期になると内務省・文部省の指導で各県や郡はそれぞれ処女会設置標準を定め、直接組織化に取り組むようになった。その基準に共通するものは、①補習教育、②体育奨励、③経済思想養成、④共同事業、⑤村の風俗改善、⑥青年との提携などであった。

一九一八（大正七）年四月には処女会の全国的組織として処女会中央部が設立され、機関誌『処女の友』が発行されて各地の処女会の結成がさらにすすんだ。静岡県下で天野が組織した庵原村処女会や賀茂郡稲取村処女会はとくに模範的処女会として喧伝された。駿東郡でも印野村の処女会の活動は活発であった。小山地域では二〇年に小山町処女会が、二一年には北郷村・須走村でそれぞれ小学校長によって処女会が組織された。北郷村では二一年の用沢支部会則が現存しており、このときにはすでに支部段階でも整然とした組織がつくられていたことがわかる。

この会則をみると、会は地域居住の一二歳以上の未婚の女性を会員とし「女子ノ徳操ヲ進メ勤倹ノ美風ヲ養ヒ之レニ必須ナル知能ヲ開発シ以テ良妻賢母タルノ素地ヲ作リ併セテ風紀ノ改善ヲ図ル」ことを掲げている。会の事業としては、①講話会および講習会、②補習教育の普及、③女子に必須なる学芸の研究、④手芸裁縫等の競技会成績品展覧会、⑤適当なる娯楽および遠足旅行、⑥善行者の表彰、⑦共同貯金、⑧その他をあげている。これは各県や郡の設置標準とほぼ同様で、中央の指導が地域にまで浸透していることが知られる。

処女会はさきにもみたように農村の女子青年を対象としてつくられたが、やがて工場労働者の組織化がすすめられていった。処女会中央部結成のときにもその評議員に富士紡小山工場長をはじめ各工場の責任者が名を連ねている。また一九一九年には中央部の工場巡回講演会が小山工場で行われていて、工場労働者がその視野に入れられていたことがわかる。友愛会婦人部の結成にみられるような女子労働者に対する労働運動の側からの組織化が進展することに対して、行政や企業の側からの労働者への働きかけが積極的に行われることになった。

小山町処女会も創設時には成美・菅沼小学校長らが中心で結成されたが、二四年には富士紡工場長の夫人で主婦会長の朝倉きわが会長に、副会長には成美小学校教員飯塚よし子が就任、地域の女子青年と女子労働者の共同組織となった。

小山町処女会の中心的活動家は飯塚よし子で、両小学校の女教員宅を会場に各地区ごとに修養会を行ったり、小学校教室を使って教科の学習などを行った。女子労働者は夜これらの集会に参加した。町民女性と女子労働者とが一同に会するために、飯塚は制服を決めてその融和をはかったりした。こうした細心の努力もあって小山町処女会は全国優良処女会の一つにあげられ婦人雑誌などに紹介された。その一つ『婦人倶楽部』一九二八年四月号には「工業都市を浄化する足柄山中の美しき織姫」としてその姿が紹介された。これには震災復興への努力など処女会の地域活動が記されている。また『処女の友』一九三六年十月号には「伸び行く娘達を育む一〇ヶ年の体験記録」として小山町処女会の活動が紹介された。

処女会の「巡廻日誌」

これまでみたような処女会発展の経緯はいわばその表の顔ともいうべきものである。これに対して処女会員の素顔をのぞかせるものが「巡廻日誌」である。これはさきにその会則を掲げた北郷村処女会用沢支部の会員のあいだで回覧された日誌で一九二五、二六（大正十四、十五）年分が現存する。これは「何でもよいから自分で思うことを一人一頁以内」書いて回覧したもので「なるべく筆（毛筆）で書くこと」が申し合わされている。全員を巡回しおわると支部長から本部にまわすことになっていることからみると、用沢支部以外でも行われていたと考えられる。

これによると二五年には七月・十月の二回巡回しており、いずれも農繁期にあたることから、どの頁にも田園の光景、農作業の労苦を記したものが多い。

「私は毎日山に出て働いて居ます。今日私は桑の草を取ったり、もろこしの作《（ママ）》をきつたりいたしました。これからはますます暑くなりますから皆さんおからだを大切にして共に一しよにたのしく少《（処）》女会のためつくしましよう」

「セミ鳴く夏も早や過ぎ涼風吹く気候となりました。今日は晴天私は一人野良に行き畑の草取りをした。たのしい農家に生れた私はひろびろとした野に行ききれいな空気を吸いさまざまな虫の声を聞きながら働くのはどんなに幸福でしよう。二度とない処女時代を働ける限り働き処女集会の時はわれさきに出勤いたしましよう」

このように娘たちはその日の天候や稲の作柄、蚕の様子などに心を配りながら汗を流した後の夜の休息にこの日誌をひもとき、仲間たちの言葉にはげまされつつ自分のくらしや思いを綴っている。「巡廻日誌」の性格上仲間に読ま

表6　駿東郡処女会修養会々員に関する調査

1. 職業ニ関スル調査

現在職業		理想ノ夫ノ職業								
		農業	商業	工業	教員	鉄道	公吏	官吏	軍人	計
農業	40	25	6	1	6			1	1	40
商業	12	2	10							12
工業	1			1						1
教員										
鉄道	1	1								1
公吏	1	1								1
官吏	1	1								1
軍人										
計	56	30	16	2	6			1	1	56

2. 過去一箇年間ニ読ミタル書物調

書物名	人員	書物名	人員
自然ト人生	4	婦人問題	1
思出ノ記	3	矯　風	1
女子ノ修養	3	模範美文集	1
婦人ノ常識	3	宗教ト信仰	1
出家ト其弟子	2	成長スル愛ノ生活	1
徒然草	2	激動ノ中ヲ行ク	1
死線ヲ越エテ	2	砂ニ描ク	1
歴史立志伝	2	心ヨリ心へ	1
家事実習読本	2	社会大学講義録	1
一年中ノ料理	2	女子書翰文	1
礼儀作法	2	聖　書	1
人生学	2	親愛ナル処女	1
間違ヒタラケノ衛生	1	那翁回想録	1
和洋料理	1	若キ日	1
食物調理	1	心	1
毎日ノ献立	1	日本女丈夫	1
弟　妹	1	女子裁縫ノ友	1
硝子張ノ中ノ人	1	夫ニ対スル心得	1
自ラ働ケ	1	破　戒	1
理想ノ農家	1	家庭衛生	1
百姓ダッテ人間ダ	1	育児法	1
教育訓話	1	人トシテノ道	1
道歌物語	1	武蔵野ノ一角ニタチテ	1
公民教科書	1	(以　下　略)	

3. 購読中ノ雑誌調

雑誌名	人員
婦女界	20
キング	17
主婦ノ友	16
希　望	13
婦人世界	6
向上婦人	6
泉ノ花	5
女　性	2
令女界	2
少女ノ友	2
実業新聞	2
婦人ノ園	2
処女界	2
少女倶楽部	2
科学世界	2
若　草	1
牛乳タイムス	1
畜産工芸	1
アルス婦人講座	1
矯　風	1
家庭ノ友	1
婦人公論	1
女子ノ友	1
婦人運動	1
緑ノ友	1
家庭婦人	1
文章クラブ	1
少年クラブ	1
浮　世	1
綾　錦	1
覚　醒	1
計	114

れることを意識しており、まったく飾らない真情が吐露されているとはいいがたいものがある。むしろ〝処女会〟という名で自らを律し、またこうした公開の日誌によって自分たちの労働と生活の意義を確認しあって、理想の女性像に近づく努力をしている様子が如実に読みとれる。

なおこのような当時の処女会員の意識を示すものに「駿東郡処女会修養会々員に関する調査」がある。修養会の組織・性格は不詳であるが、一九二五年に御殿場の日本基督教女子青年会館富士岡荘で第一回修養会が行われている。この年に行われたのは職業に関する調査と読書調査（表6）である。職業調査は理想の夫の職業について問うたもので、過半数が農業をあげているが商業・教員などへの希望もみられ、やはり時代を反映している。読書調査では修養・料理・衛生など実用書が多く、文学書では『自然と人生』『出家と其弟子』『死線を越えて』など当時のベストセラーが読まれ、読書の分野は広い。また雑誌では『婦女界』『キング』『主婦之友』が上位を占めている。『泉の花』は処女会の修養書として愛読された雑誌で、このように全国的に著名な雑誌のほかに女子青年に読まれたかくれたベストセラーがあったことを物語っている。

昭和の処女会

処女会の活動を長期にわたって記録した貴重な史料に北郷村の阿多野・吉久保処女会の「会務控帳」がある（『町史第五巻』）。これは一九二三年（大正十二）年から四五（昭和二十）年十月、敗戦後の解散までの二三年間の記録である。これによると同会は二三年までは活花・作法・折紙・家事・料理・袋物の講習などいわば未婚女性の花嫁修業を中心とした活動を毎月行っている。関東大震災が起こると、震災復興のために家庭副業の毛糸編物等の講習、密柑など物品販売や蚕の飼育・繭の販売による資金獲得などに活動の重点を移していく。

一九二七（昭和二）年になると、かねてから内務省・文部省のあいだですすめられていた処女会の解体と全国的な女子青年団体の結成が実現して四月二十九日（天皇誕生日）大日本連合女子青年団が誕生した。それと同時に静岡県でも県の女子青年団の結団式が行われ、阿多野・吉久保処女会からも代表が出席した。その日の感慨は「忠孝の本義を体し婦徳の涵養につとめる」等三カ条の綱領とともにくわしく記録されている。この後処女会の名称は女子青年団と改められるが、「会務控帳」のなかでは処女会という文字も使われつづけている。会の活動は県・郡の社会教育主事や中央から来訪の教育家の講話などが多くなり、会員の関心は個人的な生活問題から経済・社会などより広汎な問題に向けられていった。

戦時の女子青年・主婦・女子労働者

日中戦争が始まると、女子青年団の活動は、ほぼ連日の応召兵士の送迎や神社への武運長久祈願など軍事的色彩がしだいに増していった。この時期になると女子青年団は男子の青年団と共同で『団報』を発行する。そこには団員の多くが手記を載せている。男子のそれは、「我等青年の責務」「祖国を救うもの」など、戦時の青年の決意を述べたものもあるが、なかには農業のあり方や農民生活への懐疑を吐露したものもある。たとえば「農民生活に就いて」の手記は次のように述べている。「我等農民の生活ほど、哀れなものはありません。我等は都会人のために殆ど牛馬同様の労働を続けております。（中略）都会の労働者にも農民《(ママ)》にも《(ママ)》一視平等に見たい」。

これに対して女性の手記は「非常時女子の覚悟」などの表題のものが多く、「一粒のお米も大切に節約したい」など、一様に戦時下の決意を述べていて真情は述べられていない。

婦人会の活動にも戦時色が色濃くなる。在郷軍人会が地区の区長に、国防婦人会の会員募集の依頼を通達し、地域

表7　小山工場寄宿女子の出身地（1940年）

出身県	人数	出身県	人数
宮城	328	茨城	109
秋田	258	神奈川	36
静岡	241	長野	29
岩手	178	福島	21
山形	168	栃木	19
青森	164	新潟	7
山梨	163	その他	9
沖縄	127	計	1,857

（出典）『町史第8巻』.

婦人会は横滑り的に国防婦人会に組織されていく。会は廃物利用の鼻緒づくりなど従来の婦人会の仕事と同時に、出征兵士の見送り、戦死者の遺骨の出迎えにほとんどの時間を費やしている。一九四〇（昭和十五）年には愛国婦人会・国防婦人会ともに大政翼賛会に参加し、生活改善、節米増産、労力調整などに協力するようになる。しかし、当時についての聞き書きによると主婦たちはそれまでの地域婦人会と愛婦・国婦の区別を強く意識してはいない。

富士紡など紡績工場では、日中戦争期になると男子労働者が不足し、各地で女工の争奪が起こった。富士紡でも新卒予定者の獲得につとめたり、退職者の再就職を促したりすることが多くなった。また、これまで以上に積極的に沖縄での女工募集を行った。これを受け持ったのは沖縄県大宜味村の金城鍜助であった。金城は小学校長、村長を歴任し地元にひろく知られていた人物で富士紡の募集人をつとめていた（『町史第八巻』）。

金城は村の家々を訪ねて少女たちを募集した。応募した少女たちの集団は船で神戸に着き、会社からの迎えとともに小山に向かった。当時の沖縄出身の女工の人数は表7のとおりである。その中の一人で、その後、結婚して小山に住みつづけた一人の女性は、当時について次のように語っている。「はるばる内地に来て大都会を夢見ていたら山の中の小さな町でがっかりした」「駿河小山の駅に着いたとき、はじめて雪を見て塩かと思った」。そして「寄宿舎では沖縄の人はみな同室だったので、自分たちだけで、沖縄の方言でいいたいことを言い合った」といって笑った。沖縄出身の女工の多くは戦後帰郷したが、この地で病に倒れた人もあった。いま、その人々の墓が、他県出身の女工のそれとともに町の共同墓地の一隅にある。

戦争中の富士紡では軍需用の織布の製造を行っていたためか米軍の攻撃目標とされ、敗戦直前の一九四五年七月三十日、この山間の町も空襲を受けた。

2　農村の民主主義

敗戦直後の町村の表情

「昼の玉音放送は学校で聞いたように覚えています。とても暑い日で放送のあとは校長命令で職員室に集められていろいろな御注意がありました。『いったい明日からどうなるのだろう』ということでながい時間話し合ったりしている時、どうした訳か警報が出てあわてて防空壕にとびこんだりしました。……いくら話しても結論の出るすべもなくその日は終ったように覚えています」当時足柄小学校に勤務していた女性職員の一人は、一九四五（昭和二十）年八月十五日についてこのように記している（足柄小学校七十年記念誌『あしがら』）。必勝を信じて苦難に耐えてきた庶民の一人ひとりにとってはこの日の出来事はただちには受け入れられない衝撃であり、やがて「言いつくせない脱力感とむなしい暑さそして戦争は終ったという安らぎ」（『同誌』）が人々を襲った。

「戦争の終わったことを実感したのは明るい電灯がともったとき」、敗戦の思い出をこのような言葉で語る人が一般には多い。しかし小山町では八月十五日にも警戒警報が出され、十六日になお灯火管制を厳守するようにとの通達が出されていて、これが解除されたのはようやく二十日になってからであった（『町史第五巻』）。戦争の末期になって空襲の直撃を受けた小山地域の人々にとって戦争が終わり、空襲もない生活を実感するのには数日の日時がかかった。このことが示すように、八月十五日を境に新たな歴史の頁がめくられたといっても人々の心が戦争から平和国家の建設へと転換するのにはなお葛藤もあり混乱もあった。

虚脱感と困惑とに人々がつつまれているなかで九月に入ると米軍が進駐、同月七日には小山の町を通過し、占領が身近な現実となった。駿東事務所では各町村長宛に占領軍の進駐に対処する心がまえを通達し、そのなかで「特ニ婦女子ハ厳正ナル挙措服装ヲナシ徒ニ誤解ヲ招カサルヤウ留意スルコト」と注意を促した。駿東郡内の富士岡国民学校では占領軍による不測の事態をおそれて、九月末日までに六人の女性教員が退職するということまで起こった（『駿東教育史』）。こうした危惧は全国いたるところでみられており、米軍の進駐を町村の人々がいかに緊張をもって迎えたかがうかがえる。事実全国各地で占領軍による犯罪が発生したがその多くは表面化しなかった。その一方で食べ物に飢えた子どもがアメリカ兵の投げ与えるチューインガムやチョコレートに群がり、それをいましめる声が小山の学校関係者からもあがっている。

こうしたなかで占領軍は軍国主義の根絶と日本の民主化のための指令をつぎつぎに出した。そのもっとも重要なものは一九四五（昭和二十）年十月の「マッカーサーの五大革命の指令」といわれるもので、そのなかでも農村の生活にも直接関係の深かったのは、参政権の賦与による婦人の解放、教育の民主化、経済の民主化であった。十二月には農地改革の覚書、つづいて国家神道廃止の指令が出されて、戦前からの日本社会のあり方を大きく転換させることになった。これとならんで敗戦直後の小山の町・村の大きな課題となったのは、軍国主義教育の禁止、教育の民主化であった。これまで軍国主義思想の温床とされた小学校には矢つぎ早に細かい指示が行われ、直接府県軍政部の将兵が学校や役場に乗り込んで指導や点検をきびしく行い、町村の責任者や学校教員はその対応に大わらわであった。

学校教育へのこうしたきびしい指示はひとり児童の問題にとどまらなかった。学校は戦時中、戦意昂揚の行事や将兵の送迎の行われる場として地域の住民にとってもかかわりが深い場所であったからである。たとえば学校から奉安殿を撤去せよとの指示は町村民にとって衝撃的なことであった。足柄小学校ではできるかぎり原形をとどめないようにという指示にしたがって、奉安殿の千木・鰹木・菊花紋章を撤去しのちにこれを宝鏡寺門前に移した。成美小学校では翌一九四六年八月にいたってこれを小山神社に移築した。

神道分離の指令は「国家神道・神社神道に対する政府の保証支援保全監督並に弘布の禁止」というもので神道への国家の関与を禁じている。これによって、町内会・隣組にかわる新しい組織が神道のために強制的に寄付を集めたり、戦歿者の葬儀に官公吏が列席して公に弔意を表したり、学校や公共の建物を葬儀に貸与したりすることが禁じられた。また戦歿者の慰霊祭に日の丸を掲揚することも禁じられた（日の丸は決められた祝祭日には掲揚が許可された）。これらのことは当時の人々の心情からすると納得しがたいものがあり、これに違反する事例も多くあって再度厳重な通達が出された。

また武器の提出命令が出されて、軍事教練用具もふくめて個人や学校にある刀剣などが提出させられた。しかしこれも厳守されず、ひそかに売却したり青少年が使用することが頻発して一九四六年二月にあらためて通達が行われている。軍国主義的言論や思想への検閲がきびしく行われて、雑誌・出版物等をはじめ町や村の素人演劇の脚本や紙芝居の内容にまで及んだ。こうした急激な変革を迫られて地域の人々は困惑や混乱を起こしながらも、時代の転換を身をもって知らされていった。

家族制度廃止と農村

一九四六（昭和二十一）年四月十日、戦後第一回の衆議院議員の選挙が行われた。その投票率は全国で男性七八・五二％、女性六六・九七％であった。はじめて国政への参加が実現した女性の投票率は男性より低かったとはいえ、やはり女性がかなりの関心を抱いていることを示した。

これに先立って静岡県では、女性にこれまで公民教育が不徹底で、とくに戦時中は「学業放棄状態で相当に知的水準が低下している」ことを憂えて、市町村当局や学校職員・町内会長等を総動員して講演会・講習会等を行って女性の政治参加についての啓蒙につとめた。しかしその反面で「婦人参政により相当外部的に活動する諸種の婦人が生れることは必至であるが女性の真の職場と責任は家庭にあり」と一本釘をさすことを忘れなかった。この選挙で全国で三九名の女性議員が誕生し、そのなかには戦前から沼津・御殿場などで社会的活動を続けてきた山崎道子（藤原）があり、その劇的な当選は大きな話題となった。

翌一九四七年には町村制の改正によって女性の公民権も実現した。四月、第一回統一地方選挙が行われ女性の投票率は八〇％に達し、静岡県下で三〇名、駿東郡からは一名の女性が市区町村議員に当選した。当選した女性のなかには教育者・医師・産婆など職業をもつ人が多かったが、女性の進出は政治と台所をつなぐものとして期待され、新しい時代が地域のすみずみに訪れようとしていることを思わせた。

さらに新憲法にのっとって、四七年には民法改正が行われ、これまでの家族制度が廃止された。戸主・家督相続がなくなり、財産の均分相続、配偶者の相続権が認められ、結婚・離婚における両性の自由と平等が保障されることになった。このことは農村の生活、農家の家族には非常に大きな影響をもたらすものであった。

家族制度廃止の受け止め方も年齢・職業・性別等によってさまざまであった。当時新聞社が行った一つの調査はこれを端的に示している。それによると家族制度の廃止について全体としては賛成五七・九％、反対三七・四％と国民の過半数が賛成を示している。しかしこれを詳細にみると、廃止反対を望んでいるのは既婚の男性すなわちこれまで家長であった男性であり、職業では農漁業者がもっとも多く、ついで商業を営む男性であった。そして廃止反対の理由は、①伝統の美風が損われる、②尊族の扶養者がいなくなる、③祖先の祭祀をするものがわからなくなり祖先・系図・家名を保つことができなくなる、④大家族による労働力の確保が困難になる、などがあげられている。これをみると農業・商業者に反対が多かったことはそれなりの理由があってうなずける。これに対して廃止を積極的に望んだのは未婚の男女とくに女性であった。家族制度の重圧を感じて新憲法を積極的に受け入れたのは若い男女であった（「毎日新聞による世論調査」一九四七年三月『資料戦後二十年史』）。

「民主主義」の啓蒙

民主化のための諸改革の実を社会に根づかせるためには啓蒙・教育の必要が叫ばれたが、とりわけ農村では戦後大きな課題であった。しかし現実にはそれもけっして一直線にすすめられるものではなく、さまざまな試行錯誤をへながら行われた。

民主化の啓蒙・教育はまず中央では文部省、地方では県や地方事務所などの行政の主導により、地域の運動の新しい担い手を養成することから始められた。たとえば駿東郡地方事務所は一九四五（昭和二十）年十二月に婦人協議会の開催を各町村に呼びかけた。これは戦時中にすべての婦人を統合して戦争協力を果たした大日本婦人会の解散後、婦人の団体的修養協議等の組織がないこと、戦後の日常生活、家庭生活の振興、子女の教養等において婦人の使命が重大であることから、各町村の女性の代表者を召集し家庭生活の振興、隣保精神の発揮および社会生活の刷新をはかろうとしたものである。そしてわが国の家の特質と家族の心がまえ、家庭的行事、子女の教養と家風の樹立、勤労精神と一家協力などについて協議することを呼びかけている。この時点ではいまだ民主主義ということばは見出せず、戦時中と変わらない家族道徳や隣保精神によって戦後日本の再建をはかろうとしており、組織としても戦時中と同じような統一的な組織の再編成を構想していたことがわかる。

一九四六年一月には県・地方事務所は婦人会機構と役員の刷新、会長・役員等の総切り替えを提唱、つづいて二月には村内中堅人物養成講習会を企画し、町内会・部落会の新たな指導的人物の養成をはかろうとしている。ここでは各町村三名の参加を求め、うち一名ないし二名は女性とすることを条件としている点に目新しさがみられるものの、根本的な変革というよりは役員や指導者の首のすげ替えによって新しい時代の農村の課題に取り組もうとしていることがわかる。

さらに四六年九月には文部省の指示で社会教育の刷新のために社会教育委員の設置が行われた。これは国民道徳の昂揚、伝統的な婦徳の涵養、公民精神の普及による「新日本の建設」を目指したものである。委員の選任にあたっては文化人・教職員・宗教家・民間篤望家などから「民主的な方法により選択推薦する」ことになっていたが、小山町の場合をみても町会議長・議員・学校長・青年学校長・女子青年団長・婦人会々長など戦時中から町の指導的立場にあった人々が名を連ね、選択推薦の基準・方法において戦前戦時と変わっていない。戦後の初期には戦時中の指導層の人々によって、伝統的な慣習や意識をなるべく温存しながら新しい農村のあり方を模索することが行われたのである。

これに対して占領軍は総司令部に独立の民間情報教育局（CIE）を設置して、民主主義の育成に乗り出した。CIEは旧来の組織や行政主導の〝民主化〟には批判的であった。しかし民主主義の普及徹底を急ぐ地方軍政部は青年団や婦人会など既存の組織を利用して啓蒙活動を続けるという方法を選んだ。地方軍政部は直接地域の集会や学習の集まりに乗り込み、会合の議事のすすめ方や会則のつくり方、討論のしかたなど文字どおり民主主義のイロハからの指導を行った。

初期公民館とナトコ映画

地域住民の自主的な活動によって農村の改革を推進するために取り上げられたのは、公民館を拠点とする活動であった。北駿地域では中央の町村公民館的なものを設置するのではなく、部落公民館により活動を行う方法がとられた。北郷村の用沢公民館の場合もその一つであった。公民館の活動は当時、軍政部の要請により毎月三回その活動報告を県教育委員会文化課に提出することになっており、それによって公民館活動の姿を知ることができる。

今日残されているその記録は一九四八（昭和二十三）年十一月から五〇年末までの約二年間のものである。これによると公民館で行われた活動の主なものは、第一は読書会（蔵書貸し出し、読書についての感想の交換）・レコードコンサート・リクリエーション・弁論会などの文化活動で、主に青年団員を中心に行われた。第二は農業経営に関するもので、食糧増産についての研究会・篤農家座談会・農事関係調査・治水灌漑問題・農作物競進会・稲の作柄調査などで、村の住民一般が参加している。また公民館では婦人会員による奉仕作業が行われたり、正月祝い・成人式・慰霊祭なども行われて毎月八回から一〇回の利用がみられた。このように青年の文化教養の向上、農業経営についての研究から慰霊祭まで公民館の活動は多岐にわたっているが、地域の人々が住民自身の要求にしたがって企画を立て運営をしているという点において明らかに行政の上からの指導による画一的な活動とは異なる性格がみられ、そうしたなかから自主的な活動が芽生えていった。

やがて一九四九年、社会教育法の施行によって公民館は社会教育行政のなかに位置づけられ「市町村その他一定区域内の住民のために実際生活に則する教育・学術および文化に関する各種の事業を行い、もって住民の教養の向上・健康の増進・情操の強化をはかり、生活文化の振興・社会福祉の増進に寄与することを目的とする」と規定された。

静岡県教育委員会ではさらにこれを敷衍して、公民館は民主的社会教育機関であり市町村民の民主主義の訓練所であることを強調している。初期の公民館はまさにこうした機能を発揮していた。

民主主義の啓蒙は映画などを通じても行われた。それは占領軍総司令部より提供される一六ミリ発声映写機によるもので、教育事務所を通じて貸与された。ナトコ映写機という映写機による映画は、学校児童の観賞は第二義的なもので本来は成人教育を目的としたものである。フイルムは民主主義の啓蒙のためのアメリカ映画で、駿東教育事務所は「興味を欠くかと思われるが」と断り書をつけながらもスケジュールを組み、小中学校を会場に昼夜二回の上映で各地域を巡回し、学校生徒も参加した。当時足柄小学校生であった鈴木利昌は徒歩で町の中央劇場に引率されていきカラー映画「子鹿物語」を見たと語っている。地方農村では当時まだ娯楽の少なかったこともあり、全国で年間のべ約一億六〇〇〇万人もの人々が動員されてナトコ映画を見る機会をもった。そこに映し出されるアメリカの家庭生活や男女の姿が民主主義のモデルとして人々の心に焼きつけられていった。

社会学級の展開

民主主義の普及や政治意識の育成のために行われた活動に成人学級があった。文部省は戦後いちはやく女性の啓蒙のために学校を利用した母親学級の設置を呼びかけた。しかし女性だけの学習は男女同権を建て前とするＣＩＥの反対を受け、両親学級あるいは成人学級と名を改め男女ともに学習することとなった。

一九四九（昭和二十四）年、社会教育法が成立して法的にはこれを社会学級と称することになった。小山町でも小山中学校・成美小学校を会場として社会学級が開設された。一〇日間三〇時間を単位としたこの学級は一般修養講座・時局講座・郷土講座・保健講座などと銘打ち、町長・婦人会長・保健所長・富士紡工場長・学校長など地元の各分野の人材を総動員するほか新聞社論説委員・大学教授などを招聘して大々的に行われた。

これは現代の生涯教育やカルチャースクールを思わせる形態をとっているが、聴講資格は「研究心旺盛、討論研究発表能力のある者、現在将来にわたって指導・実践力ある者」であり「各部落の模範的人物」と規定されていた。このことからもわかるように社会学級は地域の指導的人物を養成することを目的とした行政主導の試みであった。占領期の社会教育や啓蒙活動は上からの民主主義の育成で、のちに「教養主義」「うけたまわり主義」といわれる性質をもっていた。

結婚改善運動

これまでみたような民主主義の制度とこれについての教育・啓蒙によって農村のくらしはどのように変わっていったのだろうか。さきにみたように新憲法と改正民法の家族制度廃止によって、封建的といわれた農村の家族の関係にもようやく風穴があけられた。これと同時に制定された新しい戸籍制度では、戸籍は一組の夫婦とその子どもによってつくられ、戸主の制度がなくなった。これは新しい家族の姿を象徴するものであったが、すべての家族の新しい戸籍へのつくりかえはそれから一〇年後の一九五八（昭和三十三）年に実施された。そのさいにも詳細な説明を行って旧来の家族制度の崩壊に対する住民の不安をのぞくよう努力するのが実情であった（『町史第五巻』）。

しかしその一方で農村の伝統的なくらし方や人間関係を少しでも改善していこうという試みもこの時期にはみられるようになった。その一つは結婚と結婚式のあり方の検討であった。民法改正の翌年一九四八年に駿東郡では町村会・婦人連盟・連合青年団の名で「結婚改善申合要項」が作成された（「足柄支所文書」）。「一色区結婚改善推進委員会規約」のように規約委員会をつくって、これに取り組んだ地区もある。結婚改善や出産・七五三・節句祝などのさいの儀礼や慣習の簡素化、経費の節約は明治以来しばしば繰り返されてきた。とくに農村の不況の時期や戦時下にそれはきびしく求められた。今回のそれも結納金の制限、衣類調度の簡素化、近隣披露の廃止などの取り決めは従来と異ならないが、この申し合わせ要項の力点はそれだけではなかった。それはまず冒頭に結婚の意義について次のように述べていることである。「結婚は両性の合意のみに基づくという新憲法の精神に立脚してよき子孫を得ると共に両性の愛情と信頼と尊敬とによってよりよき人生を創造するにある。従って過去に於ける誤れる結婚観並に結婚様式は之を打破して正しい男女の交際並に両親知人の意見を参考とし、真に人生創造への新出発を意義あらしめなければならない」。

そして婚約にあたっては「相性年まわり方角等の迷信は之を打破して健康第一・人物本位としましょう」、「婚約前両性の健康診断書を取り交わしましょう」結婚式は「出来る限り出合《（ママ）》結婚とし双方の父母・家族が参列」「届書（婚姻届）を予め用意して置き、式の際新郎新婦が捺印し神前又は仏前に供しましょう」と述べている。

ここには旧来の家本位の結婚を否定して愛情と信頼と尊敬によって男女が結ばれることに結婚の意義を認め、しかもその前提に合理的・科学的な判断や婚姻届の励行などを掲げている。これは戦前の結婚に対する考え方とは大きく異なっているばかりでなく、この後一九五〇年代の新生活運動などの主張にもみられないことである。一九五〇年代になるとここにあげたような結婚の意義を掲げることはなく、戦前の節倹規約等と同じような経費節約・儀礼の簡素化のみが取り上げられ、新憲法的結婚観の徹底ということは後退してしまう（『町史第五巻』）。

このような運動が地域の人々にただちに受け入れられ実行されたとはいいえない。後述の青年団の文集のなかなどには、新しい恋愛や結婚のあり方を求めてもなかなか親世代の理解が得られず「良いと思った事をどしどし実行できるような自分の力」を伸ばしたいという声が寄せられて、それの実現が容易なことではないことをうかがわせている。

しかしこの結婚改善運動の主張には、他の時代にはみられない戦後民主主義実現に向けての明るい息吹きがひしひしと感じられる。

基地周辺の問題

戦後復興と民主化は試行錯誤を重ねながら農村の生活のなかにも根づいていった。しかし戦後の日本は、それを明るい面とすればその影ともいうべき暗い問題を抱えていたことも見逃すことはできない。それは占領と米軍基地をめぐる問題である。

富士山麓に米軍が進駐した直後から特飲業者が女性を連れて御殿場に乗り込んできたことに始まって、米軍キャンプの周辺、とくに御殿場の街を中心に米軍兵士を相手とするビヤホール・キャバレーなどをはじめとする風俗業・飲食業が栄えた。朝鮮戦争開始後基地の拡大にともなってこれがいっそうひろがり、そこに働く女性は数百人からのちには一〇〇〇人にのぼったといわれる。これらの業者と女性の多くは他の地域から流れ込んできた人々であったが、基地近くにはこれらの女性に家や部屋を貸す農家もあった。こうした急激な環境の変化は青年はもとより中学生から小学生にまで影響を与えた。子どもが米兵や「夜の女」から物をもらったり、それらの女性の子どもの子守をして金銭を受け取ったり、学校を休んだりした。また女子生徒の服装が華美になり、それが農村部にまでひろがって学校関係者や父母を悩ませた。

対日講和条約の締結された一九五二（昭和二十七）年ごろになると、これに対する批判の声がしだいに大きくなった。「童心を蝕む売春婦の生態、学習意欲減退」「岳麓夜の女の生態、稼ぎの最高五、六万円」「岳麓の赤線地帯社会教育力の弱さ」などどぎつい表現でこれらの女性を非難する記事が新聞に散見するようになった。やがて「岳麓を乱すヤミの女の風紀粛正、立上った地元町村」（『静岡新聞』一九五二年一月十八日）とあるように駿東郡の一一町村の小中学校長・社会教育担当者・ＰＴＡ役員によって教育問題協議会がつくられ、対策要綱を決めてその解決に乗り出した。

一九五三年二月には参議院議員の藤原道子が国会で「基地周辺における米兵の暴行事件に関して」という緊急質問を行った。藤原はこれに先立って各地の基地を調査し、その結果についてのちに公表している（有泉亨・団藤重光編『売春』）。そのなかで御殿場周辺の場合についても詳細・具体的にその実状を報告している。そして「御殿場線某駅付近にある某大紡績工場におこった事件」として工場従業員の女性数人が御殿場に遊びに行ったところでだまされて〝悪の泥沼〟に転落していったことを記している。基地周辺の環境問題はこのようなかたちで小山地域にまで影響を及ぼしていた。藤原はこれはこの地域のみの問題ではなく全国の基地周辺で「この御殿場基地周辺にかもし出されているのと殆んど大同小異の事件や実例が無数に発生している」と述べている。

このような環境から子どもを守る運動が教育問題関係者や母親たちの手で五二年から全国的にひろがり、五三年には「基地の子どもを守る全国会議」が生まれた。この年駿東郡では婦人団体が静岡県に申し入れを行った。これは「東富士演習地区周辺立入禁止解除反対決議」というものである（『町史第五巻』）。これはそれまで立ち入り禁止が決められていた演習場への立ち入り解除を求める運動に対する反対として出されたものである。すなわちこの年関係町村長・教育事務所長を中心に東富士演習場対策委員会が結成され、立ち入り禁止の解除と住民の生存権・生活権の補償を要求する運動が展開された。これに対して婦人団体は、立ち入り禁止によってさきにあげたような風紀上の問題が減少しており、禁止解除になるとこれが再燃、幼児から青少年・一般人にまで悪影響の及ぶことが懸念されるという理由で、禁止解除反対を婦人連盟として決議し、これを県を通じて米軍へ申し入れることを要望したものであった。

なおこの決議・要望は子どもの教育問題としてだけでなく「同性の立場からの売春行為をする女性達の救済、混血児の出生防止」を繰り返し望んでいる。地域の婦人団体がこうした声をあげるようになったのは、さきにみたような全国的な運動の台頭という時代の空気と、女性も人間らしい生活をという意識を獲得しつつあった女たちの成長をうかがわせるものがある。しかし、問題の解決を立ち入り禁止の継続に頼らなければならなかったことは、地域の住民全体の生活要求とは相反するという課題を残していた。また、女性として真に基地「売春」から同性を守る姿勢ではなかった(4)。

3　生活を変える試み

農家女性の労働

農村の民主化、農村の家庭の近代化を求めるとき、その障害の一つは農家の労働とりわけ女性の労働の過酷さにあった。「農村婦人の高い政治性と経済的自覚を促すためにはより一般の教養を身につける事が絶対必要であります。多忙な農業労働、加えるに家事と育児の三六五日では、なる程教養を身につけ、政治や経済に関心を持つことは無理な事」ということが農家の女性自身の声として出されるようになった（『町史第五巻』）。

当時の農家女性の労働の実態とはどのようなものであったか。ここに一九五二（昭和二十七）年当時の北郷村大胡田の二〇歳代の女性一〇名（未婚六名、既婚四名）と六〇歳代の主婦一名の計一一名の労働内容と生活時間について筆者が行ったアンケート調査の結果がある。報告数が少なくこれをもって計数的な結論を求めることは適当ではないが、各自の記入によるだけに女性が自己の労働や生活をどのように認識していたかを知ることができる。

表8　女性の農業労働に関する調査（1952年，北郷村大胡田）

（1）　調査対象者

人名		A	B	C	D	E	F	G	H	I	J	K
年齢		21	18	21	20	21	22	24	24	23	25	62
経営主との関係		娘	娘	妹	娘	娘	娘	妻	妻	妻	嫁	妻
家族人数（人）		5	9	5	7	8	8	5(2)	4	11(1)	6	5
経営規模	田（反）	8.3	6.8	10	6	9.5	7.9	6.7	3	9.4	18	10
	畑（反）	2	3	5	3	4	1	1.8	2	3	5	
	桑園（反）	3	4			2	2	0.5			2	1
	蚕（g）	37	46		5	60				55	14.5	10

（註）　調査時に作成・使用した表による．（　）は子ども．

（2）　女性の携わる作業

人名				A	B	C	D	E	F	G	H	I	J	K
水田	種蒔き準備			○	○			○	○	○	○	○	○	○
	種蒔き			○	○		○	○		○	○		○	○
	種蒔き後の管理									○	○		○	○
	馬耕（耕起）						○		○	○		○	○	○
	同上口取り				○	○		○		○		○		
	人力耕起								○		○	○	○	
	代掻き	荒代					○	○	○	○		○	○	○
		植代		○			○		○	○		○	○	○
	同上口取り				○	○						○	○	
	堆肥運び				○	○	○			○	○		○	○
	金肥撒き			○				○		○	○	○	○	○
	苗取り			○	○	○	○	○	○	○	○	○	○	○
	田植え			○	○	○	○	○	○	○	○	○	○	○
	除草	畜力除草												
		人力除草	機械	○		○			○		○		○	
			手	○	○	○	○	○	○	○	○	○	○	○
	水見廻り			○	○	○	○	○		○	○		○	
	病害虫駆除（誘蛾灯・消毒）					○				○	○			○
畑の作業	畑起し	畜力				○			○					
		同上口取り				○						○		
		人力		○	○	○	○	○	○	○	○	○	○	○
	砕土	畜力							○					
		同上口取り										○		
		人力		○			○	○	○		○	○	○	

人名				A	B	C	D	E	F	G	H	I	J	K
畑の作業	畑作物の種蒔き（畝立て・覆土を含む）			○	○	○			○	○	○	○		○
	堆肥運びと散らし				○	○	○		○		○	○	○	○
	金肥撒き			○		○			○	○	○		○	○
	畑作物の除草			○	○	○	○		○	○	○	○	○	○
田畑共通にまたがる作業	苗床作りとその管理（サツマ・ナタネ・蔬菜等）								○	○			○	○
	移植（サツマ・ナタネ・蔬菜等）				○			○		○	○	○	○	○
	麦踏み			○	○	○	○	○	○	○	○	○	○	○
	麦の中耕	畜力												
		同上口取り										○		
		人力		○	○	○	○	○	○		○	○	○	○
	麦の土入	畜力												
		同上口取り										○		
		人力		○	○	○	○	○	○	○		○	○	
	麦の除草			○	○		○		○	○	○	○		○
	その他畑作物の手入					○	○			○	○	○		○
	蔬菜手入れ（病虫害駆除を含む）					○					○	○		
	作物収穫（稲・麦・サツマ・大豆・野菜他）				○	○	○			○	○	○	○	○
	作物運搬	畜力		○		○	○		○					
		人力（リヤカーも含む）									○			
	脱穀	人力脱穀	コキ手		○	○					○			
			補助			○		○						
		動力脱穀	コキ手	○		○	○		○					○
			補助		○	○				○		○		○
	モミズリ	主役（機械運転）												
		補助			○	○	○			○	○	○	○	○
養蚕	桑摘み			○	○		○	○	○	○		○	○	○
	蚕の世話			○	○			○	○	○			○	○
	桑園手入（中耕除草）			○	○			○	○	○		○	○	○
家畜	エサをやり手入れをする			○		○	○				○			○
	草刈り					○	○		○	○	○		○	○
	乳搾り													
	乳運搬													
	厩肥出し					○				○		○	○	○
雑仕事	藁加工			○	○	○	○	○	○	○		○	○	○
	野菜売り													
	道路水路の修理					○					○			○
	手間返しに他家へ働きに行く							○	○					

人名		A	B	C	D	E	F	G	H	I	J	K
つらい仕事	荒代	○		○	○		○				○	
	畑起し	○	○	○	○		○	○	○			○
	除草	○	○				○	○	○	○	○	○
	脱穀			○								
	堆肥運び・散らし				○					○		
	蚕の世話					○						
	藁加工					○						
	馬の口取り							○				○
	水田の人力耕起											
	田植え									○		

（註）　調査時に作成・使用した表による．

まず当時の農家女性が年間の農作業のうちどの部分にたずさわっていたかを示すのが表8である。対象となった農家の経営内容は表中にみるように水田を主とし、畑と桑園をもち養蚕を行っているもの七戸、水田と畑作のみが四戸である。農家の一年間の作業は水田・畑のほか桑園や蚕の世話が加わっていて、その作業種目はここに掲げたものをみてもじつに多様である。

このなかで一一名全員がたずさわっているのは水田の苗取り・田植え・田の除草・畑起し・麦踏み、これに続くのは畑の除草・麦の中耕・水田の種蒔き準備・水田の水の見廻り、養蚕では蚕の世話・桑園の除草、雑仕事では藁加工がもっとも多くの女性がかかわっている。

これらの作業のなかで女性がもっともつらい仕事としてあげているのは畑起し・田の除草・荒代（代《しろ》掻き）である。田の除草は夏期の仕事であり、もっともつらい仕事であることは知られている。それと同じように春の畑起し、荒代がつらい仕事としてあげられているのは、それが体力を要する仕事であるためであろう。

逆に女性がまったくたずさわっていない仕事やほとんど参加しないのは牛馬耕と動力脱穀機などの機械の運転である。現代とは異なって農業の機械化のすすむ以前のこの時代には、機械の操作は牛馬耕と同じように男の仕事と考えられていたためであろう。しかし戦後まだ日が浅く食糧増産の叫ばれていたこの時代は、戦時下と同じように女性労働の必要性が叫ばれていた時代であった。「昔より女

表9　女性の年間農業労働と作業内容

月	旬	労働日数	一日労働時間	作業内容	備考
1		14	8	麦の土入れ・中耕・薪取り・土方	正月，上旬休
2		23	9	麦踏み，土方	節分
3		26	9	麦の肥かけ・厩肥出し・馬鈴薯植・田うない	
4		24	10	畦皮むき・畦塗り・苗代，桑のから切り・畑うない	
5	上	30	13	田うない・とうもろこし蒔き・畦ぬり	節句
	中		13	荒代・植代掻き・田うない・畦塗り	
	下		13	田鋤き・田植・代掻き・畦塗り	
6	上	30	13	田植・小豆蒔き・油菜の収穫	
	中		13	畑麦刈入れ・田植え・肥料蒔き	
	下		13	田の草取り・とうもろこしの中耕	
7	上	25	13	二番田の草取り・畑の手入れ	
	中		13	肥料撒き・水見廻り・田の草取り	お盆
	下		13	畦草取り	
8	上	28	13	畦草取り・畑草取り	
	中		13	桑取り・畦草取り	
	下		14	蚕の上蔟世話	
9	上	27	12	俵編み・筵織り	
	中		12	稗抜き・畑の中耕・桑取り	
	下		12	蚕の世話・稲刈り	
10	上	29	12	水菜蒔き・とうもろこし掻き	
	中		13	稲刈り・田麦蒔き・俵作り	秋祭
	下		13	稲刈り・脱穀・俵作り	
11	上	28	13	畑の麦蒔き・稲刈り	
	中		13	稲刈り・脱穀・さつま掘り	
	下		13	脱穀・稲運び・里芋掘り	
12	上	26	12	藁の始末・大根・菜を漬ける	
	中		11	薪取り・唐臼踏み	
	下		11	とうもろこし・豆こなし	

（註）　調査時に作成した表による．

がよく働いている」という村の老人の言葉さえ聞かれた。除草剤の導入や機械化の進展により農村の重労働が改善された今日からは想像もつかない状態が続いていた。

表9は、このなかの一人田代静子の農事日誌をもとにした労働時間と日数・作業内容を示したものである。これによると一日の労働時間のもっとも長いのは八月下旬の一四時間、ついで五月から十一月上旬までの一三時間である。労働時間のもっとも少ないのは一月の八時間、また一月は正月休みがあり月間労働日数は一四日である。一月と二、三月の九時間を除き、年間の労働時間は一〇時間以上である。この労働時間は一家の男性とほとんど変わらないことが注記されている。

農家の生活と労働は季節による変化の大きいこともその特色の一つである。次の図2はこの調査のなかの数人について、四季別にその生活時間を質問したものである。春夏秋冬の区分は各人の判断というよりは農家の人々がその作業内容から春夏秋冬と理解しているものである。この数例からわかることは、季節や労働時間によって睡眠・起床の時間が異なり、とくに夏期は起床時間が午前四時三十分から午前五時が一般的で、午前八時には農作業にとりかかることが多い。そして作業終了が午後七時となることもある。夕食時間以降に労働時間とあるのは蚕の世話と藁加工である。藁加工は深夜十二時以降にまで及んでいる場合もみられる。

いずれの場合も田代静子の場合より労働時間は短い。これは時間を厳密に記録している場合と、そうではなくおよその記憶による場合の差であると思われる。なお空白部分は家事や雑用・休息その他の時間である。ＢＣＥは冬期は農作業のかわりに裁縫・繕い物を行っている。他の季節に農作業が多忙な女性は冬期に集中的に家族の衣類の手入れ・補充を行っていたことがわかる。とくに結婚前の娘の場合は裁縫稽古を農閑期に行うのは戦前からの慣習であり、そうした生活がこの時代にまで続いていたといえる。

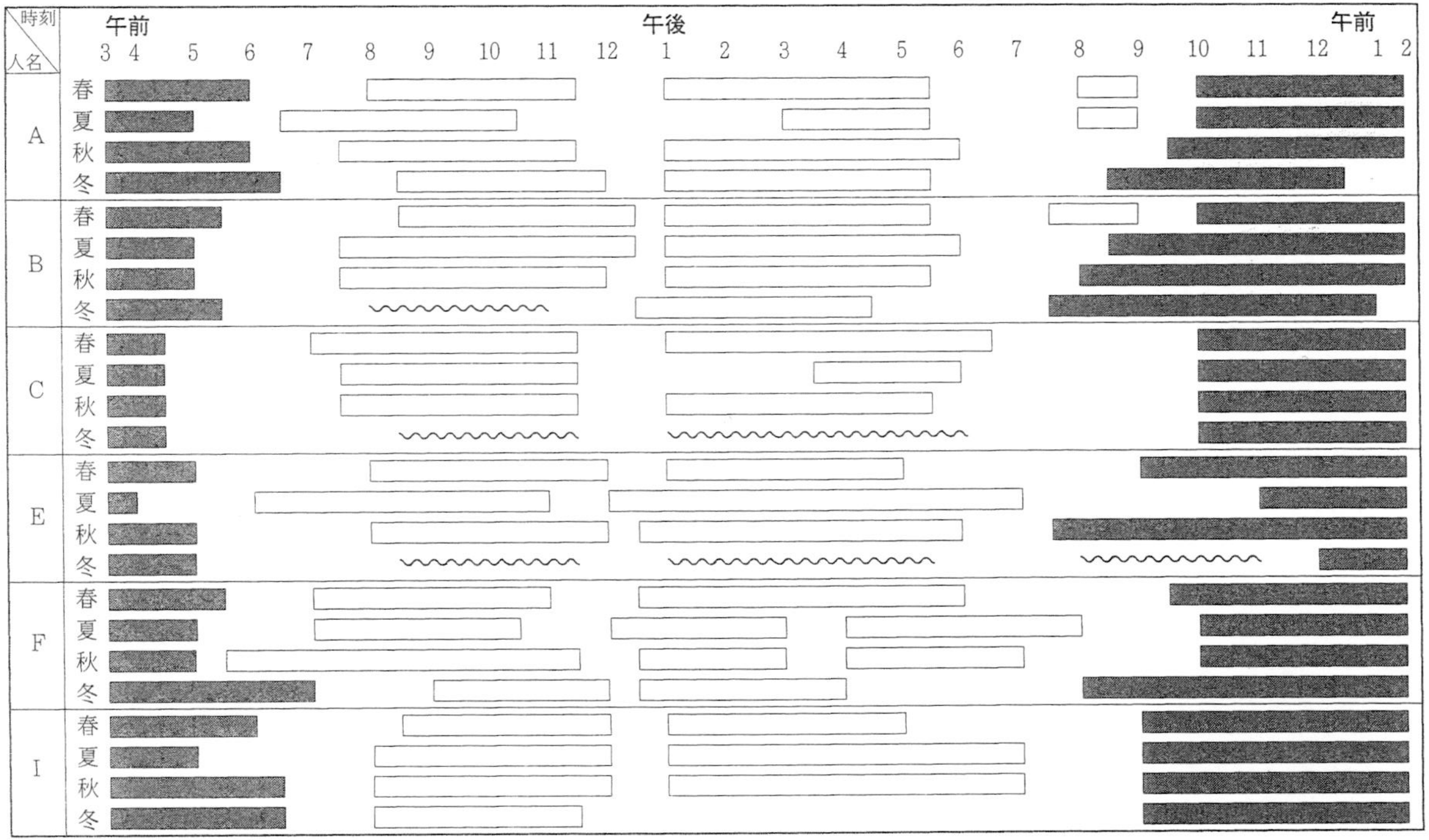

（凡例）　睡眠時間　　農業労働時間　　裁縫・繕い物時間

空白時間は休憩・家事・食事およびその準備片づけ等の時間

図２　農家女性の四季別生活時間

ここからわかることは、農家の女性の生活は当然のことながら春夏秋冬、農繁期と農閑期による季節的な変化が非常に大きいことである。一年の大半の時期は一日一〇時間前後の農作業中心の生活で、これにわずかの家事労働時間が加わる。まだ自給的部分が多かった衣生活については農閑期にまとめてこれを行うのが一般的であった。

そしてこうした生活形態はここに報告された一一人の場合に共通であって、経営規模や家族数による違いはあまりない。ここでは未婚・既婚の二〇歳代の女性すなわち娘と若い嫁が中心のため、三〇歳代・四〇歳代の子育て期の主婦の場合が明らかでなく、そうした子育てと家庭の中心的存在である主婦の場合はさらに多忙な生活であったろう。なお簡単な調査を補って当時の生活を語っているのはさきの田代静子の次の文である。

一年を通じて五、六、七、一〇、一一月が最も忙しい。忙しければ忙しい程朝は早く夜はおそいという事になります。朝少し忙しい時は早く起きて昼の副食物の支度をします。縫物は冬の夜の長い時又正月等利用してやって忙しい時はなるべくせぬように心掛けています。（中略）洗濯などはなるべく夜ばかり私が洗います。眠る時間はどんなことをしても六時間は取りたいと思い努力しています。どうしても明日への活動が鈍りますから。（中略）一、二、三月は土方をします。土方と云いましても一寸解しかねるでしょう。地普請ともいい、小さな田が幾枚もある時それを三枚なら三枚を一枚にならしてしまうのです。そうすれば畦や土手がとれ少しは田が広くなり収穫が多くなります。雨が降れば降ったように縄ない・俵編み等少しも暇はなく主人と共に働きます。一日を通して見ますとなかなか重労働の日が多うございます。私は子供がなく、仕事が終えればどんなに忙しい時でも少しは新聞や本を読むようにしています。子どもさんのある方などはどうしても夜中起きたり少しも暇はないでしょう。

さらに近く結婚をする義妹のことにふれて次のように書いている。

お嫁に行った当時の忙しさは、私達の働く一日の生活時間の比になりません。暇があれば雑巾を持ち肩をもみ、それこそ身も心も安まる時はないでしょう。一度は誰もが通る道です。

ここには農家の労働と生活の多忙さ、女性とくに若い嫁の休息の暇もない姿が如実に語られている。

一九五四（昭和二十九）年九月、建築学専攻の大学生たちによって北郷村や近隣の高根村・玉穂村の農村の住生活と労働の関連についての調査が行われた。農家の労働時間を三カ月間にわたって調査したこの報告では「主婦は通常四時半から五時の間に起き、先ずカマドに火を入れる、馬に水をくれる、ニワトリに餌を与える、主人は主婦より三〇分おくれて起きること、特に主婦のためには台所の改善が必要、一寸改善するだけで一日に主婦が台所を歩く距離は一〇分の一から二〇分の一にへらすことができる」と提言している（『郷土ニュース』）。生活改善による農村の近代化が叫ばれる根底にこのような生活が続いていた。

町のくらし

農家の女性たちがきびしい労働の日々を送っていたころ、小山の町の人々のくらしはどのようなものだったろうか。ここに一九五四（昭和二十九）年小山中学校が産業教育振興のために行った「これからの産業教育」という資料がある。これは小山町の公立小・中学校三校の生徒を通じて行った調査で、旧小山町の家庭や生徒の生活について知ることのできる貴重なものである。

一九五四年といえばその前年に朝鮮戦争が終わり、この戦争による特需景気で日本経済はようやく戦前の水準に回復し、勤労者の賃金も大幅に上がって個人所得も戦前に戻ったといわれはじめたときである。この調査によると当時の小山町の世帯数二七一六、うち農業三〇二（一一％）、製造業七六四（二八％）、建設業三一七（一二％）、運輸通信公益事業三一一（一一%）、サービス業二二〇（八%）、卸小売業二五三（九%）、その他となっており、「俸給生活者が多い」とされていて周辺の農村部と異なる「町」である。人口は男七〇六九人、女九七三四人、計一万六八〇三人である。

次に表10によってその家庭生活をみると、まず住宅では自宅六七%、借家二九%、間借り四%で自宅以外では町営住宅・社宅（富士紡）・母子寮等がふくまれている。住宅難の続く大都市にくらべ持ち家の比率が高いといえる。住宅の状態のなかで主婦の家事労働と深い関係のある台所についての調査では、台所の位置・広さ・床の構造について調べている。これによると台所が家の東側・西側・南側・北側のどこに位置するかはほぼ同比率である。これは「近年婦人会の唱道で改善されてきた」と注記されているが、それでもなお約三分の一近くは北側にある。さらに台所の床は土間三七%・板の間二七%・コンクリート三六%である。これは台所が茶の間・居間等とは独立にあり、居住部分とは段差があって（おそらく低くて）履物をはいて降りるという状態であることが想像されて、主婦にとって必ずしも働きやすい状態であったとはいえない。

ここでは流しの高さについてふれられていない。このころの生活改善運動の一つの目標は低い流しを立ち作業のできる立ち流しに改造することであったが、その点は不明である。台所に配膳台・調理台があるもの五九%、ないもの四一%である。しかし水道は八二%の家に普及し、井戸は一四%、川の水の使用は四%にすぎず、労働・衛生の点で改良されていて都市的生活ができあがっているといえる。

次に食生活・衣生活についてみると、食費は一人一日七〇円が半数で五〇円以下が二四%を占める。食生活については魚肉類を毎日摂取する世帯は二〇%にすぎず、隔日三〇%、ときどきが五〇%を占め、動物性食品の摂取はまだ少ないといえる。

衣生活では、洋服八八％、和服一四％とあり和洋併用が行われていると思われる。また、ここには性別・年齢の細かい記述がないので明らかではないが洋服の生活が一般化していることはいえるであろう。しかし既製品の使用は四三％、自製（手製）が五六％とまだ半数以上は手づくりのものが使用されている。これと関連してミシンの普及は四四％である。

家事労働と深くかかわる電気器具として、半数以上の家庭にあるものとしてはラジオ・電気アイロンがある。なお

表10　小山町の家庭生活（1954年）

住生活	
住宅	自宅67　借家29　間借り4
台所の位置	東25　西19　南27　北29
台所の広さ	2坪未満49　2坪以上51
台所の床	土間37　板の間27　コンクリート36
食生活	
配膳台調理台	有59　無41
給水状況	水道82　井戸14　川4
風呂	有83　無17
電灯数	4個以上54　3箇13　2箇20　1箇13
食費一人当たり	100円25　70円51　50円以下24
栄養に関す掲示	有43　無57
魚肉類の摂取	毎日20　隔日30　時々50
家庭用品	
ミシン	有44　無56
アイロン	有84　無16
裁ち板	有77　無23
衣類製作	既製43　自製56
着ているもの	洋服88　和服14
洗濯屋の利用	する40　しない60
経済生活について	
家計簿の記入	している60　していない40
金銭を取り扱うもの	父20　母69　その他11
家の経済について	相談する78　しない22
副業	しない74　する26
畑作について	やっている64　いない36
電話	ある14　ない86
勉強する机	ある89　ない11
幼稚園に通うか	通う29　通わぬ71

（出典）小山中学校「これからの産業教育」より抜粋して作成．
（註）数字はパーセント，ただし合計が100パーセントにならないものもある．

表11　小山中学卒業生の進路

	進学者数			就職者数			就職して進学数			計		
	男	女	計	男	女	計	男	女	計	男	女	計
1951年	80	36	116	77	113	190	8	3	11	157	149	306
52	94	62	156	80	108	188	15	7	22	174	170	344
53	78	58	136	72	73	145	16	2	18	150	131	281

卒業生就職先（府県別）

	静岡	神奈川	東京	千葉	山梨	愛知	大阪
1952年	130	26	13	2	4	5	1
53	99	20	11	—	1	1	—

（出典）小山中学校「これからの産業教育」より作成.

このほかに電気ごて・電気コンロがあったことも調査されているが、洗濯機・冷蔵庫・炊飯器・掃除機はまだまったくみられない。電話の普及もまだ一四％にとどまっている。この調査の前年一九五三年は電気洗濯機の量産が始まって電化元年といわれたが、これは大都市の一部の家庭に限られ、一般家庭に普及するのは一九五五（昭和三十）年以降の経済の高度成長のなかにおいてであった。ここには電化製品による家事労働軽減以前の生活がうかがわれる。

次に経済生活についてみると、金銭の取り扱いは父（夫）二〇％、母（妻）六九％となっていて、家計を妻が掌っている場合が過半数を占める。そして家の経済は夫と妻の相談によって行われている。この調査では「給料生活者が多く、限られた生活をするため家計簿を使用しているものが六〇パーセント」と記されている。勤労者の給料水準が高まったとはいっても主婦が家計のやりくりに苦心していることが想像される。

家計と関連する副業は、行っているものが二六％で約四分の三の家庭では行っていない。一方六四％の家庭では畑作を行っており、これが副業にかわるものと考えられ、主婦の労働はこれに向けられていると思われる。また自家の農作物が食生活の一部にあてられており、このことを反映して食生活のなかで野菜等が多く魚肉類の摂取が少なくなっていると考えられる。

旧小山町の過半数を占める給料生活者の家庭は妻が夫の給料をあずかり家計

を掌り、その不足は副業や後の時代のようなパート労働で補充するのではなく畑作りによる作物によって補われていた。その意味では周辺の村々の生活に似かよった側面をもっていた。

このことはこれらの家庭の子どもの生活や役割にもみられる。この調査によると中学生の多くが畑仕事の手伝い、鶏・兎の飼育、薪割りを体験しており、町の生活とはいえ農村的な労働や生活をしていた。しかし子どもたちの生活は学校生活が中心であり、農作業的なものも手伝い程度にすぎない。このことはこれら中学生の卒業後の進路にも関係している。この時代、中学生たちの進路は表11のようであった。男子は進学と就職がほぼ同比率で、進学は高校普通科・商業科・工業科・農業科の順であった。女子は一九五一（昭和二十六）年には進学は二四％と男子に比して高校進学率は低いが、五三年には四四％と急速に進学希望が増加している。男子の就職先は静岡県下が大半であった。女子は富士紡小山工場のほか、川崎・名古屋の紡織関係会社への就職が主であった。この後、進学希望者が年ごとにふえ、中学卒業生は企業から金の卵といわれて貴重な存在とされる時代がまもなく訪れようとしていた。

新しい青年団活動

戦後の混乱・窮乏から立ち直るとともに、地域の青年や女性の活動はしだいに自主性をもったものとして歩みはじめた。その一つに青年団の活動があった。敗戦後の一九四六（昭和二十一）年に県連合青年団は解散させられ、その後自主的な青年団組織が駿東郡下でも清水・深良・印野・富士岡などの村に生まれた。北郷村の青年団はその数少ないものの一つであった。一九四九、五〇年ころから活発な活動を展開し、機関誌『暁鐘』、文化部の『月刊北青ニュース』、産業部の機関誌『土』を発行している。

『北青ニュース』は「青年団新たな道へ」と題する主張で「真に若き者としての教養を持ち仲間を守り産業を復興

して日本の現状を平和な明るいものに建て直す民主的な盛り上る心意気」を述べながら、しかし過去五カ年の運動が「観念的な修養団体で在った所にその発展の渋滞が感ぜられ」ると反省し、急速に現状を打破し新生面を開くことを追求する。そして始められたのは、四百有余の男女青年団員による活動資金獲得のための北山の十数町歩にわたる下刈りの実施であった。そしてその汗と油の結晶は七万円にのぼり、これによって念願の映写機の購入を果たした。さきのナトコ映写機による映画会でもわかるように戦後のこのころ、映画は都会・農村を問わず最大の娯楽でありメディアであった。日本映画・洋画のすぐれた作品が人々の心をうるおし夢を与えたことは今日では考え及ばないほどであった。

ナトコ映画が刺激になってか北郷村民は映写機の購入を村当局に求めていたが、予算不足で実現しなかった。それが青年たちの労働によって実現したわけで「本年度最大の事業」「村唯一の文化財の正夢の誕生となった」とニュースは誇らかに語っている。そして一九五〇（昭和二十五）年三月北郷小学校音楽室で多数の来賓を迎えての試写会が、つづいて第一回映画の夕べが開かれた。

映画と同じように当時青年たちの読書欲も旺盛であった。青年団では文化委員会から独立した図書委員会を設け、図書目録作成や私有図書の交換会などを行っている。このころ多く読まれた図書として『夢よ、もう一度』『流れる星は生きている』『国境物語』などの名があげられていて時代の空気をうかがわせるものがある。各種の青年講座が企画され、村の経済状況、冬の衛生と家屋について、憲法について、農協の運営について、文学と生活など多様なテーマでの学習も試みられている。青年団の行事としての駅伝もこの時期の新しい企画である。これは駿東郡連合青年団の事業として行われ、御殿場・沼津間の各団対抗試合であった。このときは北郷青年団は一一町村中第七位（小山第六位）にとどまったが、この後も駅伝競走は続けられた。

四Hクラブの活動

四Hクラブというのは農林省が指導して行われた農事改良と生活改善を目指した運動である。四HのHはhead, hand, heart, healthをさしているが、この言葉からもわかるようにアメリカの運動を模倣して始められた占領期の産物である。「プロジェクト方式による自主的組織で、政治からは中立」をうたい、農村の青年の自主的な活動による技術改良と生活改善をモットーにして農業改良普及員が指導にあたった。

その一つ用沢四Hクラブは男子青年団員八名・女子八名男女の共同で始められ、共同プロジェクトと個人プロジェクトの二本立てで、水稲の試験研究・畑作改善・換金作物導入のための試験研究など、個々の経営の改善に「若い情熱を傾けて」続けられた。一九五八（昭和三十三）年には四Hクラブ全国大会に、五九年には三郡大会・県大会に参加して、優秀クラブとして県知事表彰や技術競技での入賞を、六〇年には会員の一人の稲作が日本一米作り県予選への二位入選などを果たしている。

四Hクラブの活動は全国的には五三年ごろが最盛期でその後は活動は沈滞傾向に向かっているが、用沢四Hクラブは一九五〇年代後半まで活発に活動をしていた。そこには、単に農業技術の改良研究だけではなく、これを通して農村の文化生活の向上を目指していて「農村の生活文化の向上のにない手になるためには農家の経済状態が豊かになるようにする」ことが強調されている。

村の生活を変える試み

青年たちが村の生産と生活を変えようと活動を始めたころ女性たちも新たな意欲をもって動き出した。青年団の文集『暁鐘』には「百姓と娘」「なぜ農村をきらうのか」などという若い女性の声が載せられている。そのなかでは「夢のない暗い生活の中に因習や束縛のからみつく中でこんな農村の現実から逃避する気持」や「年頃になるとなぜ農家をきらうのだろう、農家だけは嫁に行きたくない」などの声が掲げられている。そして「この言葉は日本の全体に出て来ている」とある。

事実一九五三（昭和二十八）年一月の『朝日新聞』はこの問題を取り上げ、全国の農村の嫁の手記を募集し八〇通がよせられたことを記している。そこには農村の嫁と姑の問題や、廃止されたはずの家制度の問題、農家の重労働についての切実な声がよせられていた（有地亨『日本の親子二百年』）。

これは新憲法施行からすでに一〇年近くをへてなお古い慣習や意識が残っていたということや、ましてや新たに問題が起こったということよりは、ようやく青年や女性がそうした重圧を重圧として直視するようになり、またこれを声としてあげるようになったことを示している。しかし農村の生活から逃避したい、農家の嫁にはなりたくないといいながら『暁鐘』によせられた声は「悲観したり愚痴を云ったりしていては農村の生活は明るく豊かなものにはなりません。農村に失望しないで生きられるように目前の壁を打破って行く強い意志を持ちたい」「生活の環境を改善し過重労働の適当なる配分、健全な娯楽等々を確立すれば農村こそ私達の楽園であると信じます」と、ここにふみとどまって生きることを自ら語っている。

また当時農村の母の労苦を描いて話題となった映画「荷車の歌」を見た一人は「人間が人間として生きて行くという人間の願いが何によって妨げられるか、単に働いて苦しんでいる人間が立派なのだろうか」と問いかけている。青年たちが青年団や四Hクラブで農業経営・農業技術の研究を通して村を変えていこうとしたのと同じように、女性たちは女性の重労働や農業労働と家庭生活の二重の重みを生活の側から変えていこうとした。その一つはさきにもみたような結婚改善の試みであったし、またその一つとしての台所改善があった。

一九四八（昭和二十三）年農林省に生活改善課が設けられた。そして農家生活改善の担い手は女性であるということで、その課長には女性が選ばれた。また各地域には生活改善普及員がおかれた。農家生活改善の第一歩として着手されたのは、台所改善とくにカマドの改善であった。旧来の農家のカマドには煙突がなく、その煙で目を痛める、薪集めや運搬の重労働、堆肥として利用できる稲藁・麦藁を燃料としてしまう不経済、何よりもカマドの前から離れられない女の労働を改善すること、すなわち健康と経済、下積みの人間の労働を改める、そしてそこからやがて嫁が一番あとで風呂に入るような人間関係そのものを見直す、というのがうたい文句とされた。

カマドの改善がもっとも切実な問題で生活改善の最良の方法であったか否かには疑問が残される。しかし当時は行政のバックアップを受けてカマドの改善が積極的に取り組まれ、小山の町村でも改良カマドの普及について個別の調査が行われている。そしてこれが第一歩となって簡易水道を引くこと、台所を明るくすることなどがつぎつぎに取り上げられるようになった。

婦人組織の発展

生活改善の運動を末端で担ったのは各地の婦人会であった。戦前からの引き続きといわれた地域の婦人会もしだいに自主性をもった組織へと脱皮していった。その一つ足柄村婦人会は一九五〇（昭和二十五）年、いちはやく設立総会を開き会則を定めて出発した。それは「自主的村内婦人の要望がようやく高まり機熟し」て実現したもの、とその趣旨のなかに述べられている。

婦人会は栄養料理講習・水道設置・鼠駆除・火防活動など地域生活のあらゆる問題に取り組んだが、とりわけ活動資金獲得のための簡易保険の団体取り扱い事業などは新しい事業であった。のちには結婚改善運動の一つとして結婚衣裳礼服などの貸し出しを始め、これはのちには他地域にもひろがり今日に及んでいる。

婦人会の活動に刺激されて、足柄地区では若い農家の嫁たちの会として皆実会（若妻会）も生まれた。これは桑木・新柴地区の三三歳以下の女性たちによって組織されたものである。若い嫁たちが姑たちと一緒の席で発言することはまだむずかしかった当時、農事や子どもの教育などについての自由な話し合いの場としてつくられた。若妻会としてはこのほか一色若葉会など各地に生まれた。

同じころに農協もその活動強化のために女性を組織し、一九四九（昭和二十四）年には静岡県農村婦人連盟が結成された。これは全国で初の県段階の組織であり、翌五〇年には駿東郡・沼津市の農村婦人連盟も結成された。このときの総会には、北郷・小山・足柄農協から三名の婦人代表が参加した。さらに五一年には全国農協婦人団体連絡協議会（のちに全国農協婦人組織協議会と改称）も組織された。また静岡県下では三五人の女性が農協役員に選出され、農協事業にとっても女性の存在は欠かせないものとなった。

農協婦人部は活動資金も豊富で、また女性の生活要求と取り組みやすく、講習会・講演会・貯蓄・生活用品等の共同購入・利用・冠婚葬祭の改善・受胎調節などを取り上げ強固な組織となった。それだけに地域婦人会との競合が問題となった地域もあった。小山地域では地域婦人会と農協婦人会とはほぼ一体となって活動を続けていたことが、たとえばこの当時からの活動記録をもつ北郷村の一色婦人会（支部）の「一色婦人会事業簿」によってもわかる。これによると婦人会が農協婦人部の事業のほとんどを担当して行っている。

小山婦人会・北郷婦人会・足柄婦人会・須走婦人会の四婦人会は町村合併後の一九六〇（昭和三十五）年小山町連合婦人会を組織、それぞれの地域の自主的活動と連携を強めている。また一九五〇年代半ばからは社会教育活動の一貫としての婦人学級が各地区単位に開催されて学習活動を行い、そのなかから地域の婦人会の若い働き手が育っている。そして小山婦人会の『小山婦人会報』をはじめ須走の『ふじあざみ』、足柄の『ふきのとう』、北郷の『きたやま』の文集が刊行されて、成長する女性たちの姿を伝えている。

4　農村の高度成長と家庭・子ども・青年

高度成長と農村

一九五〇年代半ばから十数年にわたって続いた日本経済の高度成長は、大企業による重化学工業の驚異的発展と地域開発というかたちで推進され、国民には一〇年間に所得が倍増するという夢を抱かせた。しかしその一方で強行された農業基本法、農業の構造改革によって農業・農村はかつてない地殻変動に見舞われた。その結果農村から都市への大量の人口の移動が起こり、都市への人口の集中、その対極に農村の過疎という現象が生じ、それが引き金となってさまざまな社会問題が発生した。それは一九七〇年代の低成長の時代に入っても止まることなく進行して今日にいたっている。

農業就業人口は一九五〇（昭和二十五）年には総人口の四五・二％を占めていたが、一九六〇年には三〇％、一九七〇年には一七・九％と急減し、一九九〇（平成二）年には五・七％となった。

小山町の場合にも、まずもっとも顕著にあらわれたのは農家の減少、農業人口の減少であった。すでに一九五〇年以降、毎年一〇〇戸に近い数の農家が減少していた。ことに専業農家の減少ははげしく、一九六〇年高度成長の始まったころにすでに全農家一三三五戸のうちの一八％、二四八戸にすぎず、それが六五年には五七戸に、以後さらに減少を続け、一九九〇年には三七戸となった（図3）。

これにつづいて兼業農家の場合にも第一種兼業は専業農家と同じような速度で減り、これにかわって第二種兼業が増加し、一九八〇（昭和五十五）年にはこれが農家の九〇％を占めるようになった。また一九六四（昭和三十九）年には農家所得のなかで農外所得が農業による所得を上まわることになった。いいかえれば「農家」であっても農業以外の収入が主である経営が多くなり、農業の副業化、さらに脱農業がすすんだ。

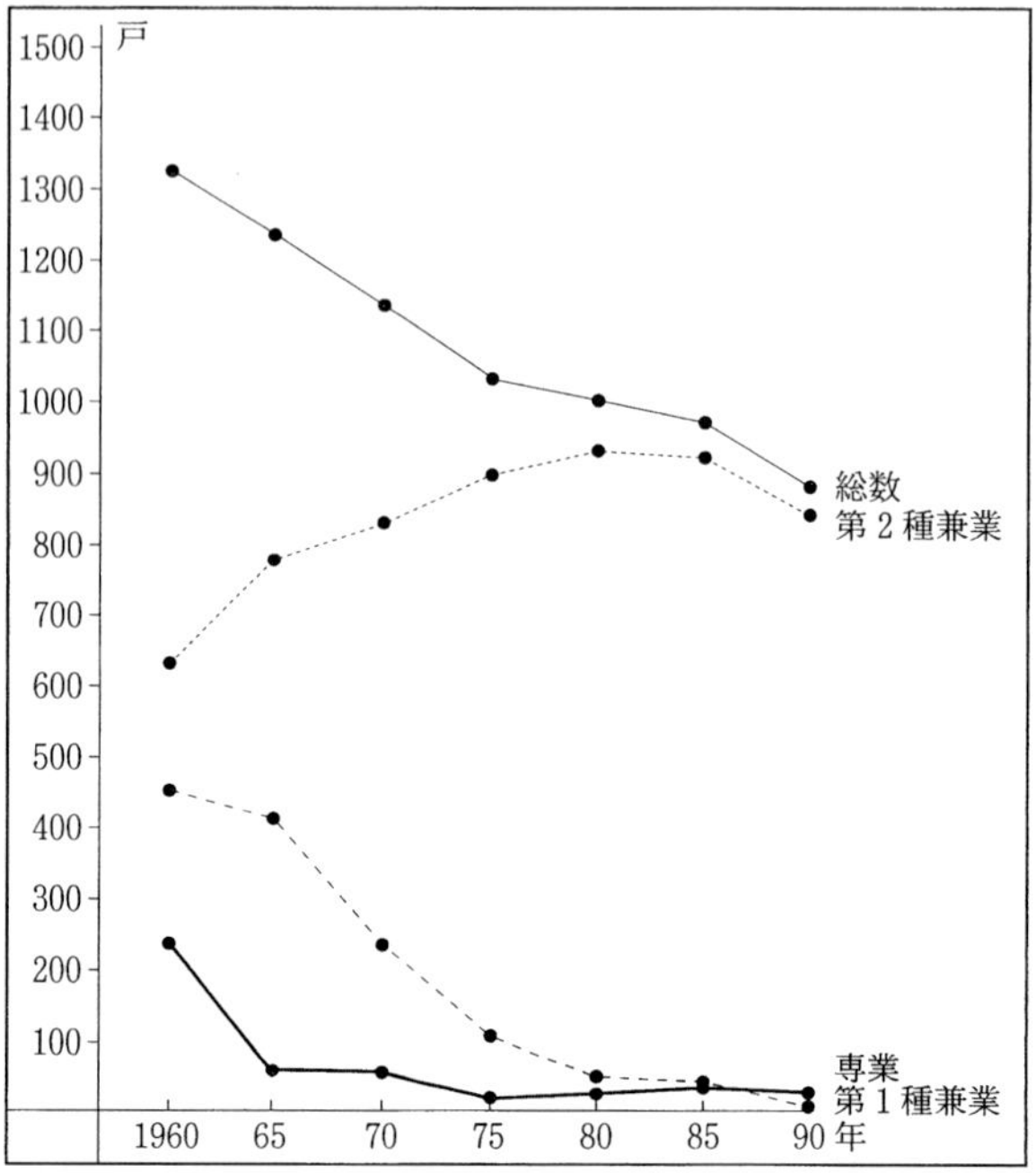

（出典）『町史第５巻』「小山の統計」より作成.

図３　専・兼業別農家戸数の推移

〝留村脱農〟のくらし

これまでも小山地域では農家の二、三男などが富士紡や国鉄、役場等に働くことは珍しくなかった。一九五〇年代以降にはこれらの人々がまず大都会の工場労働者やサラリーマンとなって村を離れた。また村に住みながら近隣の都市に通勤する人も数を増した（表12）。その主な通勤先は御殿場市、つづいて沼津・平塚・小田原市などであった。一九七〇（昭和四十五）年ごろからは裾野市が新たな就業先となった。さらに静岡県・神奈川県だけでなく東京・千葉・埼玉・山梨県への通勤もみられるようになった。御殿場線の電化と東京への直通急行の登場や高速道路と車の発達は、これまでになく通勤圏を拡大した。

さらに一九六〇年代からは冨士霊園、スピードウェイの開設、ゴルフ場の造成をはじめ、町の積極的な企業誘致によって町内にさまざまの就業先が生まれた。そして一家の農業の中心的働き手までもこれに吸収されていった。在宅通勤とか留村脱農といわれるかたちがひろがることになった。

一九六六(昭和四十一)年の小山町の農業センサスによる報告では、六〇㌃以上の農家のうち専業農家では男女の就労者がほぼ同数であるが、兼業農家では男性四対女性六と女性の就業者が多いと述べている。また専業農家では基幹労働力である二〇歳代から四〇歳代の男性が六〇%を占め、うち三〇歳代が三〇%を占めている。これに対して兼業では五〇歳代・六〇歳代に集中しており、兼業農家は女性と高年齢者の手にゆだねられるという、兼業農家における女性化・老齢化が目立つようになったと指摘されている(『広報おやま』一〇七号)。

表12　小山町民の町外就労状況(1965〜85年)

	1965年	1970年	1975年	1980年	1985年
県内	1,056	1,413	1,754	2,140	2,344
御殿場市	606	879	1,225	1,570	1,846
沼津市	253	258	234	226	176
裾野市	—	111	154	174	154
その他	197	165	141	170	168
県外	1,312	1,458	1,390	1,353	1,263
神奈川県		1,323	1,239	1,234	1,144
東京都		121	127	108	96
その他		14	24	11	23
計	2,368	2,871	3,145	3,493	3,607

(出典)「国勢調査地方集計」より作成.

経営の主体となる働き盛りの男性が他産業に就労し、農業はじいちゃん、ばあちゃん、かあちゃんにまかせる〝三ちゃん農業〞ということがいわれるようになったのは一九六三年である。〝三ちゃん農業〞が可能になった背景には、農業の機械化や農薬の導入による農業労働の合理化があったことはいうまでもない。また機械化が逆に、その購入資金としての現金収入の必要を促したこともしばしばいわれている。女性や高齢者によってどうやって農業を継続していくか、さらに農家の後継者をいかに確保するかが新たな課題となった。

その一例として一九六七年、御殿場農協小山支所によって農家の主婦を対象とした「かあちゃん農学校」が企画された。これは「小山の農家は主人の殆どが勤めに出ているため経営の担い手は主婦となって」おり、「農家経営の推進者として、一家の主婦として時代に立ち遅れないように」と呼びかけたもので、稲作をはじめ副業としての家畜飼育、蔬菜栽培など技術的なことを中心に指導することを目的とした。主婦たちは人手不足を補うため田植えから田草取り・稲刈りを共同で行うことも始めた（『岳麓新聞』一九六七年二月七日）。同じように隣接の御殿場市古沢には女性ばかりの稲作研究会が発足して「男子に負けない稲作技術の習得」を目指した。また県農業試験場高冷地分場で開かれた高冷地農業展示会では小山町・裾野市からも見学者が訪れ「かあちゃん農業時代を反映して女性の姿が目立ち熱心に質問を浴びせていた」ことが報道されている（『岳麓新聞』一九六七年九月六日）。ここには、女性がこれまでのように男性を補佐する労働力としてだけではなく、農業経営の主体となってこれに参加するようになっていくさまがみられる。

しかしこれによって農家の経営がまったく三ちゃんに委ねられたわけではなかった。外に働きに出た男性たちも農繁期や休日には家に戻って農業に従事するのが多くの場合であった。さらにこの後、三ちゃんの一角である主婦も工場やゴルフ場に働きに出るようになった。夫も妻も、親世代も息子世代も、それぞれ農業外に働きながら農繁期や休日には一家の総力を結集して農業を行うことで農家の経営が成り立っていった。そして親世代と子世代とはそれぞれ経済的な自立性を強めながらも生活を共にすることによって、農外への就業も農業も成り立たせることができた。

こうしたかたちで農業を継続するとしても、その後継者を確保することがやはり重要な課題となった。これまで農家の父親の多くは息子には農業を継がせ、娘は農家に嫁がせることを望んでいた。他の職業、いわゆる勤め人の生活

表13　農業後継者についての意識調査（1969年）

	自分の代でよす	継がせる	本人まかせ	兼業で継がせる	専業農を目指させる	その他	記入なし	計
小山①	2(7.5)	4(14.8)	7(25.9)	6(22.3)	2(7.5)	—	6(22.0)	27(100.0)
小山②	—	4(19.0)	7(33.3)	4(19.0)	1(4.9)	—	5(23.8)	21(100.0)
北郷	5(3.0)	51(30.2)	52(30.8)	27(16.0)	4(2.4)	4(2.4)	26(15.2)	169(100.0)
足柄		1(8.3)	6(50.0)	4(33.3)	—	—	1(8.4)	12(100.0)
計	7(3.1)	60(26.2)	72(31.4)	41(17.9)	7(3.1)	4(1.7)	38(16.6)	229(100.0)

（出典）　御殿場高校経済班「小山町経済の実態と環境」より作成.
（註）　小山①は成美地区，小山②は明倫地区.（　）は%.

はむしろ不安定なものと考えられていた。しかし一九六〇年代後半に入ると、〝子どもに農業を継がせますか〟という問いに対する回答で、これに固執する人は少なく、本人の意志にまかせるとか兼業で継がせるとか答える場合がふえるようになってくる（表13）。そこには後継者を得がたい現実と、しかし経営を縮小してでも農業を継続したいという意向がうかがえる（静岡県立御殿場高等学校経済研究班『小山町経済の実態と環境』一九六九年、以下『御高調査』）。

戦後、北郷地区にあって農家の中心的働き手であった人々がその生活を回想して綴った『六十年のあゆみ（農村に生まれて）北郷小学校十三年会』（一九九一年）は高度成長期の状況を次のように語っている。「長男以外は東京に住み込み就職するものが増加し」たが「長男は変化のはげしい農業と共に生活し農業機械の購入に苦しみ、家から通勤可能な範囲に就職を求め」た。「長男も農協をはじめゴルフ場、冨士霊園等に就職し、農業は三ちゃん農業と日曜農業になった」。

主婦の就労

高度成長期からの生活の大きな変化の一つは家庭の主婦が働きに出るようになったことである。工業化の急速な発展による労働力不足はこれまで家庭にあった女性たちを職場に引き出した。技術革新、オートメーションの普及は不熟練の家庭の主婦にも新しい職場を提供した。またサービス業やゴルフ場などレジャー産業のひろがりも女

表14　主婦の就労

総員数	3,320人
回答	3,023人（91%）
家庭外就労者	46%
農商業・内職	24%
無職	30%
就労者の年齢	
40歳代	41%
30歳代	34%
50歳代	17%
20歳代	5%
就労先	
工場	29%
事務所	22%
ゴルフ場等	21%

（出典）『広報おやま』187号より作成.

性の働く場を多様なものにした。

小山町のなかでもすでに一九五〇年代半ばから数十人規模の軽電機工場が設立され、「婦人の内職向き」をキャッチフレーズに四〇歳位までの家庭の女性を雇用し、三カ月位の養成をへてコイル巻き、電線やチューブの切断、取り付け作業に従事させた。また同社の御殿場工場に通勤する主婦もみられるようになった。（『岳麓新聞』一九六一年十月十二日）。

一九六二（昭和三十七）年には町内に授産所も設けられ三〇〇人を超える主婦がこれに参加したが、その仕事は「内職的」なものであったという。また富士紡小山工場が従業員の不足からパートタイム制を設け〝アルバイト奥様〟を募集するということも行われた。一九六〇年代後半に入ると三ちゃん農業の担い手である農家の主婦もパートに出るようになった。これを数字のうえでみると、六〇年には一五歳以上の女性の就業者八九六一人のうち「家事のほか仕事」に従事する者が九三五人であるが七〇年には九四七七人中一九五八人と倍増している（「小山の統計」『町史第五巻』）。七三年町教育委員会と連合婦人会によって行われた「主婦の就労調査」（表14）は、町内五五〇〇戸の六〇％にあたる三三〇〇人余の婦人会員についてアンケート調査を行ったもので、そのうち約九〇％の三〇二三人から回答がよせられた。この結果をみると、主婦の四六％が家庭外就労をしており、そのうちの四〇％がパート労働である。主婦が働く場合従来のような内職よりはパート労働が主流になっていることがわかる。そして乳幼児をもつ二〇歳代で働く人は少なく、子育てがほぼ終わった三〇歳代から四〇歳代の女性が多く就労している。しかしその場合も家庭との両立可能なパート労働でという、大都会の女性のM字型就労（若年未婚の時代に就労し、結婚・出産で家庭に入り、育児を終わって再び就労する）と同じかたちの働き方をしていることがわかる。なお本調査もこうした主婦の就労によって、婦人学級や婦人会活動の働き手が少なくなったことへの対策の資料として行われたものである。

しかし結婚・出産の時期も継続して働く女性や乳幼児を育てながら働く女性もしだいにふえつつあった。これを反映しているのが保育所への要望の増加である。小山町では一九五二（昭和二十七）年より足柄・北郷地区に季節保育所が設けられていた。これは毎年農繁期の一カ月間、農家の子どもを預かるものであった。これに対し恒常的な保育所は五六年に須走に、つづいて生土に設けられた。六二年にはさきの授産所の開設にともなって保育所の不足が起こり、六三年に菅沼に新たにこれが設けられた。さらに六六年には北郷、六七年に藤曲にも開設され、町内全地区で計三八〇名の幼児を受け入れることになった。一方北郷・足柄の季節保育所はそれぞれ六五年・六六年に廃止された。かつてのような農繁期に集中した多忙な生活が消え、かわって共働きやパート労働に女性が進出していく時代の転換が象徴されている。

消費生活の変容

産業構造や労働形態が大きく変わっていくことに並行して、国民の消費生活にもかつてない変貌が始まった。経済成長の過程で個人の消費水準も年ごとに上昇し、農家の可処分所得・消費支出も貯蓄も都市勤労者にくらべれば低いながら増大していった（表15）。それは一つにはさきにみたような農家の多就労によるものである。一九五三（昭和二十八）年から電気洗濯機・冷蔵庫の量産が始まり、電化元年、家庭電化時代の到来が喧伝され、つづいて登場したテレビとともに〝三種の神器〟といわれた。電気炊飯器・掃除機とつぎつぎに売り出される電化製品が庶民の生活に夢を与えた。初期のころこれらの電化製品は庶民の所得に比して非常に高価で高嶺の花であった。五四年当時大学卒サ

表15　都市・農村における所得・消費・貯蓄の増大（1カ月平均）

	都市勤労者世帯				農家世帯			
	可処分所得（円）	消費支出（円）	貯蓄（円）	貯蓄率（%）	可処分所得（円）	家計費（円）	農家経済剰余（円）	余剰率（%）
1955年	25,896	23,513	2,383	9.2	—	—	—	—
56	27,464	24,231	3,233	11.8	—	—	—	—
57	29,810	26,092	3,718	12.5	28,337	26,572	1,765	6.2
58	31,824	27,799	4,025	12.6	29,106	26,978	2,128	7.3
59	34,122	29,375	4,747	13.9	31,197	28,500	2,697	8.6
60	37,708	32,093	5,615	14.9	34,418	30,703	3,715	10.8

（出典）　柴垣和夫「講和から高度成長へ」（『昭和の歴史9』小学館）より作成.

ラリーマンの初任給一万二六〇〇円に対し電気洗濯機二万五八〇〇円、電気冷蔵庫七万五〇〇〇円であった。しかし主婦にとってもっとも重労働の洗濯や掃除の省力が可能になることは、これまでの生活改善の試みなどでは実現できなかった台所革命、家事革命であった。

電化製品はたちまち農村にも普及し、農家の台所や居間の面目を一新した。〝電気で炊いた御飯〟に農村の、とりわけ年配者の抵抗は強かったが、それでもやがて農家の台所から薪や練炭、さらに石油コンロが姿を消していった。電気冷蔵庫が入るとバターやチーズが食卓にのぼるようになって食生活の内容も多様化・洋風化していった。

テレビは電化製品のなかでももっとも高価で発売当初は一四万円であったが、大量生産により一九六〇年には四万円となり購入が容易になった。また六五年NHK小山TV放送局UHFの設置により小山地域の難視聴も解消、ほとんど一戸に一台のテレビがいきわたった。六〇年代後半に入ると庶民の目標は三C——カラーテレビ・カー・クーラーへとさらにひろがった。一九六九（昭和四十四）年小山町の耐久消費財の所有状況はテレビ（黒白）九五・四%、電気洗濯機九三・八%、電気冷蔵庫八七・六%、電気掃除機六〇%、電話五三・八%となった（図4）。電話は六八年に自動化が実施され、七三年に小山・須走・御殿場間が市内通話となった。電話は家庭にとって、都会に住む子どもたちとの交流にも欠かせないものとなった。

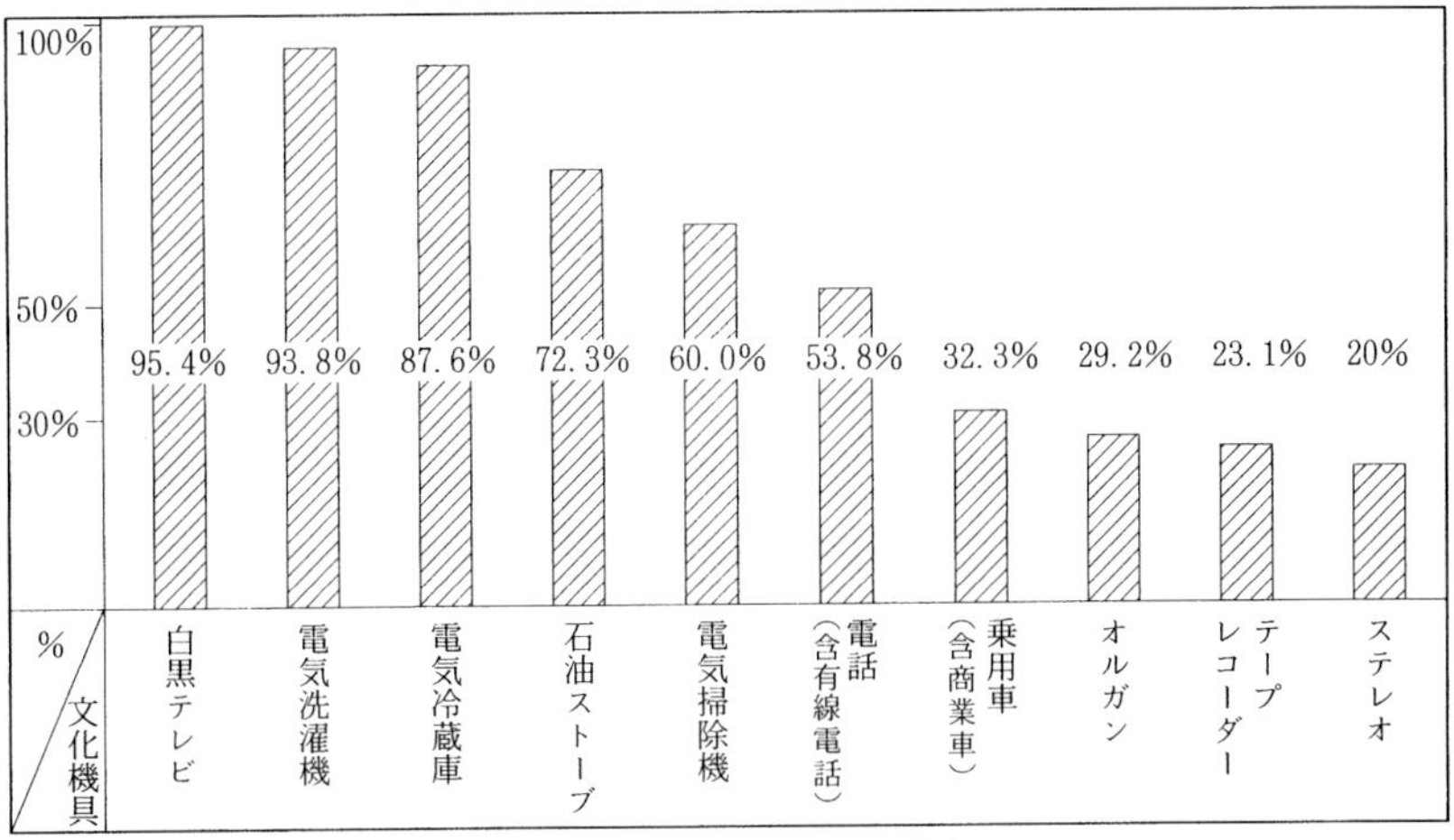

（出典）『広報おやま』129号「県民生活実態調査」1969年より作成.

図4　耐久消費財の保有率

三Cにもあげられたように一九六〇年代後半になると乗用車の普及が急速にすすんだ。六五年には北駿免許所持者（小型特種以上大型二種までをふくむ）が御殿場市・小山町では約五世帯に一人の割合となり、その二割は女性である。これは農業機械の導入との関係もあり、のちの乗用車普及の前提と考えられる。しかしさきの『御高調査』でも乗用車は三〇％以下にとどまっていたが、この後開発ブームによる所得増などから乗用車の所有がひろまり、小山町では自家用車が七〇年一五六〇台から七六年には三九〇一台となり、一・二世帯に一台、ほとんど各世帯に一台の乗用車があることになった。乗用車の普及は日用生活からレジャーまでを大きく変貌させることになった。電化製品の普及による生活の都市化とあいまって上・下水道の設置が急がれ、また車の発達にともなって道路の整備が不可欠となるなど、公共の施設の充実も促進されていった。

　こうした耐久消費財の爆発的普及は庶民に生活の上昇を実感させるとともに、都会と農村のあいだの地域差や、階層や職業による生活の相違や格差などを取り払い、生活様式の画一化が生まれた。そして職業や年齢にかかわりなく多くの人が自己の生活を

「中の中」と認める、いわゆる中流意識がひろまった。たとえば『御高調査』によると自己の生活程度について、中の上と思うもの六・六％、中の中五四・一％、中の下二六・九％で、八七・六％の人が中と回答している。またテレビが茶の間にいきわたることによって都会も農村も同時に大量の情報を共有することになり、都会の衣・食・住の流行はまたたく間に農村に波及、農村の生活の都市化は一気にすすんだ。

一九六〇年代後半には住宅の改増築が盛んになった。開発ブームによる所得増や、関東大震災以後に建てられた多くの住宅の老朽化、何よりも耐久消費財による生活様式の変化が住宅の改築をうながした。さきの『御高調査』でも将来の夢として「快適なすまい」をあげる人が多かった。また『六十年の歩み』のなかでも「藁屋根はカラートタンに、雨戸の縁側にはアルミサッシがはめられ、仕事場であった土間は玄関と床張りの台所に、馬小屋や物置も改造されて自動車、農機具の車庫に、二階は子供部屋になった、水洗トイレの普及で糞尿を肥料に使うこともなくなった」と、その様子が述べられている。

テレビが全戸にいきわたったころ、小山町の小山中央劇場や御殿場市の新橋劇場が閉館した。中央劇場は一九〇〇（明治三十三）年設立の六合座の後身で戦前戦後、富士紡職員をはじめ町民にとって数少ない娯楽の場であった。新橋劇場も北郷近辺の農村青年たちが仕事を終わった後に映画をみに通ったり、また小学校生徒も引率されてここで観劇をした思い出をもつところであった。一九七三（昭和四十八）年には小山町にただ一つあった銭湯の「恵比寿湯」が六五年間にわたる暖簾をおろした。こうして家庭のなかからも地域からも伝統的なくらしの匂いは消えていった。

高度成長以後の時代は農家の人々にとって農業労働も家事労働も省力化がすすんだ反面、新しい多忙さに追われる日々となった。「あちらでは農機具をこちらでは電気製品を購入しあの子も高等学校へと聞いてあせる日々」であり「十年ひと昔というけれどこの時代は三年ひと昔の感じだった。めまぐるしく変る世の中にぼんやりとしていると取り残されてしまいそう」な思いに駆られたというのが農村にくらす人たちの実感であった（『六十年のあゆみ』）。

高学歴社会へ

脱農業、生活の多様化によって教育に対する人々の期待や要求も変わっていった。高度成長期の日本の企業は「人的能力開発」――マンパワーポリシーということばでいわれる教育政策をすすめた。それは少数のすぐれた能力をもつ人材と大多数の従順な労働力を選別して、高度な技術革新と生産力の発展をはかろうとするものであった。高校教育の多様化や能力による選別がきびしくなった。高学歴とすぐれた技術をもった人材が進出する可能性もひろまったともいえる。これまでは「農家の後継ぎに学問はいらない」とされていたのが「財力に関係なく高校にやる」（『六十年のあゆみ』）というように父母の考え方も変わっていった。農業外への就労は専門的な知識や技術を必要としたし、またそれによってホワイトカラーとしての生活が約束された。

一九五〇年代後半には全国の高校進学率は五〇％を超し、とくに戦後のベビーブーム時代の子どもたち（団塊の世代）が高校進学の年齢に達し、その数も爆発的に増加した。小山町の中学校・小学校でもその兆しは顕著となり、それへの対応が問題となった。その一つとして一九六〇（昭和三十五）年十月、町内の各中学校・小学校の進路調査が行われた。これは中学校の三年生から小学校四年生まで、すなわち翌六一年から六六年の中学卒業予定者の進学希望を調査したものである。

これによると小山町全体では六一年中学卒業予定の生徒は三三一名、そのうち高校進学希望者は二一二名、六四％である。男女別にみると男子六八％、女子六〇％で、女子のほうがやや比率は低い。しかし二年後に卒業予定の中学一年生五三六名では八六％が、さらに五年後卒業予定の小学四年生では九〇％が進学を希望している。男女の比率でも男子九〇%、女子八六%とその差は接近している。

また各学年とも普通科への希望がもっとも多く、農業科への希望は数名から十数名にとどまっている。女子の場合には家庭科への希望が普通科とほぼ同数となっている。さらにこれを各学校別にみると農家の子弟が大半であった北郷中学校では高校進学希望は五三%であったが、農業地域でない須走中学校では八〇%が進学を希望している。

この調査の結果五年後には高校進学希望が二倍にのぼり、一〇〇〇名を超えることが予想された。これに対し北駿地域は静岡県下でも人口に比し高校の数が少なく、小山町には前述の一九四八（昭和二十三）年県立御殿場高校小山分校（定時制）が設けられていたのみである。

そこで一九六〇年北駿九中学校の校長、PTA、教育長等の連名で「北駿地区県立高等学校生徒募集について」と題し高校増設の陳情が行われた（『町史第五巻』）。そしてその理由として「近時当地区に兼業農家が増加し、また自衛隊職員の増加など職業構成の変化により子弟の進学が年を追って増し」ていること、これに対し「該地の急激な工業地域化」によって鉄道による「通勤者の激増を来し朝夕の混雑は殺人的で」あって沼津市・裾野町等の公私立高校への通学は不可能なこと、をあげている。

一九六六年には小山町の全日制高校進学者は四三二名定時制二名で進学率は八四%、七二年には北郷・須走中学では一〇〇%に達した。これに先だって六三年県立御殿場南校が普通科課程の高校として設けられ、八五年ようやく小山町に全日制の県立小山高校が設けられるにいたった。このように工業化の進展にともなって高校への進学が一般化し、さらにそれは大学進学者の増加を生み出した。大学進学者は全国で六〇年までは高卒の一〇%であったが六三年には一五%と上昇、七五年には四〇%に達した。

高度成長期の教育への期待の増加はその反面いくつかの問題を生み出した。その一つはさきにみた高校の不足等による受験競争の激化である。一九七六（昭和五十一）年十一月十一日の『広報おやま』二一八号は「あゝ眠りたい一年生」という記事を掲げている。これによると中学一年生の男子六〇％、女子四〇％が学習塾に通っており、日々の過密なスケジュールから睡眠不足を訴えていることが指摘されている。さらに重要な問題は、家庭における教育費の負担が増大していることである。

一九六九年六月の町教育費調査によると父母の教育費負担は平均所得年七一万円、月五万九〇〇〇円、貯蓄七九万に対し、幼稚園の授業料一〇〇〇円、小学校一三〇〇円から一七〇〇円、小学校から高校まで公立学校に通った場合でも合計四二万円は必要であることが報じられている（『広報おやま』一三三号）。またさきの『御高調査』によると家計費でふえたものに教育費をあげる家庭が多く、家計が以前より苦しくなった理由に教育費の増大が第一にあげられている。主婦の就労の動機の一つは教育費支出の増大であった。

家庭と子どものくらし

高度成長期以降の地域の変化の一つに人口の減少があった。小山町では一九六〇年に約二万六〇〇〇人であった人口は一九八五年には約二万三二〇〇人となっている。約一一％の減少はいわゆる農村の過疎化というにはあたらないが、それでもたえず減少する人口をどうくい止めるかが課題とされてきた。その原因の一つはこれまでもしばしばみたような労働力の都市への流出である。さらにこれに加えてこの時代に全国的にすすんだ子どもの数の減少がある。

敗戦直後には結婚ラッシュ、やがてベビーブームの時代が到来した。これに対して過剰人口は食糧難や経済復興の障害とされ、戦争中の生めよ殖やせよにかわって産児制限の必要が叫ばれるようになった。一九四九（昭和二十四）年には優生保護法の改正によって経済的理由からの妊娠中絶が認められるようになった。また家族計画の名のもとに受胎調節＝避妊の指導が農村でも保健婦などによって積極的に行われた。「子どもは三人が理想という指導が行われた」と当時の記憶として語られているように（『六十年のあゆみ』）、その数字の論拠はともかく「三人が理想、実際には二人」というのが農村でも一般的となった。

しかしその一方で戦前からの乳児死亡の高さがまだ解消されていなかった。とくに小山町は県内では乳児死亡率が高いことが問題とされた。そしてその多くが未熟児出産によることから母体の健康管理の必要が叫ばれ、町では一九五九年、母子健康センターを設立した。センターでは四〇〇万円の資金で六ベットの産室と救急車を設置、母子衛生の向上を目指し、助産や妊産婦と乳幼児の健康指導、受胎調節の指導にあたった。センターは経費の安いこともあって翌六〇年には年間一〇〇人、数年後には二〇〇人を超える利用者があった。しかし、八〇年にその使命を終えて廃止されていた。また小山町母子愛育会が設立され、婦人会役員が愛育会の役員を兼務して、地域の母子保健につとめた。

また、一九七四年からは足柄地区で東京女子医科大学による地域医療についての調査と啓蒙活動が行われ、これが健康と医療への関心を高める一助となった。このような努力と自家用車の普及があいまって、この後はほぼ一〇〇％の町民が病院で出産を行うようになり、乳児死亡率も漸次に改善されるにいたった。全国的にみても乳児死亡率は戦後初期に比して八五年には一二分の一に減少した。

こうした曲折をへて少なく産んで十分に手をかけて養育・教育をという考え方が定着していったが、やがて逆に少子化が問題とされるようになった。少子化を端的に示すのは小学校児童の減少で、小山町では一九六八年春には「一〇年前より入学児童が二二三人減少」と報じられた。すでに人口の減少傾向にあった小山町ではこれまでの出生抑制から出産奨励に転じ、七〇年からは第三子以降の出生時には祝金五〇〇〇円を贈ることを決めた。しかし子どもの数の減少は容易には歯止めはかからなかった。小山町の一般世帯（富士紡寮・自衛隊富士学校等を除く）の家族数は五八年の五・三人が六三年四・五人、八五年三・七二人（九六年には三・三三人）となり、全国的傾向よりはややおくれながらも家族の規模は急速に小さくなっていった（「地区別世帯数人口調書」『小山町の統計』）。

子どもの数が少なくなり、家族規模が小さくなったこと、家族のそれぞれが家の外で働くようになったことなどで、家族のあいだのかかわりや家族と地域の関係も変わっていった。町の社会教育委員会の提唱で「親と子で築く明るい家庭運動」が起こされ、「伝言板による親子の伝言」「お父さん笑顔を」「親子そろって夕食を」などの運動が始まった。六六年には毎月第三日曜日を「家庭の日」とすることが県によって決められ、この日は家族が一緒にすごすことが呼びかけられた。町内の小学校では元日こそ一年中でもっとも家族の顔を合わせる日であり、この日こそ「家庭の日」にと新年祝賀式をとりやめた。六七年には「家庭の日」の徹底が重ねていわれた。

この年総理府主催の青少年育成国民会議がもたれ青少年の「健全育成」が唱えられ、その一方でこうした行政主導の青少年問題への取り組みに批判的な立場から、自主的に子どもの生活にかかわろうとする家族・地域の運動も始まっていた。小山町でも共働き家庭の子どものための留守家庭児童会が成美・須走小学校で検討される。明倫小学校では、午後にひとり勉強の時間を設け教師と生徒の密接なつながりをはかったところ、家人は外に働きに出ており遊び場も少なく近所に友だちがあまりないため子どもたちのほとんどが加わったこと、北郷小学校では、カギッ子のために週二、三回の移動児童館を開いたりしたことが報告されている。これらの事例はかつてのような大家族のなかでの、また地域のなかでの子どもたちの生活がなくなってしまったことを物語っている。

一九七〇年代になると小山町の各地域単位に子ども会が結成され、またこの子ども会を援助育成するために父母・ＰＴＡ・婦人会・町内会役員により子ども育成会が組織された。育成会の事業はたとえば、子ども御輿・親子写生大会・金時祭相撲大会・天神講・ソフトボール大会・花火大会・模型飛行機大会など多彩である（『町史第五巻』）。伝統的な祭りや行事を核としながら、父母や子ども、地域住民の新しいつながりが生まれていった。

変わる青年の意識

農業を離れて給料生活者となった青年の意識にも新しい動きがみられるようになった。小山町では一九七〇（昭和四十五）年から毎年成人式に参加した青年たちにアンケート調査を行い、男女の交際や結婚観・理想の家庭像などをたずねている。これによるとこの人々の平均月所得は一〇年間に男二万六七〇〇円から九万三七〇〇円に、女二万四九〇〇円から八万三五〇〇円へと上昇し、その生活が豊かになっている。こうした状況のなかで男性は二五歳前後、女性は二二、三歳での結婚を望んでいる。女性は七〇年当時は現在の仕事を続けることは考えないという者が多いが、七五年以降には仕事を継続したいと考える人もみられるようになる。

交際相手の異性には「仕事のにおいのする人は嫌い」で「ゆとりのある趣味のある生活」、その趣味の第一位はスポーツを理想とし「一番したいのは海外旅行」「趣味に生き甲斐」を見出し「ビューティフルに」「地位や財産より平和な家庭を」求める。ここには農村・農業の匂いはまったくないと同時に、仕事を生き甲斐としたり立身出世を夢見たりすることもなく、私生活をエンジョイするマイホーム主義的な意識があふれている。その意味では都会のサラリーマン青年男女とまったく異ならない。

しかも男女平等などについては「男女差のあるのは必然的」と容認したり「ロックにしびれる一方で大安吉日や占いに関心を持つ」という現状肯定の傾向もうかがえる。一九八〇年ごろになると新成人の三分の一は学生となり、こうした傾向はいっそう加速してゆく。

これらの青年たちが地域活動や町づくりに対して「事と場合によっては参加する」意志をもちながらも積極的に参加する人は一部にとどまっていることにも象徴されるように、かつては地域の共同体の生産活動や年中行事の担い手であった青年団への関心も稀薄となった。社会教育では青年学級への参加者も減少し、これをヤングスタディーへと衣がえをして活性化がはかられるが青年の関心を引きつけることはむずかしくなっているのが実情である。

冠婚葬祭や地域の祭りなどもしだいに変わっていった。その一つとしての結婚式にもこれをみることができる。さきの『六十年のあゆみ』の筆者たち（一九二八年小学校入学）の時代は「恋愛結婚より見合結婚が多く」なかには「お見合らしいお見合もせず両親や廻りの人達の勧めてくれる農家に嫁いだ」女性もある。「家庭で式を挙げ新婚旅行もなかった」のが一般であった。

しかし結婚改善運動のなかで、公民館のモデル結婚式や青年団結婚式が行われるようになった。これらは経費の節約ばかりでなく、本人たちの誓約や婚姻届への署名をもって式とする新しい様式のもので、結婚が家と家のものから当事者である青年男女本位のものへと変わっていったことを物語っている。小山町でも一九七〇年中央公民館の設立を機に公民館結婚式が始まり、七四年三月までに一〇〇組、八三年十月には二〇〇組目の男女が挙式をした。

しかし高度成長をへて生活のあらゆる分野での都市化や商業化が浸透するにともなって、結婚式も都市のホテルや会館などで華やかに行われることが多くなった。それは住宅の建て替えにより自宅で多くの人を接待するような座敷がつくられなくなったことなどが一つの原因である。しかしより大きな理由は、青年男女の生活が地域よりも職場中心となり、結婚が職場の人間関係のなかでの意味を強め、かつてのような家や血縁、地域共同体のものとしての意味を小さくしていっていることによる。またこれと同じように、農業を中心とした生活が少なくなることによって地域の年中行事や祭りなどはしだいに伝統的な意味と形がうすれていき、行事や祭りは町のイベントとして新しい装いをもって行われるようになっている。

おわりに

本論は一九九八年刊行の、静岡県小山町町史編纂委員会編『小山町史　第八巻　近現代通史編』に筆者が担当した箇所のうち、大正期以後の女性、青年、家族、生活関係の部分を抜粋編集したものである。自治体史での分担執筆という関係上、たとえば明治期については家族、教育のなかで女性について記述しているが、ここでは省略した。また、戦時期については担当していないため、ここでは概略を加筆した。

この地域は、純粋の農業地帯であったところに当時としては最先端の紡績工業が進出してくることによって経済も生活も大きく変貌し、新しい文化が持ち込まれ、伝統的な農村の生活が変わっていくことは、ある意味で近代日本の歩いた一つの道を示している。戦後は逆にその企業の衰退が地域の生活を大きく変え、今日多くの地域が抱えている課題を投げかけている。また農村地帯でありながら、農業女性と女性労働者、小都市の主婦という三つの女性の姿もとらえることができた。そうした農村にとって歴史の転換期である「大正デモクラシー」や、「戦後民主主義」、「高度成長」がその地域に独自の意味をもったことをあらためて知らされた。

従来、県史・市町村史など行政企画の自治体史は、膨大な史料や叙述を盛り込んだ浩瀚なものとして編纂されている。しかし、これまで多くの場合、ほとんど女性に関する史料の紹介や叙述はとくに著名な女性や事件などのほかは記載されなかった。女性史研究者がその編纂委員に加わることも少なかった(5)。一方、女性史研究では地域女性史というかたちで各地の女性の運動や生活、個人の業績の掘り起こしが精力的に行われてきたが、その成果が自治体史に反映されることは少なかった(6)。しかし、女性とか生活とか従来見落とされていた角度からみることによって、これまでの政治史、経済史、運動史などでは気づかなかったある地域の特色が明らかになることもある。また、「大正デモクラシー」、「戦後民主主義」、「高度成長」などのことばが、政治史や経済史での理解とは異なる意味をもつことにも気づかされる。史料の場合にも、これまで自治体史では採択されなかった史料に光があてられることも少なくない。
もとより本論がこのような意図を十分実現できたとは思わないが、一つの試みとして検討、批判される機会となれば幸いである。

註

（1） 友愛会小山支部と婦人部設立の経緯については、『復刻版友愛婦人』（法政大学社会問題研究所総同盟五十年史編纂委員会編　一九七八年）に鈴木裕子の解説がある。ただしここにある小山支部の会員数は本論の数字とは異なる。
（2） 女工の教育は各企業で独自の方法で行われたが、その意義については、長野県の製糸女工の場合についての花井信『製糸女工の教育史』（大月書店　一九九九年）が示唆に富む研究である。
（3） 天野藤男『青年団及処女会』（丙辰出版社　一九一八年）。なお処女会についての新しい研究としては、渡辺洋子『近代日本女子社会教育成立史――処女会の全国組織と指導思想』（明石書店　一九九七年）。
（4） 米軍基地と女性の問題については、平井和子「米軍基地買売春と反「売春」運動――御殿場の場合」（『女性史学』一一　二〇〇一年）。
（5） 自治体史の成果から女性の問題を論じた研究としては、阿部恒久「地域社会の変容とジェンダー」（『ジェンダー研究から戦後史を読む』二〇〇九年所収）がある。
（6） 自治体史における女性史的視点の問題に関しては、小和田美智子「自治体史の中の農村女性」（『総会女性史研究』二八　二〇一一年）が一九九八年以降の静岡県の場合について論じている。

Ⅲ 戦争・平和

一　『婦女新聞』にみるアジア観

はじめに

戦後五〇年以上の歳月をへた今日、日本人の戦争責任があらためてきびしく問われている。それは、たとえば「従軍慰安婦」問題に象徴的にみられるように、過去の戦争の責任であると同時に、今日この問題にどう向かいあうかという現在の私たち自身の問題である。

この「慰安婦」問題について考えてみても、この、他に例をみない「制度」を生み出し、これを容認してきた根底には、女性差別と同時に、他民族とりわけアジアの民族に対する日本人の差別観や蔑視、劣等視が根強く存在したことを否定できない。

このような他民族観とその裏返しの自国中心主義、日本人の優越観は、どのようにして生まれ、人々の心のなかに植え付けられていったのだろうか。この問題を考えるとき、戦前日本の教育、学校教育や家庭教育のあり方、マス・メディアの果たした役割を考えなければならない。ここではそうした問題への一つの試みとして、『婦女新聞』のなかでアジアの国々にどのような眼差しが向けられ、またその国々や国民についてどのような情報が提供されたかということを検討した。

『婦女新聞』は一九〇〇（明治三十三）年から四二（昭和十七）年まで、近代日本国家の確立した時点から太平洋戦争開始直後までの長い時代にわたって、中正・穏健な言論をもって中産層の知識人女性を啓発しつづけた新聞である。その主要な課題は日本の女性たちの啓発、女性問題の情報提供であって、海外とりわけアジアの問題について取り上げることは必ずしも多くはなかった。それだけにどの時点で何が主張され、いかなる報道がされたか、それによって女性たちが意識的・無意識的に何を学びとり、いかなる思想をはぐくんだか、ということは見逃せない問題である。

ここではアジア問題に関する『婦女新聞』の社説とこれに関連する評論・随想について検討をした。なお、アジアの問題にもっとも密接である戦争そのものについての論説は折井美耶子論文(1)にゆずり、ここではふれていない。したがって本論では日露戦争、第一次世界大戦、十五年戦争時を除いた創刊期から大正末年までを対象とした。また報道・報告・投稿等でこの問題にふれた記事については、言及していない。

なお中国・朝鮮をはじめ国名の称し方については、当時のすなわち『婦女新聞』の記述をそのまま使用していることを了承されたい。またここに取り上げた『婦女新聞』の社説は、一、二の署名入りのものを除いては福島四郎の筆になるものと思われるが、福島の思想としてではなく『婦女新聞』そのものの見解として取り扱っている。

1　「隣国の婦人」論の形成

『婦女新聞』がその社説において日本とアジアの国々の関係、そこでの日本の役割について論じた最初のものは、一九〇三（明治三十六）年三月二十日の一五一号社説「隣国の婦人」である。これは中国と日本の関係、とくに女性の問題として、また日本女性の担うべき役割について論じたものである。

ここではまず中国は日本と「人種を同じうする点に於て、又その文字を同じうし」、ことに「一千年前に於て、先進国として我国文明を開発したりし交誼を思へば、わが国人は、義この隣人を見棄つべきにあら」ず、とくに「その伝へたる儒教は、永く我が国民の思想を支配し、今日に於ても尚大なる勢力を有するをや。殊に婦人の教に於ては、今日より見れば批難すべきもの多しといへども、兎に角我等の母、祖母、曾祖母は、是に由つて自ら教育せられ、是に由つて子孫を教育したるもの」であるという。

日本と中国の歴史的な関係の深さ、とくに日本女性にとっては、功罪はあるとしても儒教文化・思想の与えた影響は否定できないものであることをまず指摘する。さらにつづけて「共に昏睡に陥りたりし二人の婦人は、先に目の覚めたものが他を呼び起こさざるべからず。西の窓よりさし入る日影に驚きさめたる日本婦人が、今尚しだらなく昏睡せる支那婦人を揺り起こすべきは当然の義務なり」と述べている。

西欧先進国に比してアジアの女性は古い伝統の世界に閉じこもっていたこと、しかしまず、「西の窓よりさし入る日影」、すなわち西欧文化に接し目覚めたのは日本の女性であり、この日本の女性はまだ覚醒していない中国の女性をゆり起こすべき責任があるという。

これを通してみられるのは、西欧＝文明＝先進国、アジア＝非文明＝後進国であり、そのなかにあってひとり日本は文明の道を歩み、したがってその日本はアジアのなかにあって指導的立場にあるという考え方である。このように西欧とアジアを文明と非文明、先進国と後進国としてとらえ、そのなかで日本は文明国の仲間入りを果したが、中国・朝鮮などは守旧・専制・怠惰のままにあるという位置づけ、それゆえにこれらの国々を蔑視するという考え方は明治の初期以来、さまざまなニュアンスはあるものの、日本の指導層や言論界に共通して底流する考え方であった(『日本近代思想大系12　対外観』[(2)])。有名な福沢諭吉の「脱亜論」は、その代表的なものであり、福沢は「既に亜細亜の固陋を脱して西洋の文明に移」った日本人にとって、「隣国の開明を待て共に亜細亜を興すの猶予ある可らず、西洋の文明国と進退を共にし（中略）心に於て亜細亜東方の悪友を謝絶するものなり」と断言した。福沢は中国・朝鮮などアジアの国々とともに進む道を断念し、日本のみが先進国列強の仲間入りを果たす道を選択した。それは一八八四年であった。この時代には福島のいうような中国と日本を「同文同種」とする考え方などは、非合理な〝蛮風〟としてすでに退けられていた（『対外観』）。

「隣国の婦人」の書かれたのは脱亜論より十数年をへていて、日本と中国そして西欧諸国の関係は当時とは異なったものとなっていた。日清戦争に勝利して、福沢のいう道は現実のものとなっていた。さらにこの年は日露戦争の開戦前年であり、中国・朝鮮への勢力扶植をめぐって日本・ロシアおよびイギリス・フランスなど列強の対立は激化し、やがて、国内では東京帝国大学の七博士による対露強硬論が出されるという状況にあった。日本はすでに西欧列強との中国・朝鮮争奪の道を突き進んでいた。

その意味でいえば、『婦女新聞』の中国の覚醒に手をかしともに歩もうという主張は当時の世論とは相入れなかった。しかしこの時点で『婦女新聞』は戦争ではなく、女性の連帯を通してともに歩む道を模索していたことは評価されなければならない。

「隣国の婦人」はさらにつづけて、隣国の近代化にとってはまず「女子を教育して賢き母を作る」ことであるという。「文明の基礎は教育にあり、而して教育の根本は女子教育なり、（中略）老大の帝国支那を文明に導くには女子教育を外にして其目的を達する能はざらん」と主張する。近代国家の創出にとって教育、とくに女子教育による良妻賢母の育成の意義は、いうまでもなく明治初年の日本で福沢諭吉・森有礼・中村正直などがこぞって主張し実践したところである。『婦女新聞』はこの日本の体験を中国にも有効な方法と信じた。

そのうえで『婦女新聞』は、女子教育への協力の具体的方策として、①女子留学生を迎えて教育すること、②日本の女性が中国に渡り中国女性を指導すること、③一般女性はこれらの人を扶けてその志を実現せしめること、間接的には「支那婦人を卑しめ辱しめざるやう保護せざるべからず」の三点をあげている。

ここにも明治初年の日本の女子留学生派遣や、ミッションスクールの設立による女子教育の開拓の歴史への回想があり、こうした日本女性の歩んだ道を〝おくれた〟アジアの国に移し植え、日本の女性たちがその指導的役割を担うべきであるという発想がある。そしてアジアの後進国の女性を指導する日本女性の役割という構想は、この後の『婦女新聞』に一貫してみられる、いわば基本的な考え方であった。

2　安井哲・河原操子とアジア

「隣国の婦人」の掲げられた一九〇三(明治三十六)年、その主張を裏づけるような出来事があった。この年の末、『婦女新聞』は第一九〇号「本年の婦女界」において一年間の女性の活動の回顧を行ったが、そのなかで「五月に至りて一大快事こそ生じたれ」として暹羅国《シャム》より女子留学生の来日したことを報じ「実にこれわが女学界の名誉たるのみならず邦家のために大いに祝すべきこと」と述べている。

つづいて、女子教育家安井哲(てつ、哲子)の暹羅国よりの招聘と同じく教育者であった河原操子が蒙古王室家庭教師として赴任したことをあげて、「本年の女学界は、我日本女子をして東亜女学界の盟主たらしめ中枢たらしむる端緒を開きたるものにして、其愉快、露兵を満洲より逐ひ払たるにも比すべし」と賛辞を送っている。

暹羅国は当時、アジアのなかの数少ない独立国であるとして時の暹羅駐在の日本公使稲垣満次郎は同国との親交を深めることにつとめ、その産業発展のために養蚕製糸講習所を設け実地指導などを行っていた(『安井てつ伝』[3])。一九〇二年には暹羅国王室の皇嗣子が来日、日本の女子教育施設を視察し、これがやがて同国の女子教育振興のために留学生を派遣し、さらに皇后女学校を設立し日本の女子教育家を招聘することとなった。そして、当時イギリス留学を終えて女子高等師範学校で教鞭をとっていた安井哲にその白羽の矢が立った。

この出来事は隣国の女子教育の振興のために女子留学生を招くこと、さらに日本の女性が教育の指導者として貢献することという『婦女新聞』の提唱の実現として、「本年の婦女界」は賛辞を送った。

安井は一九〇四年一月二十三日日本を立ち赴任したが、それに先立って十八日、婦人団体による送別会が行われた。『婦女新聞』は第一九三号社説に「安井女史を送る」を掲げ、日露の開戦が迫り、その動向に世界の視線が集まっているとき、日本と暹羅の交流が実現したこと、これまでイギリス人等に任せられていた同国の教育が日本の教育家に任せられたということに対し「後進国の女性をして誘掖の恩を感謝せしめ、以てわが帝国をして武力以外に重からしめん」と、日本人の存在を武力以外の方法でアジアの国に認識せしめる意義のあること、と評価している。

ついで同年第二一〇号社説では「在外の二女史」と題して、安井と河原操子の活躍を取り上げて、政界・財界・教育界・婦人界などすべてが日露戦争に熱中しているとき、この二人の活動を忘れてはならないと論じている。

河原操子は長野県松本市の士族の女、県立師範学校女子部から東京女子高等師範学校に学ぶが中退、郷里の女学校の教員をつとめていた。はやくから下田歌子に私淑、その思想的影響を受けて「清国の女子教育界に貢献したい」との希望を抱き下田に懇請をしたという（山崎朋子『アジア女性交流史』[4]）。

下田歌子は当時の女子教育家のなかでは伊藤博文などの政治家との交流も深く、中国問題とくに中国への日本の進出に強い関心を抱き、奥村五百子の北清視察や愛国婦人会の設立にも尽力、また自ら経営する実践女子学校への留学生の招致にもつとめていた。

一九〇〇（明治三十三）年、河原操子は下田歌子の斡旋で在日中国人女性の教育のために横浜に創設された大同学校女子部に招かれた。さらに〇二年には上海に設立された女学校の唯一人の日本人教員として清国に渡った。一九〇三年十月の『婦女新聞』第一七八号「支那の女学校務本女学堂」は、操子の『婦女新聞』への寄稿の最初のものである。このなかで操子は、この女学校の外観や教育内容について詳細に報告し、生徒の日本語の進歩著しく「支那婦人はなかなか長所がありますから、能く教育すれば立派な女子が沢山でるであらう」ことは「無上の快楽」であると語っていて、ここには清国での女子教育への貢献という所期の目的に向かって全力を注ぎ着々と成果をあげている様子がうかがえる。

まもなく操子は内蒙古喀喇沁《ハルチン》王府に女子教育機関創設のために招かれ、上海から内蒙古まで長途の旅に上る。『婦女新聞』は〇三年一月から〇四年二月まで、操子の「蒙古紀行」を連載し、日本女性の中国奥地までの困難な旅行の様子を伝え、またその後、喀喇沁での女子教育の実情を回を重ねて報道している。

同じく女子高等師範学校に学んだ安井哲と河原操子がほとんど時を同じくして、清国やさらに周辺のアジアの地域の教育のために赴いたことを、『婦女新聞』は強い関心をもって見守り、これに声援を惜しまなかった。とくにそれが日露戦争のさなかであるだけに、その意義を高く評価した。そして「彼等（暹羅や蒙古の人々――筆者注）をして文明の域に進ましめ、自衛の実力を備へしむる事は、先進者としての我国の義務であ」り、こうした行為によって「日露戦争の勝利が、日本の光りを欧州に放つものであるとすれば、両女史の為す所は、日本の光りを亜細亜に放つものではあるまいか」（「在外の二女史」）と述べている。

このように『婦女新聞』は河原と安井を二女史という言い方でその活躍・功績を伝えているが、それははたして正しく真相を伝えていたであろうか。両者の活動の姿勢は同一であったといえるであろうか。少なくとも『婦女新聞』

に掲載された文章からも微妙な相違がうかがえる。
操子は、さきの「支那の女学校務本女学堂」や第二二一号「内蒙古（つづき）」（第二二〇号）「蒙古教育の概況」などで自らが行った教育について語っている。その一つ「内蒙古（つづき）」では、小学校段階の教育では最初は少数の生徒を寺子屋的に教育、その後生徒が五十余名に増加するや「我が小学に倣い、読書・算術・地理・歴史・作文・習字及び日本語・蒙古語・漢文」を教科として教えた。女学堂では読書・日本語・算術・地理・編物・唱歌・体操を教科とした。それらは「日本語に重きを置きますので丁度日本の学校のよう」で、「万事秩序立つて日本の小学校と大差なきほどに進」んでいると語っている。ここからもうかがえることは、操子が日本の学校教育の方式をそのまま持ち込み、日本語を主として教育を行ったことである。教師としての操子は自ら求めて清国の女子教育に飛び込んだだけあって情熱的であり、蒙古王室からもまた生徒たちからも深く敬愛されたといわれている（『アジア女性交流史』）。しかしそれは上海の務本女学堂の場合でもみられたように清国あるいは蒙古の女性たちに日本語や日本の唱歌を教え、日本的教育を行うことであり、その成果がいかにあがったかを、彼女たちの日本語がいかに上達したか日本語の唱歌をいかに上手に歌うかをもってはかることに何の疑問も抱いていない。そしてそのことに関して『婦女新聞』もひと言の批判も加えていない。操子の教育は日本の教育を輸出し、他国の女性を日本的に育て上げることに使命を見出していたといえよう。

一方安井哲の場合は、そもそも暹羅への赴任は哲自身の望んだものではなかった。哲は一八九七年より三年間イギリスに留学、帰国後母校女子高等師範学校に奉職していた。イギリス留学のなかでキリスト教主義の教育、信仰にもとづく自主性を重んずる教育を学んだ哲は、当時の官立の女子高等師範学校の教育になじまず、そうしたことが新しい世界に生きる道を選ばせた動機の一つであった。

「女史は実に明晰なる頭脳を有し、熱烈なる同情を有し、正義のために一歩も譲らざる勇気を有す。殊にその品性の高潔と名利を度外に措くの寡欲とは、わが婦人界にも稀に見る所の美徳なり」と、前掲社説「安井女史を送る」はこのような賛辞をもって安井を送った。それは当時の安井に対する世間一般の評価をいいえたものではあるが、このような言葉をもって送り出されたことは、心ならずも異国に赴任した安井にとってはその責任の重さをいっそう痛感させるものであったろう。

しかし、ここにもいわれたような誠実さをもって知られる安井は、かつて留学したイギリスとはまったく異なる暹羅の環境のなかで苦闘をしながら女子教育に献身した。その間の詳細は安井の親友で二葉幼稚園長野口幽香に宛てた書簡に明らかである(『安井てつ書簡集』(5))。安井はそのなかで暹羅の人々に接するにはもとより日本語は通ぜず、英語を介しながら、自ら暹羅語を学習して教育にあたったことを語っている。その一事をもってもわかるように安井は「忠実に此の国の為めに働く覚悟」(「暹羅だより」第二二〇号)で教育にあたり、そうした努力の結果、暹羅王室と生徒たちから深い信頼をかち得た。のちに回想のなかで安井は、その三年間で女子教育について、また国家の将来とその国民の教育また国際関係等、無数の問題が研究材料として残されたと語り、「同時に生徒に接するに従って愛は国境を超越するものであるとの体験を得た」(『安井てつ伝』)と語っている。

キリスト教主義者の安井は、暹羅での教育においても生徒との人間的な信頼関係の確立につとめ、国境を越えた愛をそこに見出している。さきの「暹羅だより」においても、「外国で仕事の困難なのは、其国の事情人情に適合させる事で、(中略)学問斗りあっても到底事業の成効は望まれません」と、相手国の事情人情に歩み寄って教育を行う必要を語っている。

それればかりではなく安井は自らの体験をふまえて、『婦女新聞』もふくめて「新聞や雑誌が私共の事など事々しく書立て、（中略）思慮の十分定まらぬ年若の女子に好ましからぬ刺激を与へる様になり、急に支那や朝鮮に飛び出したくな」（「暹羅だより」）ることを憂慮している。女性が教育を通じてアジアの後進国の指導の任にあたることをすすめる『婦女新聞』の主張が、現実には容易なものでないことへの苦言も忘れなかった。もとより安井は『婦女新聞』の絶大な支援に深く感謝し、同社に寄付を行っている（『安井てつ書簡集』）。

　しかし河原と安井のもっとも大きな相違は、河原の大陸での活躍が女子教育以外の重要な使命をともなっていたことである。河原の帰国後一九〇六（明治三十九）年七月の『婦女新聞』第三二三号「引《イン》」は、帰朝後の河原に数回会い、「裏面に於て国事に尽さるゝ由」をくわしく聞いたことを述べ、これに関する河原の日記の抄録を「雪中梅」と題して第三二三号から三二五号に掲載した。これは蒙古にあって河原操子が軍事探偵の横河省三、沖禎介、脇光三と連絡、蒙古に関する情報の提供を行っていた、その間の事情や心情を綴ったものである。もとより日露戦争後日の浅い当時、公にしえないことも多く、「差支なしと認めらるゝ節々を乞ひ受けて掲載」したものである。

　これによっても『婦女新聞』と河原操子との密接な関係がうかがえる。そしてこうした裏面の活動が明らかになったうえでも「志士の忠烈に泣き、河原女史の惨憺たる苦心に感謝の言葉を惜しま」（第三二三号「引」）ずと感動をもって記している（この一文は福島春浦の署名で書かれている。なおこれについてはのちに一九三五年に福島の妻貞子によって『日露戦争秘史中の河原操子』が出版された）。

　女子教育を通じてアジアの後進の国々の近代化に貢献するという主張は、この時点では、これによって日本の教育ないし文化をアジアの国々に扶植し、さらにその国との軍事的関係を深める役割まで認め、真にこれらの国々の近代化による独立を支援することから遠ざかっていった。『婦女新聞』は安井哲の見出した国境を越えた愛によるアジア女性の協力・連帯の道を追求すべきであった。

3　韓国併合と『婦女新聞』

日露戦後になると『婦女新聞』のアジアに対する姿勢は、これまでとは異なったニュアンスをもつものになった。一九〇六（明治三十九）年一月八日の第二九六号社説「らしく」はそれを示している。それは、女は女らしく、母は母らしくそれぞれの人が分に応じたあり方をもつことを求めたもので、それ自身『婦女新聞』の一つの転換点を意味しているといえるが、いまここではそれについてはおいて、アジアとの問題について考えてみよう。ここでは「婦人には婦人らしく」というと同時に、とくに「世界の一等国の婦人らしく」あることを望んでいる。それは「今や韓国という子を抱き、清国という老婦人の手を引きて、車馬織るが如き街路に出したり」と日露戦争後日本がいっそう厳しい国際環境におかれていることに注意をうながす。そして韓国は日本が保護すべき国であり、清国も日本が指導すべき国というかつての構図をいっそう強く示しており、これに対し日本の女性は「一等国の婦人」の地位にふさわしい品性と識見をもつことを求めている。

一九〇六年九月十七日の第三三二号社説「清国の女子教育」では、その清国の女子教育のあり方について一歩踏み込んだ見解を示す。それは「清国女子が、女権を云々して急激にその数千年来の風習を打破せん」とするようなことがあれば、清国の改革は失敗に帰するものであり、「決して文明風を吹き衒ふことなく、着実に、真摯に、而して主義に於ては儒教を基礎として之を活用し、妙用し、以て時勢に適応する女子を養成せんことを切望す」そして「儒教の実践的勢力に至りては、西洋道徳よりも寧ろ遥に優れるをや」というものである。

清国の儒教主義による古陋や旧弊を指摘して、西欧風の近代的な教育による進歩を支援することを主張してきた

『婦女新聞』はここにいたって、清国の女性が西欧思想の影響により女権を主張し、急激な変革を実現しようとすることを警戒し、むしろ伝統的な儒教主義を字句に拘泥せずその精神を活用することによって漸進的に変革することを主張する。同号には当時北京にあって女子教育にあたっている服部文学博士夫人の談話を掲載、「清国の現代に適するやうな方針を執りまして、あまり飛び離れた女権とか自由とかは説かぬやうに致して居ります」と語らせている。

なぜ『婦女新聞』は清国の急激な変革を避け儒教主義による漸進的改革を唱えるようになったのか。その背景には当時の中国の民族運動の高揚が考えられる。この運動には女性も参加、とくにさきの下田歌子の実践女学校に留学後運動に身を投じた秋瑾のような女性があった。(6)

アジア女性の日本への留学を提唱した『婦女新聞』がこのようなかたちでの中国女性の覚醒に警戒心を抱くにいたったといえるのではないだろうか。

アジアと日本の関係ということでは清国と同時に韓国との関係が重要密接であったことはいうまでもない。前掲社説「らしく」でもいわれているように、清国と同じく韓国を指導し支援することが当然考えられなければならなかった。

一九〇四年八月一日の第二二一号社説では「韓国の女子教育」を取り上げている。そして「韓国の経営は威を以て懼れしむる」のは最上の方法でなく「適当なる教育によつて、彼の頑迷固陋なる思想を打破すること（中略）、殊に上流社会の女子教育より始め」ることの必要を説く。ここにはすでに日露戦後の韓国経営が予想されていた。

韓国との関係、韓国における日本女性の果たすべき役割が切実な問題として取り上げられるのは、とくに韓国併合が具体的課題となる時点からである。

一九一〇（明治四十三）年八月二十九日韓国併合の詔書が発表されると、『婦女新聞』は九月二日第五三七号の巻頭にこれを掲げ、「建国以来の盛事」と題する社説をもってこれを迎えた。そして、台湾・樺太の領有による領土の拡大に比してもその二倍に等しい膨張であり、「二千年来の国史に於て常に連続したりともいふべき対外問題を、遺憾なく解決」したまさに建国以来の盛事であり、「此の盛世に生れ合わせて、目前に此の盛事を見るを得たる幸福」をよろこんでいる。韓国併合をめぐっては日本国内にもさまざまな反響があったが、これは当時の日本人のきわめて一般的な感懐を代表しているといえよう。

しかしこれにつづいて社説は「翻つて韓国民の心事を想像する時は、一掬同情の涙を禁ずべからざるものあり」と記すことを忘れなかった。しかし国の独立を奪われた国民に対し抱いたのは同情の涙であった。しかも彼等の今日あるは、多年の悪政と国民の無知とに原因する当然の結果であると述べて、併合の責任は韓国とその国民にあるとしている。そして「文明をして野蛮を導かしめ、世界の人類をして成るべく多く幸福を享受せしむるものなれば、区々たる小理、小情は、此際犠牲に供することも已むを得ず」といい、文明国による野蛮国の支配・併呑は「宇内の大則、進化の大理法である」と述べている。ここにも、最初の「隣国の婦人」においてみたのと同じように、先進国の支配を文明の名において進化の大理法として正当化する姿勢が貫かれている。

そして一つの国の独立が奪われることについて〝一掬の同情〟をよせるにとどまり、〝気の毒なる最後〟とはいうが、しかし「今後叡聖仁慈なる我が天皇陛下の治下に属して、彼等は始めて幸福の民たる事を得べし」といいきっている。

さらに次号五三八号には時事解説「韓国併合に就て誤解する勿れ」を載せ、このさい、いきすぎた祝賀をすることは韓国を刺激するからとしていましめながら、併合の意義について重ねて説明を加えている。それは、日清・日露戦争のさいには韓国の領土保全を標榜しておりながら結局併合を行ったことへの弁明である。そしてそのとき持ち出されたのは、さきの「進化の理法」と同時に「東洋永遠の平和」ということであった。東洋永遠の平和が日清・日露戦争以来日本の掲げた旗印であり、これを果たしうるのは日本のほかにないこと、「日本国は東洋といふ大きな家の主人であるから、その家族をして末長く平和に暮らさせてやる責任がある」という、のちの八紘一宇にも通じる論理がここに持ち出されている。

アジアのなかの文明国日本が他の国々を援け、ともに発展するという初期の主張は、こうして、これらのおくれた国を日本が併合し保護することによって平和が保たれ、併合は朝鮮人にとっても幸福という論理へとすり変わっていった。

これ以後『婦女新聞』は、この韓国に対する日本女性の役割の大きいことを繰り返し論じていく。韓国を文明に導くためにまず行われなければならないのは家庭の改善である。「婦人の閉居を以て俗とせる国」「男女全く別居して、女子はその家庭に於てすらも男子の来客に接する事な」き国、したがって「婦人の見聞狭く、固陋をのみ墨守」している社会を改善するには「たゞ一日本婦人の手に倚るの外なし」と、韓国社会の開化のためには家庭の改善、女性の啓発が急務であることを繰り返し主張する（第三八八号「在韓婦人の任務」、第五三八号「朝鮮開発と婦人」）。そのためには在韓の日本女性が、直接韓国女性を指導するのではなく、「教師は教職に、妻は其夫を助けて家庭の勤めに、各々其職分を全うして、模範を示し、（中略）余暇あらば交際の道を開」き交流をもつことにより、韓国女性の覚醒を促すべきだという。

併合後にはさらにすすんで「彼の婦人に接近する機会を得やすく、且之を指導する」ためにもっとも適切な職業として女医と女教師がなるべく渡航して指導にあたることを提唱する。そしてこの年には「女医養成の急務」を三度にわたって取り上げ（第五三九・五四〇・五四一号）、そのなかで「未開の国民を文明に導く唯一の門戸は医術」であるとし、女医養成の具体案として①医科大学および医専への女子の入学、②官立の女医専門学校設置、③私立女医学校の保護の三項目をあげ、女医の渡航についてはまず京城・仁川で夫婦共同で開業することが望ましいとまでいう。なお女教師については「高尚なる学科教師よりも寧ろ編物細工物等初歩の手芸にて事足れば、尋常小学専科教員位の技術あらば可なりと聞く」と実科的な教育の必要を認めている。これをみてもわかるように女医、女教師の韓国への進出をかなり具体的に構想していたといえる。

そしてさらに「何等腕に覚えもなく、何等の成案をも立てずして妙齢の婦人が漫然渡航」(第五三八号「朝鮮開発と婦人」)することをいましめるのを忘れなかった。これはかつての安井哲の苦言を活かしたものであろう。こうして朝鮮併合を契機に日本の職業・技術をもつ女性が渡航して彼の地の女性と交流を深め「朝鮮人を真の日本人化せんことを望」んでいる。ここに構想されている朝鮮開発は朝鮮の女性をその国の人として啓発することではなく日本人化させることであった。

この年十一月にははやくも朝鮮貴婦人二十余名が観光と、内地貴婦人との親交を深めるために来日する。『婦女新聞』は第五四五号「朝鮮貴婦人の歓迎に就て」、第五四六号「朝鮮貴婦人に呈する書」によってこれを歓迎する意を表し、これまで内に閉じ籠もっていた朝鮮の上流婦人が来日したことを喜び、「あらゆる機会を利用して我が家庭の長所、固有の女徳などを知悉せしめ、殊に我が国体の万国に冠絶せる所以を了解せしめ彼等をして此の国民に籍《(ママ)》をおく事を名誉也と感ぜしめる」ことが肝要であると述べている。ここには、対等の国と国の女性の交わりではなく、まったく一方を他方に、朝鮮女性を日本に同化せしめることをもって相互のもっともよい関係であるという日本中心の考え方が強く貫かれている。

そして「韓人の善化悪化」が帝国の将来に重大なる関係を有するので、「これを日本化し之を善導すること」は今後の日本の発展に影響する、「韓国は帝国が宇内に発展する足溜の場所なり、ここを基点としてまず東洋に我が勢力を扶植することは当然の権利にして、避べからざる国家的義務なり」（第四八五・四八六・四八八号「在韓婦人の任務」上・中・下）という。韓国をよく経営することは単に日本と朝鮮の関係として重要であるばかりでなく、ここを足溜りとしてアジア大陸や世界に発展する第一歩として位置づけられた。そして韓国在住の日本女性の特殊な役割が強調された。

こうした強硬な対外姿勢を打ち出す一方で、この時期には『婦女新聞』紙上に朝鮮に関する情報が数多く載せられていく。一九一一（明治四十四）年には京城に『婦女新聞』支局がおかれ、「京城通信」欄が設けられている。これらの記事は京城を中心に朝鮮各地の四季の模様、日本人小学校や女子技芸学校、また京城にある愛国婦人会支部などの婦人会の活動などの紹介が主で、一月に二、三回ずつ掲載されている。このほかに「朝鮮婦人の昨今」「朝鮮婦人と養蚕事業」などでは女子学生が日本語で演説を行ったこととか、貴族の家庭で養蚕が行われるようになったことなど、朝鮮女性の日本的生活への「同化」の様子が報じられている。

また朝鮮各地在住の女性たちの手になる記事で朝鮮女性の家政、家事のやり方など日常生活や風俗習慣を紹介したものも少なくない。それらはおおむね、朝鮮の生活習慣や風俗の日本との相違に興味を向けているが、ややもすれば日本との相違を「おくれたもの」「非文化的なもの」とみがちで、異文化を異文化として尊重し、それぞれ認めあうというよりは、朝鮮をおくれた野蛮、非文明なものとして、西欧化した日本の文化に優越を抱く姿勢を否定できない。こうした記事を通じて読者たちが意識的無意識的に形づくっていった朝鮮観がどのようなものであったかは想像に難くはない。

4　福島四郎の朝鮮・満洲旅行とその後

以上みたように『婦女新聞』がアジア、とくに朝鮮の問題にもっとも強い関心を示したのは、韓国併合の前後であった。さきにあげた京城支局の名は一九一四（大正三）年以後にはみられなくなっている。

この後、『婦女新聞』とアジア—中国・朝鮮とのかかわりを示す顕著な出来事は、二一年の福島四郎の朝鮮・満洲旅行である。この年秋十一月十三日から約五〇日間福島は朝鮮・満洲各地を旅行する。この旅行は各地で『婦女新聞』読者をはじめ婦人団体などと交流し婦人問題の講演を行い、あわせて各地の視察を行うものであった。

旅行の様子は逐次『婦女新聞』紙上に「満洲旅行」として報道された。これをみると東京出発後すでに神戸・下関などで多数の会員の出迎えや愛読者会があり、それが釜山・京城・開城・平壌（地名は当時のもの）など福島の行く先々で展開されている。その地で活躍する知名人の夫妻や女子教育関係者等が歓待、それぞれの地で連日愛読者会、学校母の会、愛国婦人会などの婦人会の集まりがあり、福島は講演を行っている。

そのテーマは「両性の起源及発達に関する生物学的説明」「女権拡張論の内容の論拠」「女性の徳性の発揮」などであったと福島自身が記している。要するに婦人論、婦人問題についてであったといえる。そしてそのつど数十人からの出席者があった。

かつて福島と親交の深かった歌人・国文学者の故大和田建樹の妻をはじめ、『婦女新聞』に関係ある女性たちが幼稚園経営などの社会的活動を行っていることも語られていて、女性が朝鮮に進出し活動をすること、また在韓女性が「その分に応じ」全力を尽くし朝鮮女性の範となることを提唱してきた福島にとっては、その成果をみる思いであったといえる。

この旅行の成果として「この一年婦女新聞の編輯に対して極めて冷淡でした。冷淡というのは怠けた意味ではなく頭が沈滞していた為です。それが鮮満旅行によつて大に刺激せられ、今は思想や計画が胸に燃へるようになり、本誌をして知識的に精神的になくてならない必要な週刊新聞たらしむる自信を得ましたから（中略）直に大活動を始めます」と二一年末には記している（第一一二七号）。

これが、新聞紙上にどのように展開されたかをいまここでは検討する余裕がないので今後の課題としたい。ただここでは、そうした多大の収穫のあった鮮満旅行で満洲・朝鮮そのものから彼は何を学び何を得てきたのかを考えたい。

これについては翌二二年「鮮満トランク」と題して一月十五日の第一一三〇号より八回にわたって報告が行われた。そのなかでまず「遊惰な朝鮮人、勤労の支那人」と題し、朝鮮の人々に貯蓄や貨殖の道を講ずるということがまったくなく、「遊惰な国民性」があり、これが「朝鮮を亡ぼした原因」であるとし、これに対し支那人の労働者はきわめて勤勉である、しかし勤勉であるのにその国が発展しないで今日のようなみじめな状態にあるのは「彼等に国家の観念がなく団結心がなく個人主義の国民性」による、と述べている。

また満洲では、電車は「満鉄の経営なので日本人の家族は皆無料」「日本の児童は皆可愛い洋服を着て元気のよい顔をし（中略）支那人の子供は栄養不良のやせた身体を不潔な着物にくるまれ羨しそう」にしている、これは「満洲到る所で見る」情景である、「撫順炭坑の支那人労働者の賃金は一日僅か三十五銭乃至四十銭、日本人ならどんなヤクザな男でも監督に廻されるので、一日二円五十銭乃至三円……何だか支那人に気の毒な感じがする」と語っている。

以上はその一例だが、福島は朝鮮・満洲でかつて自らが「日本人との同化」を夢みたその国の民衆の生活の実態がいかなるものであるかを垣間みている。そしてそれがけっして日本人一般とも、またその地にある日本人とも平等でないこと、彼等が真に勤労に喜びをもつこともできない状況にあることに気づいている。しかしそれをさらに一歩つきつめて問うことはここでは行われていない。それはそれぞれの国民性に帰せられたり「気の毒」という言葉で終わっている。

「鮮満トランク」は軽い随想として書かれたのかもしれない。しかし五十余日に及ぶ朝鮮満洲旅行という貴重な経験を読者に報告するものとしてやや物足りないという感を拭えず、当時の朝鮮・満洲と日本との関係について、また彼の地の民衆の生活や意識の深層について、より深い洞察がなされたのか否かは紙面からはうかがえない。

この後大正年間で朝鮮にかかわる問題として『婦女新聞』紙上にあらわれるのは、二五年三月二十二日、第一二九三号の「内鮮融和と婦人の責務」と題する、隠明寺忍の講演要旨である。隠明寺は〇七年、ちょうど『婦女新聞』紙上で女子教育家の役割が提唱されたころ、朝鮮に赴き女学校教育に献身し、のちに女学校長となった人物である。この講演のなかで隠明寺は、日支親善・日鮮融和は婦人相互の団結融和によってはじめて実現すること、日鮮女性が相互にその家庭を知り、日鮮人が結婚するまでにいたらなければならないこと、植民地における日本女性は生活が安泰なため、「惰気をおび、（中略）此等新同胞に対しても先進者であるような態度」のものが少なくないこと、中国・朝鮮に赴く女性が「万一先進国の女性を以て臨むようなこと」があってはならないことを語っている。多年朝鮮で女子教育にたずさわったこの教育家の言は、さきの福島の鮮満旅行記では語られなかった植民地における日本の女性の一面を端的に語って示唆に富むものである。

この年十一月二十九日、第一三二九号社説は「大逆事件と婦人」と題して朴烈事件の金子文子について論じた。朴烈と金子文子は関東大震災直後に検挙され、二年後のこのとき事件が公表された。大震災当時、大量の朝鮮人が検挙あるいは虐殺されたことについてまったくふれなかった『婦女新聞』は今回は「当時の不逞鮮人の噂は全く根もない空言ではなかつた」と述べている。

そして、この「大逆事件」に金子文子と新山初代（獄死）という二人の女性が関与していたことに衝撃を受けている。しかしここでは、これを植民地朝鮮と日本の問題として論ずることはしなかった。ここで焦点があてられたのは二人の女性、とりわけ金子文子が肉親の愛情に恵まれず逆境のなかに育ったこと、それが彼女をかかる行動に走らせたということについてであった。そして「彼等の如き危険思想は不幸な家庭の裡に醞醸せられ、（中略）絶望的境遇で養はれる事」によるものだから、「兎角継児扱ひにせられる鮮人の上にも諸君の母性愛を発揮すべき責任あることを自覚しなければならぬ。母性愛は我が国体を擁護する上にも必要である」と訴えた。

不幸な生い立ちの女性がわずかに朝鮮での学校教育のなかで恩師から人間的な愛情を受けたこと（同号掲載の「金子文子の手記」より）、それが朝鮮の運動家に共感していく契機であったことの意味は受け止められず、不幸な境遇の女性や「鮮人の救済」は母性愛に収斂されていった。それはやがて日本の女性たちに向けて母性愛が声高に叫ばれていく昭和の時代を予告するものであった。

おわりに

これまで『婦女新聞』の創刊期から一九二〇年代半ば、大正期末までのアジアにかかわる主張の主なものを時代を追って概観した。ここで明らかになったことは次のようである。

（一）『婦女新聞』のアジアへの関心は西欧との対比から出発した。西欧の近代を進歩とみ、アジアは古陋・旧弊でありおくれた社会とされた。そのなかにあってひとりそこから脱却し、近代化を実現した日本こそアジアの指導者として、おくれた国々の近代化に貢献する役割を担うべきである。そこには西欧・アジア・日本を近代か文明かの基準で測り、近代・文明こそ善であり正義であり優位にたつものであるという確信がみられる。

（二）　アジアの近代化にとって教育による女性の覚醒と家庭の改革が重要な課題であり、アジアの女性たちの覚醒に助力、協力するのが日本女性の役割である。これを実現した日本女性について『婦女新聞』は非常な関心を示し、協力支援を惜しまなかった。その教育と家庭の改革には、日本のそれを移植し日本化をはかる方向と、それぞれの国の自立のために独自の教育や家庭のあり方を追求する方向が考えられるが、その相違を問うことはなかった。

（三）　その結果、中国における民族運動高揚という事態を前にすると『婦女新聞』は西欧の女権思想による急激な変革を警戒し、儒教主義の活用による漸進的改革を主張することとなった。

（四）　さらに（一）の論理から後進の国を先進の国が吸収することは「進化の理法」であり、また東洋永遠の平和のためであるということで韓国併合が正当化された。そして韓国の近代化はもっぱら日本の教育、日本の家庭の美風の移植、日本化の方向ですすめられた。日本化はやがて母性愛による内鮮融和へと発展していった。

（五）　このような『婦女新聞』の主張がどのような影響力をもったかの一端を示すのは、福島四郎の鮮満旅行における在韓日本女性の反響である。

なお『婦女新聞』のアジア観の変遷とこれが読者や一般社会に与えた影響については、ここでは取り上げることのできなかった評論・感想・投稿等の詳細な分析にまたなければならない。さらにこのようなアジアに対する姿勢が、この後日本と中国・朝鮮との関係が複雑かつ険悪となるなかでどのように変化していくのかということは、今後に残されたもっとも大きな課題である。(7)

註

（1）折井美耶子「福島四郎の戦争観」『婦女新聞』と女性の近代』不二出版　一九九七年。

（2）『日本近代思想大系12　対外観』岩波書店　一九八八年。

（3）安井てつ伝刊行会編『安井てつ伝』一九六五年、のち『伝記叢書八一』大空社　一九九〇年。

（4）山崎朋子『アジア女性交流史　明治大正篇』筑摩書房　一九九五年。

（5）青山なを編『若き日のあと――安井てつ書簡集』安井先生歿後二〇年記念出版刊行会　一九六五年。

（6）藤村善吉『下田歌子先生伝』故下田歌子先生伝記編纂所　一九四三年。

（7）戦時期の婦女新聞の姿勢については、永原和子「高群逸枝研究に学ぶもの――戦前・戦時期の高群逸枝について――」（『歴史評論』四五五　一九八八年三月）において、高群逸枝と婦女新聞について論じたなかでふれている。

二 大正・昭和期農村における婦人団体の社会的機能
――愛国婦人会茨城支部をめぐって――

はじめに

戦前において、都市や農村の婦人層を組織し、これを教化・指導し、のちには戦争協力へとかりたてる役割を果たしたものに、各種の婦人会、女子青年団、処女会等があった。これら――その多くは官製または半官製組織であった――は、組織しえた人員の数において、また全国的な分布という点において、いわゆる反体制的な婦人団体とは比較にならない大きな影響力をもつものであった。

それらの婦人団体のなかでも、もっとも歴史が古く、かつ多数の会員を擁していたといわれるものに愛国婦人会がある。愛国婦人会といえば、その創立者である奥村五百子の女丈夫的風貌や、そろいの上着にたすき掛けで出征兵士を送迎する婦人の、いわば軍国主義の象徴としての姿が連想される。たしかにそれが愛国婦人会の本来の姿であり、それだからこそ、戦後、婦人解放や平和を基調とする女性史のなかでは、その存在は否定されて、かえりみられることはなかった。

しかし、愛国婦人会の果たした役割はそれだけであったろうか。日露戦争と、日中戦争、太平洋戦争下での活発な軍事協力の時期以外のときに、この大きな婦人団体はいかなる社会的機能を果たしていたのだろうか。とくに地方農村において、どのような動きをしてきたか。こうした点に考察を加えることは、愛国婦人会というものの性格をより明らかにすることであり、それによって戦前の日本社会において、婦人団体、とくに体制的なそれの果たした役割を知る手掛りとなる。

ここでは、茨城県結城郡江川村（現在結城市）の一九二二～三七年の「愛国婦人会関係書綴」と一九四四、四五年「婦人会関係書綴」によって、大正中期から日中戦争開始にいたる時期における愛国婦人会と大日本婦人会茨城支部の歴史をあとづけ、地方中小都市およびその周辺農村での婦人団体の姿と、その提起する二、三の問題について考えてみたい（両資料の詳細については、永原和子『資料紹介　結城地方における愛国婦人会の活動』結城市史内部資料㈢　一九七六年参照）。

なお、愛国婦人会をふくめた戦前の婦人団体の性格やその歴史的位置づけについては千野陽一氏のすぐれた研究『近代日本婦人教育史――体制内婦人団体の形成過程を中心に』があり、社会教育政策の視点から婦人団体を考察した宮坂広作『近代日本社会教育政策史』がある。また特定の地方における愛国婦人会については、高知県の場合について外崎光広『高知県婦人解放運動史』、愛知県の活動について伊藤康子『草の根の女性解放運動史』がある。

1　茨城県における愛国婦人会の成立

愛国婦人会は、周知のように、女性事業家で大陸進出論者であった奥村五百子が、一九〇一（明治三十四）年北清事変のさい、戦場の兵士慰問に赴き、その困苦を目のあたりに見たことから、軍人兵士の援護を思い立ち組織したものである。最初、華族、県知事夫人、将校夫人等に呼びかけ、皇族を総裁にいただき貴族院議長近衛篤麿をはじめ、陸海軍、内務省などがこれを後援、下田歌子、山脇房子らの女子教育家が協力した（のち下田は奥村にかわって会長となった）。[1]

愛国婦人会は「半襟一かけを倹約して」軍人遺族の救護にあてるという言葉に示されるように本来、上流夫人の慈善団体であり、軍事後援団体であった。しかし、発足後間もなく起こった日露戦争を契機に、その組織は全国的に拡大し、会員数は飛躍的に増大した（表16参照）。茨城県の場合も、日露戦争への尽力に対する行賞にさいして、茨城支部の名があがっているが、[2]これらのことから推せばおそらく全国的に支部結成のすすんだ日露戦争の初期に、茨城支部も成立し活動を始めていたものと思われる。そして一九一一（明治四十四）年には、第一回茨城支部総会が行われ、来会者は一八〇〇名であった。[3]

表16　初期の愛国婦人会々員数

明治34年	13,000人
36	45,000
37	268,000
38	463,000

（出典）　井村勝重『愛国婦人会史』.

ここで、愛国婦人会の組織についてふれると、会は、各道府県単位に支部、郡に郡幹事部、町村に委員区（のちに分区と改める）がおかれるというように、行政機構にのっとって組織された。これを江川村の場合でみると、茨城支部―結城郡幹事部―江川委員区という序列となる。そして支部長には府県知事夫人、郡幹事部長は郡長夫人、町村委員長には町村長夫人がその地位につくことになっており、同時に知事、郡長、町村長はそれぞれの段階組織の顧問となることが決められていた。

なおこれと同じような組織形態をとるものに日本赤十字社があった。赤十字社も行政単位によって支部、幹事部、町村委員区を設け、それぞれの行政の首長が赤十字社の責任者となった。すなわち知事以下郡長、町村長は赤十字社の責任者であると同時に愛国婦人会の顧問であって、その妻を愛国婦人会の責任者とするわけである。さらに末端の会員についても、赤十字社員の妻はほとんど自動的に愛国婦人会員であることが江川村の両者の会員名簿から明らかである。

一九二六年、茨城支部では郡制廃止にともなって、郡幹事部は廃止され、県支部単位に事務所をおくことになったが、この場合にも愛国婦人会と赤十字社とは経費を分担して兼任の駐在事務員をおき、事務を掌らせている。また毎年東京で開かれる愛国婦人会総会は赤十字社総会の翌日に開かれるのが例であった。

このように愛国婦人会と赤十字社は表裏一体の関係にあって、軍事援護その他の事業を共同で行うことになっており、これを管轄し指導したのが内務省であった。日露戦後の農村にとって軍人、遺家族、廃兵救済が一つの社会問題であったことは、この戦争がのこした傷あと、とくに人的被害の大きかったことからも推察できる(4)。愛国婦人会、赤十字社、在郷軍人会などの軍事援護団体の役割は日露戦後になっていっそう重視され、行政機関からの積極的支援によってその組織の拡大・強化がすすめられた。

2　大正期の愛国婦人会

社会事業団体としての側面

日露戦争の前後、戦争協力と戦後の軍事援護事業に少なからぬ貢献をした愛国婦人会であったが、第一次世界大戦を契機とする日本の資本主義の発展、大正デモクラシーの高揚という新しい時代に遭遇し、単に軍事援護団体としてとどまることは不可能であった。

一九一七(大正六)年、愛国婦人会本部は定款を改正して、従来の軍事援護事業の強化とともに、あらたに幅広い社会事業に取り組むことを決めた。茨城支部も二二年にこの趣旨にしたがって「救護救済規程」を定めた。これによると救済の対象となるのは、①応召中ノ軍人並現役入営中ノ下士卒ノ家族、②廃兵並軍人遺家族傷病者及老衰者、③天災事変ニ因ル罹災者、④妊産婦及産児デ「生計困難」ナ者。救済の内容は、①生業補助、②傷病者及老衰者ノ扶養、③災害ノ救済、④妊産婦産児ノ無料診療、医療費、寝具、衣服調度ノ費用ノ援助等である。

この規定の配布にあたっては次のようにその趣旨を説明し、あわせてこの事業実施の前提となる会員増募の計画と寄付篤志者勧誘の必要を訴えている。

第一、軍人遺家族及廃兵救護ニ関スル件

従来本会救護規則ハ主トシテ遺族廃兵ヲ救護シ来リシモ改正ノ結果他ノ必要ナル救済事業ヲモ為スコトト範囲拡張セラレタルニ依リ茨城支部ハ時世ニ鑑ミ本年度予算ニ左ノ救済事業ヲ計上（以下略）

第二、会員増募計画ニ関スル件

本計画ハ今後五ケ年間ニ女子人口二十五人ニ対シ会員一人ノ割合ニ達セシムルモノニシテ全国挙テ実行スルノ場合ニ至リ茨城支部モ之レカ計画ヲ立テ基金ノ充実ヲ計リ併テ救護救済ノ資ニ供セラレントス（以下略）

第三、寄附篤志者勧誘ノ件

篤志者勧誘ニ付テハ各位ノ尽力ニ依リ毎年好成績ヲ挙ケ来リタルモ今後一層努力セラレンコトヲ望ム

この方針の具体化としてまず第一に着手されたのは「委託産婆制度」である。これは一町村または二、三町村を一区画とし、各三名以内の開業産婆を会より委託、生計困難で産婆にかかれない家庭の妊産婦と新生児に無料で診療を受けさせようとするものである。該当者には無料診療券を交付、経費は会が負担するしくみとなっていた。これは「社会ノ救済事業タルノミナラス之カ人道ノ擁護上ヨリ見ルモ緊要且重要ナル事業」であるとして茨城支部が「他ニ率先、創始」したものである。(5)

結城郡では結城町松井シモ子以下二六名の産婆が委託されたが、後の通達によると趣旨が一般に徹底せず利用者が少ないこと、婦人会の会合等を利用してその普及徹底をはかり、産婆の受持区域を廃し、同一郡内であればどこでも診療を受けられるようにして利用者の便宜をはかってほしいこと、などを訴えている。

一九二四年には、県下三八〇町村中、産婆のいない町村が二〇〇町村にのぼるところから、これらに産婆を配置するため、県衛生課と共同で産婆養成事業を開設した。これは高等小学校卒業程度の女子を募集、一年間の養成期間中は手当を支給、とくに軍人遺家族には学資を援助することとした。この養成所の講習科目は

一、修身大要
一、産婆ノ心得ヘキ法令ノ大意
一、解剖及生理学大意
一、産婆学
一、実習及模型演習
一、衛生学大意

で、とくに一般の産婆学校より実習回数が多く、そのため産婆の資格試験合格率が高い（表17参照）ことが評価され、入所希望者が多く、たとえば二七年には希望者三五名のうち試験により一二名が採用されるような状況であった。(6)

つづいて臨時看護婦養成（一九二三年）、児童健康相談所設置（一九二四年）、家庭衛生指導員設置、農村託児所の設置（一九二五年）などが行われ、その

表17　愛国婦人会茨城支部活動状況（1926年）

軍人遺族救護		80人
妊産婦救済		118人
産婆養成		15人
聴講者		3人
試験合格者	86/100	
児童相談所		
水戸市	28回	398人
郡部	5回	280人
衛生指導員		43人
聴講者		4,524人

（出典）「愛国婦人会茨城支部施設事業概要」.

表18　農村託児所の実施状況（1926年）

東茨城郡小川町	6月 7日～7月22日	男80人	女73人
西茨城郡東那珂村	6月10日～7月 9日	49	53
那珂郡額田村	5月 6日～7月14日	33	54
久慈郡久米村	6月 1日～7月24日	78	72
多賀郡松岡村	6月 1日～6月30日	62	38
鹿島郡新宮村	6月 5日～7月 3日	47	36
行方郡延方村	6月24日～7月24日	30	44
稲敷郡柴崎村	5月20日～7月18日	52	39
新治郡田余村	6月 1日～7月29日	48	49
筑波郡上郷村	6月 7日～7月10日	35	15
真壁郡関本町	5月25日～7月24日	62	74
結城郡豊田村	6月 1日～7月23日	40	40
猿島郡幸島村	6月 1日～7月20日	26	28
猿島郡下片田村	6月 1日～7月20日	17	12
北相馬郡山王村	5月27日～6月27日	41	40

（出典）「愛国婦人会茨城支部施設事業概要」.

実績は次のようであった。

臨時看護婦養成は、産婆養成と同じ程度の内容であって、両者は女子の簡易な技能教育機関としての意味をもった。児童健康相談所は、満六歳未満の幼児の健康増進をはかるため無料の健康診断を行うもの。農村託児所は、「農村ノ社会的施設トシテ極メテ良好ノ成績ヲアゲ、単ニ農繁期ノ労力節約ノミナラズ児童、母性ノ保健上、又小学校児童ノ就学歩合ノ向上等農村振興上ヨリ有効適切」な事業をうたっている。この託児所は農繁期のみに開かれ（表18参照）、多くは小学校、寺院に開設され、その職員には小学校長、教員、旧教員、処女会員、助役、収入役、学務委員、それに一般の愛国婦人会員が委嘱された[7]。

また家庭衛生指導員は「一般女子ノ衛生思想普及開発ノタメ」におかれたもので、子安講、処女会、同窓会等女子会合の機会に指導員が招かれ、講話実習などを行うことを目的とした。この指導員にはすべて県下の小学校女教員を嘱託、養成講習を行ったうえで前記のような集会等に派遣した。前掲表17によれば、四三名の指導員により一年間に四五〇〇人余に指導を行ったと報告されている（この年、指導員に委嘱された教員としては八七名の氏名があがっている）。これらの事業は「国民ニ健全ナル発育ヲ遂ゲシメルタメ」（『救護救済規程』）とあるように、いずれも農村の衛生思想の改善指導、乳幼児・学童・妊産婦の健康管理によって強壮な国民――兵士、農民、母性の確保をはかることを目的としたものである。

農村の医療・保健対策のたちおくれ、農民の健康状態の劣悪などは古くからの問題であるが、とくに第一次世界大戦前後の経済の急激な発展のかげで逆にいっそう深刻なものとなった。近代産業の発展をささえて働く労働者、たとえば繊維産業の女子労働者の結核などの疾病の増加、その農村への蔓延が問題となったのもこのころである。(8)また一九一八(大正七)年には乳幼児の死亡率が明治以来の最高となった。(9)国民の健康は強健な兵士、労働者の確保のためにも重要な問題であり、政府が、結核、トラホームなどの伝染病予防に関する法令の整備にとりかからねばならなかったのも、こうした事態の進行に対するものであった。

一方、国民の衛生・医学的知識の教育の必要も見直された。一七年からの臨時教育会議では女子教育について検討したなかで、従来日本の女性は「経済衛生ノ思想ニ乏シク、家政上ノ不経済、女子養育上ニオケル無頓着」であると、衛生観念の欠如を女性の責任に帰しながらも、今後理科的知識の充実が必要であることを指摘した。愛国婦人会の一連の医療衛生施設や啓蒙教育はこうした要請に呼応するものであった。

また米騒動に示されたように、米価をはじめとする諸物価の騰貴による生活の圧迫は、〝極貧〟〝生計困難〟と称されるような人々を増加させ、その救済は社会的な問題としてクローズアップされ、社会政策の必要が叫ばれた。東京、大阪の工場地帯に公立や企業の手による託児所がようやく設けられはじめたり、東京の貧民街で妊婦乳幼児相談所が開設されたり、農繁期託児所が始められるようになった。しかしそうした施策は国家の当然行うべき義務とは考えられていなかった。一七年、内務省が始めた「民力涵養運動」では、第一次大戦の戦後経営方策として、「国民教化」の徹底や労資協調、生活改善などの諸項目をあげると同時に、社会事業の発達、善導、隣保的相助を取り上げているが、「貧民、罹災者、遭難者の救済」を「町村の責任において、すなわち隣保相助により救済すべきこと」を説いている。社会政策の必要は認めながら、これらは人民相互の連帯や扶助によるべきであるとして、責任を回避し、それらは宗教団体や婦人団体などの行う慈善事業にゆだねられていたといっても過言ではない。愛国婦人会が「時世ニ鑑ミ」軍事援助事業から、多面的な社会事業へと活動の分野をひろげていった、その「時世」とは以上のような諸々の社会的状況を意味していた。これらの活動は内務省―県―郡―町村という系列のもとで、赤十字社との提携で行われ、これを末端において受け止め実行の中心となったのは、町村長クラスの夫人、小学校教員、産婆、看護婦、などの農村における知識層の女性であった。

民衆教化組織としての側面

愛国婦人会が中央、地方において新しい活動を展開した大正中期という時期は、婦人の生活や意識にも、大きな変化の起こりつつあった時代である。すなわち、婦人労働者の増加とその組織化（友愛会婦人部の成立など）、いわゆる職業婦人の多方面への進出、女子高等教育の発展などによって、女性の家からの自立が始まりつつあった。家族制度への批判や婦人解放の議論がジャーナリズムにも大きく取り上げられ、政治的権利を求める婦人の運動も盛り上がりつつあった。こうした動きに支配階級は危機感を深め、学校教育において「勤労を尚び、虚栄を捨て、奢侈を慎み、国体観念の鞏固な、淑徳節操の備った女子を育成」（臨時教育会議答申）することを力説する一方、積極的に地域や家庭の婦人の教化、組織化に乗り出した。一九一八年、内務省は処女会、婦人会の実情調査を始め、やがて、府県教育課の働きかけで「全国処女会中央部」の結成をみた。これは下田歌子、鳩山春子らの女子教育界の大御所を顧問として「地方農村の小学校卒業過程の女子を向上せしめ堅実なる日本婦人たらしめる」ことを目的としたもので、従来、農村に生まれつつあった処女会、乙女会などを統一し、未結成の町村にはその結成を呼びかけた。(10)同じ年、各地の町村の婦人会を郡長主導のもとに郡段階での連合組織に統合発展させる動きも始まった。(11)家族制度の動揺や婦人の目覚めを促すような「危険な風潮」の農村への波及を阻止するために、それまで未組織のままにおかれていた主婦や未婚女性の組織化が行政の手を通じてすすめられるようになった。

同じ年、文部省の主導で「生活改善同盟」がつくられ、衣食住の改善、冠婚葬祭の簡素化、貯蓄奨励などの運動を始めた。下田、山脇、嘉悦孝子らの女子教育家が先に立って節食や代用食の奨励を説いたのも、米騒動の教訓や戦後恐慌にそなえて生活の切りつめや忍耐を教えることを目的とした。

このようにして、地域婦人会、処女会、愛国婦人会などを動員して、家庭生活の改善、日常生活の知識や技術の習得、団体活動による自己修養、社会奉仕事業を軸として、家庭、共同体、ひいては国家への順応、協調、社会的連帯の責任、を教えることがこの運動のねらいであった。生活改善運動が思想善導の隠れ蓑であることは、当事者が自ら公言するところであった。(12) 市民的婦人団体や、社会主義婦人団体が都市を中心に活動を始めたとき、一方では国家権力による婦人層への働きかけが、農村などで強力にすすめられつつあったわけである。愛国婦人会の社会的活動もこうした政策の一環として組み込まれていったといえよう。

このようにみてくると、愛国婦人会の災害救援活動なども単純に救援という人道的見地からだけではない意味をもつと考えらえる。会の行った「朝鮮における露国避難傷病者救援のための義捐金募集」（一九二二年十二月）や「東京市大震災に対する慰問金品の募集」と時を同じくして、社会主義婦人団体による「ロシア飢饉救済婦人会の募金活動」、震災のさいには婦人団体の大同団結の救済活動が行われている。とくに震災の救援活動ではこれを契機に婦人団体の幅広い連繋「東京連合婦人会」が生まれ、やがて、それが、震災後の遊郭再興反対、公娼廃止から、婦人の公民権、参政権要求運動として発展することとなった。このような、市民的な婦人運動の盛り上がりを、支配層が傍観していたとは考えられず、官製的な体制順応の婦人団体の行動が、それらを牽制する使命を帯びていたことは否めない。

表19　茨城支部会員数

	大正14年	昭和3年
茨城支部	31,250	35,623
水　戸幹事部	1,752	2,386
東茨城　〃	3,915	3,185
西茨城　〃	928	1,083
那　珂　〃	3,449	3,630
久　慈　〃	2,381	2,718
多　賀　〃	1,412	1,728
鹿　島　〃	1,167	1,474
行　方　〃	1,327	1,440
稲　敷　〃	2,436	2,944
新　治　〃	3,565	3,791
筑　波　〃	1,621	1,860
真　壁　〃	3,330	3,517
猿　島　〃	1,895	2,465
北相馬　〃	1,462	1,684
結　城　〃	1,423	1,748
全国順位	20位	

（出典）「愛国婦人会関係書綴」．

愛国婦人会支部の規模と機能

大正期を通じて愛国婦人会の活動が前述のような意味をもったとき、これを具体的に地域に実現させるための下部の会員組織はどのようになっていたか、これが前述のような機能を果たすのに十分な力たりえたか否かが、問題とされる。

いまここで大正末年と昭和初年の茨城支部会員数をあげると表19のとおりである。この表は、茨城支部における会員の組織状況をあらわしたものである。

一九二五（大正十四）年の全国会員数は一三三万人で、茨城支部の三万一二五〇人は全国二〇位であると記されている。当時愛国婦人会は、さきの通達にもあるように女子人口二五人に対し会員一人（すなわち人口に対する組織率四%）を目標として会員の拡大を呼びかけていた。

ところで、結城郡二七町村のうち、目標を超過している町村は二村にすぎず、目標の半ばに達していない町村が一一村にも及んでいる。そして郡全体としても目標の半ばをやや超えるにすぎない状態である。こうした実情であったから会員拡大の要請がたえず中央から出されたわけである。それでも数年後の二八（昭和三）年には各郡ともわずかながら会員数が増加しており、これを大正元年にくらべると県全体では一万三二五六人（人口比二・三四）に対し二倍以上に増加しているといえる。しかし、いずれにせよ人口比四%の組織率が目標でその実現が容易でなかったということは、愛国婦人会の地域社会への浸透度を考えるうえで看過しえない問題である。

次に重要なことは会員数の増大が困難であったばかりでなく、これらの会員からの会費徴収が非常に難事であったことである。愛国婦人会の会員は会費納入の方法により次のように区別されていた。

有功章会員――五〇円以上寄付者
特別年賦会員――年二円宛一〇年間納入する者
特別終身会員――一時に三五円納入する者
通常年賦会員――年一円宛一〇年納入する者
通常終身会員――一時に七円納入する者

会員の大半は通常年賦会員で、ついで通常終身会員が多かった。有功章会員すなわち五〇円以上寄付者は分区委員（町村長）クラスが多くなっているが、村に一名の該当者もいない場合もあり、結城郡全体で五一名であった。そして大半を占める通常年賦会員の会費滞納がたえず問題とされていた。それは江川村の資料のうち、もっとも多いのが会費納入状況に関する調査と督促に関する書類であることからもうかがわれる。

しかしこの問題は茨城県のみの特殊な問題ではなく全国共通の悩みであったことが次の記事からも推察できる。

「年を経るに従ひ一般に（愛国婦人会に対する――筆者注）同情漸く衰へ、加ふるに経済界の不振に伴ひ、特に米価の騰貴等の影響あり、新入会者甚だ少く、之に反して会費整理上退会せしめたる数は多数に及び（中略）近年糸価暴落の影響をうけ……其結果未納会費多額整理上多大の努力を要す。」（『愛国婦人会長野支部沿革誌』）

こうした会の内部からの指摘とともに外部においてさえ次のとおり批判された。

愛国婦人会の不思議な景況

五月二十八日（一九二〇年――筆者注）東京日比谷で総会を開くべき愛国婦人会では殆ど百万に近き会員を有し

乍ら久米事務総長の報告によれば全国で現在会員九九万五六七四人、そのうち四四万余は既に会費を完納し、会費醵出年限中に在る者は爾余の五五万にすぎない。此内十数年前に入会した儘会費未納のものも多数ある。実際会費を納むる者は約二〇万であろう。之は明治四二年頃会費納入者七三万人もあったのに比べると話にならない。最近一年に会員数が三万九千人も増加し乍ら会費を出す者が二千余人も減じた。本部の経済状態は基本金一六二万余円、其利子八万余、会費本部編入が僅か年一四五万円、昨年の救護救援に一八万円計り出費した。それで取敢えず五ケ年を期し、現在数に分ち会費醵出の会員百万人を得る事に各支部主事会合の際協議した次第だとの事である。

（『日本労働年鑑　大正九年版』）

すなわちここでは、表面上の会員の増加にもかかわらず会費の納入が停滞しているという矛盾した現象を指摘し、あわせて官製的団体への批判としているのであり、事業拡大の裏づけとなる会費収入が事業経費を下まわっていたことが読み取れる。そしてこのような現象は、長野県の場合に指摘されているように、一応の平和の時代になって、軍国主義的色彩の濃い会に対する一般の同情――共感がうすくなったことや、経済界の不振、米価の騰貴、地域によっては糸価の暴落などの経済的な原因になるものであった。しかしより根本的には会の機構や運営そのものに原因があるというべきだろう。すなわち、これまでも繰り返し述べたように、会の事業は郡幹事部までの段階で決められ、委員区（町村）には独自の活動をする権限がなく財源の裏づけもなかった。しかも町村の会員は上部の命令にしたがって動くのみであり、上部組織も、事実上は男子役員の運営にゆだねられているのが実情である。一般の会員は単に会費拠出の母体でしかなかったといってもいいすぎではない。もとより地域の要求をくみ上げての活動などは期待できない。このようなことが会員の自覚や関心をうすくし、一定以上の増加を阻む原因となっていたといえる。

大正期における会の社会的活動には多分に独自性もあり、きわめて実際的なものであった点は評価できるが、財源の規模などからみるかぎり、この時代の農村のかかえた問題の解決に、どこまで寄与できたかは疑わしい。と同時に支配層の側からみれば、反体制的な婦人勢力の台頭に対抗して婦人を掌握し、政策の浸透をはかるためには、はなはだ不十分な機能しか果たしえないものであったといえる。愛国婦人会の再編強化、ないしはより強力な組織の出現が要求され、それが次の時代の課題となっていった。

3　昭和期における愛国婦人会

軍国主義化と婦人団体

一九二七（昭和二）年、茨城支部は新たに支部機関紙『茨城愛国婦人』を毎月一回の予定で発行、毎回巻頭には明治天皇の歌を掲げ、これに解説を加えて、「人々は各自職分を精出してはげまねばならぬ」「四海国民はみな兄弟姉妹の如し、しかるに何故種々事をかまえ騒がしくするか」などとさとした。

このことから、軍部の大陸進出、国内における民主的勢力や思想に対する弾圧が強められ、ファシズムへ向かっての婦人団体への支配は強化された。

金融恐慌に続く世界大恐慌など、国家財政と国民生活の破綻がすすみ、「思想国難、経済困難」をスローガンに国民の協力が要請され、婦人団体にも働きかけが始められた。消費節約、勤倹貯蓄の運動の呼びかけはすでに前年の一九二六年になされ、茨城支部でも次のような通達を出している。

勤倹奨励女子強調期間に就て

会員の皆様方に御相談

今回政府に於て大正十五年九月一日より壱週間女子勤倹強調期間を定められました。勤と倹とは今更申上ぐる迄もなく殊に此際婦人生活上の重要事で、私達は平素相当の努力を尽して居る訳ではありますが、此の特殊の強調期間に際しましては更に精神を新にし格別の工夫を凝らして所謂特別強調の実を挙げようではありませんか。殊に左の項目につき夫々境遇に応じ研究を重ね平素は出来ぬと思うことでも格段な努力を以て実行致そうではありませんか。

一、自分の事は自分でなし、婢僕を使用する家庭にありては其の数を可成減ずること。
二、服装（髪飾、履物、携帯類も含む）は凡て質素にし、集会、訪問の時は殊に注意すること。
三、家計一週間の予算を確立し、其の出納を正確にし、将来平素の予算生活を馴致するに努むること。
四、飲食物一週間の調理に関し、特別経済化竝合理化を計ること。
五、其他勤倹を基本とする家庭の確立を期すべく特別の用意を施こすこと。

（以下略）

大正十五年八月二十五日

愛国婦人会
茨城支部長　末松千代子

これにしたがって、水戸市、下館町、結城町において講演と活動写真による宣伝が行われた。

一九二九（昭和四）年九月には浜口内閣はとくに婦人団体の代表を招き緊縮政策への協力を要請、つづいて全日本婦人経済大会が開かれて消費節約、生活合理化等について討論が行われた。その直後「全国女子青年教化総動員」では「節約運動は主として婦人の覚醒に俟たねば成功を収めることはできない問題であるから、あらゆる婦人団体に賛助を仰ぐ（中略）殊に愛国婦人会の地方支部は各地方長官夫人がやる事に慣習上きまっているそうだから万事都合よくいくだろう」[13]という関係者の発言があり、官製団体としての愛国婦人会への期待が示された。

この運動も、明治以来の勤倹節約や貯蓄奨励の呼びかけと同じように、実際上の効果よりは耐乏、忍耐を国民に強要する多分に精神的な効果を期待した運動であった。こうした運動に愛国婦人会の機能が評価され、利用されるようになり、また愛国婦人会自身が積極的に参加の姿勢を示すようになったのは新しい動きといえよう。

こうした運動にもかかわらず、恐慌は進行し農村の窮乏は深刻となった。その打開策として三二年より始められた「自力更生」運動にも、愛国婦人会はいちはやく呼応、〝農村救済は婦人の手で〟のスローガンをかかげ、同年九月から一年間を運動期間として、救済事業などを行うことを決めた[14]。生活困窮者の調査やその慰藉、援助についての記録が多くみられるのもこの時期である。

それらの一つとして女中斡旋事業があった。これは愛国婦人会本部と地方支部がタイアップし、地方所在の（支部の）職業紹介所より本部の東京本所婦人職業紹介所[15]に希望者を紹介、女中の就職斡旋ならびに就職前後の補導を行うものである。これは千葉、埼玉、茨城、栃木、群馬、新潟、富山、福島、山梨、長野および東北地方諸県ならびに北海道の希望者にかぎり取り扱った。紹介者は本部の隣保婦人宿泊所において宿泊、就職前の一定期間、家事の訓練や、〝雇主によろこばれる使用人〟としての心得などを受けた。また就職後の補導、身の上相談にも応じた。いうまでもなくこれは、当時東北地方などで窮迫した農家の娘の身売りが続出しており、不用意な出稼ぎや求職が若い女性の転落につながることへの対策であった。農村恐慌期における愛国婦人会の、全国的組織網を活かした独自の事業といえる。

満洲事変開始以後、会の活動は戦時体制への協力という色彩が濃厚となっていった。その事例を「資料」から拾うと次のようである。
・慰問袋募集（昭和七年）
・愛国飛行機茨城号建造資金募集（昭和八年）
・関東防空演習参加
・「ばらの香石鹼」の製造と販売（純益をもって慰問袋を作成）
・軍人遺家族子弟教養補助（昭和十一年）等

とくに満洲事変三周年記念事業としての陸軍墓地参拝、衛戍病院慰問、皇太子降誕記念子供の日設置、地久節奉祝婦人報国祭などにみられるように、軍事協力と同時に、皇室尊崇、国家意識の強調につながる行事が多くなっていく。と同時に、これらは全国的な行事として取り上げられたものであって、それ以前にみられたような支部独自の活動というものがしだいにみられなくなっていくことは注目すべきである。

さらに、皇室尊崇や国家意識の強調と結びつけて、家庭婦人としての智徳技芸の修得、家族制度の美風など伝統的なモラルの鼓吹、精神主義的訓話が、機会あるごとに行われるようになった。一九三四年、会の創立者奥村五百子の命日にあたり記念行事が行われたさい、総裁から会員に下された諭旨はその一例である。

諭　旨

愛国婦人会ノ目的ハ我カ国婦人結束ノ力ニ依リ国運ノ隆昌及社会ノ福祉ニ貢献シ併セテ婦人ノ智徳ヲ練磨シ其ノ地位ヲ向上セシメムトスルニ在リ而シテ軍人後援ノ事業ニ関シテハ本会創立ノ趣旨ニ鑑ミ特ニ遺算ナキヲ期スヘキナリ今ヤ我カ国ハ内外各方面ニ渉リ重大ノ時局ニ直面シ之カ打開ハ婦人ノ力ニ待ツ所甚タ多シ本会ハ曩ニ其ノ組織ヲ革メ全国市区町村等ニ亘リ之ヲ単位トシテ会員個々ノ活動ヲ促シ其ノ職業及年令ノ如何ヲ問ハス常時ニ

於テハ傷痍軍人及軍人遺家族ノ慰藉救援ニ社会奉仕事業ニ愛国精神ノ涵養ニ関スル各種運動ニ其ノ他国防上ノ必要ニ応スル訓練ニ又家庭婦人トシテ須要ナル智徳技芸等ノ修得ニ其ノ力ヲ致シ且一朝有事ノ日ニ於テハ翕然起チテ国家ノ急ニ応セシムコトヲ期セリ惟フニ本会ハ現下ノ国情ニ鑑ミ劃策施設スヘキモノ益々多キヲ加ヘムトス会員宜シク会祖カ熱烈至誠ノ精神ヲ体シ常ニ清新ノ意気ヲ以テ弥々其ノ結束ヲ鞏ウシ以テ婦人報国ノ実ヲ挙ケムコトヲ望ム

一九三七年七月、日中戦争開始直後に「北支事件関係軍人慰籍之件」という通達が支部長から分会に出された。これはいよいよ戦争の本格化にともなって、軍隊の歓送迎、留守宅慰問から留守宅の労働力不足への協力などを指示したものである。とくにそのなかで、満洲事変のさい出動軍人の家族が多数役場に押しかけ「我等ノ生活ヲドウシテクレル」と申し出る者もあり「今回モ同様ノコトアルヤモ知レズ」、したがって「一時的ノ兵器献納ト云フ如キモノハ見合セテ永遠性ノ真ノ扶助事業ニ全力ヲ傾注セラレ度」と要望している。

戦争の開始にあたって、国民、とくに出征兵士の家族のあいだに生活困窮からの厭戦や反戦の気分の起ることがもっともおそれられ、これを鎮静、緩和することが、兵器献納などよりも強力な戦争協力の道であり、これこそ婦人会に課せられた任務であった。

このため会は「国民の儀表たる応召軍人の家族及遺族は其の栄誉を辱かしめない様節操を重んじ、困苦を忍び、自力を以て家庭を斉へ、以て護国の英霊に応へ、又第一線将士に後顧の憂なからし(16)」めるための精神指導を行い、会員が遺家族の主婦や妻と「膝をつき合せて隔意なき懇談を遂げ、互に励まし合ひ、扶け合って銃後家庭強化の実を挙ぐるに努め(17)」た。このことは具体的にはどのようなことであったかを語るのが筆者の聴取による次の事例である。

当時、愛国婦人会結城支部副部長であった松浦たま氏（九二歳）の談によると、そのころの自分たちの最大の仕事は、出征軍人の歓送迎と、その家族——妻、未亡人の〝品行問題〟であったという。それは、留守家族の妻や未亡人が異性関係で問題を起こすことのないよう、それらの家庭の近隣で聞き込みをしたり、ごく早朝からその家を訪問して真偽をたしかめ、看視や指導をすることであった。出征軍人の妻や未亡人の行動が兵士の士気に与える影響、一般国民への反響などは、軍部や指導層のひそかに、しかも深刻におそれる問題であったことが知られるとともに、節操を重んじ、自力で家庭を斉え、銃後家庭の強化云々は、末端では、こうした卑近な、ときには婦人に対する人権無視ともみられるようなかたちでの拘束となってあらわれていたことが、はからずもうかがわれる。そして戦争下の愛国婦人会がこのような役割を負っていたことに背筋の寒くなるような思いをさせられる。

一方、このころになると、すべての組織、すべての機会が「国民精神総動員」に向けて動員され、婦人団体もその例外でなかった。一九三五年以来、婦人団体は、婦選獲得同盟を中心として、大同団結して「選挙粛正」運動への協力を余儀なくされた。大日本連合婦人会、愛国婦人会もこれに加えられて、府県会選挙や、衆議院選挙の粛正に一役を買った。

申合せ

地方に於ける運動の方法は、土地の事情に鑑み左記中より適当に採用する事

イ、婦人のための選挙粛正に関する講演会、映画会、座談会等を開催すると同時に、それ等に関する一般の会合に出席するやう婦人にすすめる事。

ロ、一家団欒の談合に選挙粛正問題を取上げ、家庭内に粛正の空気を漲らすやう一般の婦人にすすめる事。

ハ、家庭の中より違反者を出さざる事は勿論、棄権の防止につとめるやうすすめる事。

ニ、神社に共同参拝して選挙粛正を祈念するやう一般婦人にすすめる事。

ホ、選挙日には、国旗を掲揚し、お赤飯等を用意するやう一般婦人にすすめる事。

これは一九三七年四月の衆議院選挙のさいの婦人団体の申し合わせ事項を愛国婦人会茨城支部が下部に通達したものである。選挙粛正運動を機会に、家族、村落の協調を強め国民精神総動員の布石としようという意図が明らかで、選挙権をもたない婦人がそのなかで一定の役割を果たしたことを示している。

以上のように戦時体制の着々とすすめられるなかで、婦人層の動員のために愛国婦人会の期待は増したが、前節でみたように会の拡大には限度があり、その点では昭和期に入っても大きな変化はなかったと思われる。たとえば二八年の江川村における会員増募の割当はわずか七名（現在数の約一割）にすぎず、三六、三七年の会員数も六九名、七八名といった規模で、大正中期とほとんど増減がみられない。このように農村部での会の拡大は頭打ちの状態にあった（さきの松浦たまの言によると、出征軍人の歓送迎、〝風紀取締〟などはほとんど毎日行っており、また貧困家庭への食料の援助――餅や菓子をくばること――などは会員の自己負担であって、そういう点から、時間的、経済的に余裕のあるものでなければ活動できず、無制限に入会を勧誘することは不可能と考えていたという。結城町での活動家は、松浦のような寺院住職夫人、病院長夫人、工場経営者、および町長夫人等であった）。[18]

婦人総動員の必要からより強固な組織として大日本連合婦人会や国防婦人会の組織される背景にはこのような事情があった。一九三一年、文部官僚主導のもとに、村落の婦人会を単位とし農村に根をもち全家庭婦人を網羅することを目指して大日本連合婦人会が組織され、つづいて翌年には、陸軍と在郷軍人会が推進役となり「日本婦徳を基とし、外来の悪風と不良思想に染まず国防のかたき礎となる」ことを標榜した国防婦人会が生まれた。国防婦人会は工場婦人や農村婦人の組織化に力を注ぎ、その勢力は「遼原の火のごとくひろがった」といわれている。[19]

愛国婦人会はこれに対し、露骨に敵対的姿勢を示し、茨城支部でも次のような意志表示をしている。

最近軍部に於ては国防婦人会組織の計画に有之候処我が愛国婦人会は而も従来歴史ある婦人の大団体にして又今回の機構更革に依れば其の事業たるや国防婦人会の夫れと大差なき次第に候へば本県支部顧問（知事）に於ても新規の団体組織には賛意を表さざる意見にも有之。（下略）

そしてこれを機会に組織の改編、強化がはかられた。三四年五月、次のような分会組織の変更を行った。

分会組織変更に関する件

（前略）従来本会は会員より納付の会費並に篤志者の寄附金を以て本部及支部役職員の手によりてのみ軍事関係者の救護をはじめ幾多の社会事業を経営致居り候処今回は各市町村分会に自治制度様即ち市町村単位の細胞組織となし各分会毎に一定の財源を附与して其の事業を経営せしむることに致したる次第に候従って従来本会が殆ど男子の手によりてのみ施設経営せられたるに反し今回は各会員に「本会は我等の会なり我等の手によりて為さなければならぬ」との自覚を促し会員の自発的活動に俟つて会の進展を図る計画に御座候。

この機構改革については地域ごとに講演会などを繰り返し開き、その趣旨の徹底をはかっているが、会員の自発的活動と、小学校長や警察署長の公式の参加ということは、論理的に矛盾しており、自主性の確立がどこまで可能であったか疑わしい。

しかし愛国婦人会と、国防婦人会、連合婦人会の鼎立は、それぞれ管轄の内務、陸軍、文部という官僚機構のセクト主義によって助長され、戦時体制による婦人の全面的掌握のためには、三者の統合がさけられなくなった。一九四一年六月から三婦人会統合問題が具体化し、翌四二年二月太平洋戦争開始の直後、大日本婦人会が成立、愛国婦人会はその長い歴史を閉じた。(20)

地域婦人層組織化の完了——大日本婦人会

大日本婦人会に発展後の婦人会の問題は、戦争下における婦人組織の問題として重要な課題である。はじめに課題とした時期外の問題であるので、ここでは愛国婦人会の性格や特長を明らかにするために、両婦人会の相違点についてのみふれておく。

大日本婦人会は「新団体は日本婦人全部で」（結成準備委員会における金光厚相挨拶[21]）という言葉に示されるように日本婦人のすべてを網羅することを目標とした。そして「我国婦人ノ活動ガ古来家ヲ中心トシテ行ハルルヲ本旨トスル国情ニ鑑ミ家ヲ単位トスル綜合団体タル部落会、町内会ト新婦人団体ノ下部実践組織トガ真ニ組織上並ニ活動上一体ノ実ヲ挙ゲ得」るとの観点から、部落会・町内会の区域ごとに班をおき、会員は必ず班員となり、部落会・町内会の婦人部長と婦人会の班長とは同一人物をあてることとした。婦人会の会合は部落会・町内会の常会を活用し、また経済的負担が入会の障害となることを防ぐために「家庭ノ事情ニ依リ会費ヲ徴集セザルコトヲ得[22]」という規程をも設けた。伝統的な社会秩序に従い部落—家—婦人というかたちで、家の一員ということにおいて婦人をとらえることによって、はじめてすべての婦人を権力が組織しえたわけである。会費の納入などは免除しても会員として組織にとりこんでいこうとする姿勢に、会員を会費徴収の母体と考えていた愛国婦人会との根本的相違が見出される。

しかしこれによって愛国婦人会の時代とは比較にならない、圧倒的数の会員を組織することができた（表20参照）。一九四四（昭和十九）年四月「会員資格者総加入運動」のさいの調査によれば茨城県では四四万九〇〇〇人の資格者に対し、会員は二三万五〇〇〇人、組織率五二・二％、結城郡では二万五〇〇〇人に対し一万六九四六人、江川村の場合は会員八〇一人、未入会者一五〇人（すなわち資格者九五一人に対し会員八〇一人、組織率八四・二％）であると報告されている（この数字は表とは一致していない）。これによれば農村部ほど組織率が高いことになり、さきにみたよ

表20　大日本婦人会々員数（1944年，結城郡）

結城町	2,465	西豊田村	882
絹川村	1,418	総上村	350
江川村	841	豊加美村	360
山川村	587	蚕飼村	226
上山川村	463	宗道村	437
中結城村	537	玉村	396
名崎村	584	石下村	955
安静村	723	豊田村	382
大形村	524	五箇村	465
岡田村	416	三妻村	600
大花羽村	303	大生村	450
菅原村	530	飯沼村	688
下結城村	600	水海道町	1,568
豊岡村	550	結城郡計	17,300

（出典）「婦人会関係書綴」.

うな部落会―家を通じての組織方法をとった場合には農村部ではほとんどもれなくすべての婦人が、組織に組み込まれざるをえないことを端的に物語っている。

　このようにして組織された婦人会の主な活動は、①資源不足に対しその供出、調達、②労働力奉仕、③国民貯蓄、戦時債券等の貯蓄組合となること、④それらの活動を強力に推進するための戦意昂揚の精神運動等であった。とくに④としては特攻精神昂揚婦人懇談会、母親学級が行われた。前者は、各部落から五〇名程度の幹部を集め、県庁職員・村長・小学校長が講師となり、婦徳の修練についての講話から非常炊き出し訓練などの実際的訓練までを行った。

　母親学級は「母親ヲシテ皇国伝統ノ婦道ヲ培ヒ決戦即応ノ生活ヲ実践セシメ家庭ノ刷新向上ヲ図ル」ことを目的とし、本部長は町長、指導主任は国民学校長、指導員には国民学校・青年学校教員・医師・宗教家を委嘱した。結城町の例でみると、会場には主として寺を使い、二、三町または部落ごとに一学級を編成、全体を一三ブロックとし毎月一回開かれることになっている。懇談会と母親学級のいずれも事前にたびかさなる打ち合わせを行い、終了後には会員の反響を調査するなど、きめ細かい計画によって、婦人の戦意昂揚のための教育の徹底を期している。

　このようにして戦争の末期にいたって、ついに、町村の個々の家庭婦人までがもれなく組織され、戦争協力へとかり立てられたということができる。

おわりに

以上は一村の資料にもとづいて、愛国婦人会の歩みをたどったものである。したがって地域的にも時期的にも限定されており、これをもって愛国婦人会そのものの性格を論ずることはできないが、あえてこれを要約すれば次のようである。

第一に、日露戦争期に婦人の軍事援護団体として発足した愛国婦人会は、第一次大戦後、米騒動などを契機として、幅広い社会活動へと発展した。それは医療、衛生事業、女子授産、教育事業など、当時の社会政策や女子教育制度の不備を補うものとして評価に値する事業であった。が同時にそれは、地方改良運動、民力涵養運動、自力更生運動など、いく度かの体制の危機乗り切り策の一翼を担う役割を果たした。

第二に、とくに大正デモクラシーによる婦人の家からの自立の傾向、婦人運動の台頭などを前にしては、こうした傾向や運動の一般婦人とくに農村への波及を阻止するための防波堤として、伝統的な婦道や家庭婦人の自覚を強調するようになった。そうした精神運動、婦人の教化組織としての色彩は昭和のファシズム期にいたって、いっそう濃厚となり、軍国主義、皇室中心主義、家族主義を婦人に浸透させる役割を果たした。

第三に、これらの活動や事業は、すべて内務省―県―郡―町―村という行政機構を通じて行われ、これを受けて末端の町村の活動の中心となったのは、小学校教員、産婆、看護婦およびいわゆる名望家層の婦人であった。会の役員は一種の名誉職であり、こうしたことから会員層には一定の限界があり、太平洋戦争の段階のすべての婦人を動員しようという政策のまえには、その組織力の欠陥から「発展的解消」を余儀なくされた。

なおここでは、農村における女子青年団や処女会、その他地域婦人団体とのかかわり合いについてまったくふれることができなかったが、この点を明らかにすることが愛国婦人会の位置づけをより正確にする手がかりであると思う。またここで取り上げた地方では戦後、地域婦人会・農協婦人部が組織され、戦後初期の農村生活改善運動などが活発に行われている。これらの組織では戦前の婦人会にかかわりのあった人々も指導的地位にあって活動している。その場合、戦前の運動とのあいだにどれだけの相違――とくに婦人の側の取り組み方、婦人会についての認識にどれだけの変革があったかは、戦後の農村婦人運動の出発点として検討されなければならない課題である。

註

（1）永原和子「奥村五百子」『近代日本の女性史11――苦難と栄光の先駆者』創美社　一九八一年。
（2）井村勝重『愛国婦人会史』。なお、この点について、大江志乃夫氏の「日露戦時体制と茨城県下の農村」（『茨城県史研究』第二二号）は、日露戦争の軍需品調達に愛国婦人会県支部、各郡幹事部が協力していることを指摘している。
（3）同右。
（4）前掲大江論文は、茨城県下の戦死傷者等の被害状況について調査研究がなされている。
（5）一九二三年七月十六日、結城郡幹事部長より各町村委員区長宛通達。
（6）『茨城愛国婦人』第二号。
（7）同右。
（8）一九一三年、石原修『衛生学上より見たる女工の現況』が発表され、女子労働者の結核罹病の実態と農村への影響が明らかにされた。
（9）三井礼子編『現代婦人運動史年表』三一書房　一九六〇年。
（10）同右。
（11）千野陽一『近代日本婦人教育史――体制内婦人団体の形成過程を中心に――』ドメス出版　一九七九年。
（12）宮坂広作『近代日本社会教育政策史』国土社　一九六六年。

(13) 同右。
(14) 同右。
(15) 愛国婦人会婦人職業紹介所（相談所）は一九二一（大正十）年開所、求人・求職を紹介、多い月は一六〇人の紹介をした。また実業部を設け、内職の指導をした。
(16) 前掲(12)と同。
(17) 前掲(12)と同。
(18) 愛国婦人会の兵士歓送迎、慰問の実情については、『季刊現代史』6（現代史の会、一九七五年）に、広島県下の支部の一ヵ月間の動員日誌がほぼ連日の動員状況を記している。
(19) 『市川房枝自伝　戦前編』新宿書房　一九七四年。
(20) 婦人団体の統合の経過については前掲『市川房枝自伝　戦前編』参照。
(21) 『大日本婦人会創業誌』大日本婦人会本部　一九四四年。
(22) 同右。

三　女性統合と母性
―国家が期待する母親像―

はじめに

家庭基盤の充実ということがいわれたのは一九八〇年代はじめであった。人間生命尊重の新しい世紀を目指してということで提唱されたそれは、戦後とくに高度経済成長による急激な社会の変化のなかで起こったひずみを「家庭基盤の衰弱や家庭崩壊の進行」(「大平総理の政策研究会報告書」)によるものとして、家庭の充実・見直しをはかろうとしたものである。

そのなかでは日本の家族の一体感「親と子とりわけ母親と子どもの濃密な関係」(「同前書」)を、戦後変化したとはいいながらもなお強力なものであると認めている。そしてその前提のうえで男女の役割分担や家庭の自立自助努力を求めている。具体的には地域社会の結びつきや伝統・民俗を重視し、とくに「家庭の日」を設置してその趣旨の徹底をはかることを提言した。

これに対しては各方面とくに女性からの批判が出され、この構想自体は展開されなかった。しかしその意図したものは、その後、家族の危機、家庭崩壊、教育の荒廃などといわれる事態が進行するにしたがって、いっそうその必要が叫ばれ、またそれが受け入れられやすい素地がひろまっている。

このように既存の秩序や価値観がゆれ動くとき、その原因を家庭のあり方に求めて家庭の強化、とくにそのなかでの母親の努力によって体制の危機克服をはかるということは、明治以降の歴史のなかで繰り返し行われてきた。しかしそこで強調される「母と子の濃密な関係」というものは日本社会固有のものであろうか。このことは日本社会や文化の問題として検討されなければならないが、女性の教育や政策のなかで形成され強化されたことは否定できない。

ここではとくに、明治以降の女性の教育や政策のなかでどのような母性像が形づくられていったか、そしてそれが極限に達したともいえるファシズムと戦争の時代にいかなる役割を果したかを考察して、今日の家庭と女・母をめぐる課題に一歩近づきたいと思う。

1　期待される母親像

戦前の女性への教育が一貫して良妻賢母をシンボルとしていたことはいまさらいうまでもない。しかしその賢母の言葉にこめられる意味は必ずしも一様ではなく、それぞれの時代の要請によって新しい意味づけがされていった。しかしその根底にあったのは、外＝公につとめる夫に対し、内＝家・家庭を守り、国家社会の期待する子どもを育てる母であるということであった。

それは一八九〇年代、天皇制国家体制の確立にともなって、ちょうどその時期に整備された高等女学校教育のなかで貫徹されていった。

同時に義務教育の段階でも、「女子の母として子供を育つることの良否はやがて其の子の人となりに影響し延いては国家の盛衰に関係するものなり」（第二期国定教科書修身「男の務、女の務」）と、母の役割を国家の盛衰に結びつけて教えている。理想的な賢母像を端的に示したのはこの国定教科書であった。

日本人にとって母とは何かを論じた山村賢明の『日本人と母』（一九七一年）は、戦前の教科書にあらわれた母について分析して次のことを述べている。それは、義務教育のなかでじつに多く母が取り上げられているということである。そのなかでは家事一切をとりしきり、姑につかえ、子どもの養育につとめるといった「苦労する母」が多く取り上げられ、こうした苦労や献身に対して子は尊敬、孝行をもって報いることが教えられている。そればかりでなく教科書のなかではきびしく強い母が多く登場する。それは「子への私情を抑えた母がその子を公けのためにさし出すという強さである」という。わが子のために献身的につくすだけではなく、こうした「公け」に子を捧げることによって母が「直接に社会の公の領域に参加してい」（前掲書）くということが、国家が期待する賢母の原型であった。

この一方で直接母たちを組織する動きもはやくからはじまった。日露戦争への銃後の協力を直接の契機として全国各地に婦人組織がつくられるが、その多くが「母の会」を名のり、また小学校単位に母たちを組織したものであった。これらの会は忠君愛国や良妻賢母主義にもとづいて育児・衛生・家庭教育など母としての教養をつむことを目指していた（碓井正久『日本社会教育発達史』一九八〇年）。

このような母たちの組織がすすんだ契機の一つは、日露戦争後の急激な資本主義の発達による都市化の進行、農村の村落共同秩序の弛緩から「家庭観の革命期」（有地亨『近代日本の家族観　明治篇』）といわれるような家族内のあつれきや価値観の動揺がひろがっていったことに対処するためであった。これらの婦人組織は明治末年には一県下だけでも一〇〇にのぼるといわれる数に達した（碓井前掲書）。

都市でも当時通俗教育といわれる活動が盛んになり、小学校単位に父母に呼びかけ、講演会などが行われた。参加者の三分の一は主婦というほどに婦人が参加している。そして教育家の江原素六・下田歌子・鳩山春子・安井哲、社会運動家留岡幸助などによって家庭論・婦人論が語られた。その内容は「家庭は人生の慰安場であると共に小さな国家、主婦は夫・子に対する務めと共に外は国家に対する務めがある」(留岡幸助「家庭の二大任務」)といったように、家庭における母親たちの責任の自覚と国家への関心を引き出すということが主眼であった(山本恒夫『近代日本都市教化史研究』一九七二年)。

次に母性の自覚が叫ばれたのは第一次世界大戦期である。この時期国内でのデモクラシー運動の昂揚と、世界的には大戦後の国際関係の複雑化、とくにロシア・中国の革命運動の進展は、日本の支配者たちの危機感を深め、国民の国家観念の強化がいそがれた。一九一七(大正六)年に始まる臨時教育会議は、こうした観点から教育制度全般の見直しをはかったものである。

このなかでは女子教育のあり方も問われて、女子高等教育の振興など積極的政策がとられた。その究極の目標は教育勅語の聖旨を十分に体得せしめ国体の観念を鞏固にし、淑徳節操を重んずる精神を涵養するということであった。この会議に加わった政界・財界・官僚・軍人などの多くの人々の発言のはしばしからは、次のようなことばがもれている。

「女子ノ思想状態ニ頗ル危険ナ動機ガアル」「女ノ思想ノ変化」「皇室ニ関スル観念ノ如キモノハ私共子供ノ時ニ母カラ其観念ヲ授ケラレタ」「学校ニ於テ得ラレタモノヨリモ多ク其ノ養ハレタ所ノ生母等ノ教育ノ力等ハ最モ与ツテ効能ガアリハシナイカ」(海後宗臣編『臨時教育会議の研究』一九六〇年)。

これらのことばからわかることは、当時の支配層にとっての最大の関心は、皇室に対する忠誠心を培うには学校教育以上に家庭における母の感化力が大きいこと、「子供ノ信念ヲ養フ所ノ母ヲ拵《コシラ》ヘル」ということであった。にもかかわらずその女の思想が変化しつつあることへの危惧が大きく、女性への国体観念の教育があらためて力説された。

この会議での発言では、子どもに対する母親の教育力を高く評価するといっても、それは子どもの人格全般、普遍的な人間性を育てるということではなく、皇室への忠誠心や愛国心を教えることを意味し、母親の最大の役割もそこにおかれていた。

ここで問題にされた女の思想の変化とは、いうまでもなく大正デモクラシー運動のなかでたかまりつつあった女性解放の叫び、労働運動や婦人参政権運動を指していた。なかでも女性の側からの母性の主張ともいうべき母性保護論争は、ちょうどこの時期に展開されていた。母性の偏重を排するといって母性保護の主張に反対したかにみえる与謝野晶子は、この時期の国家の側からする母性の強調、それによる国家体制強化の動きへの警戒を語っている。その意味では与謝野晶子の見解も単なる母性主義反対ではなく、女性の側からする母性の主張にほかならなかったといえる。

こうした女性の側からの母性の主張に対して国家の側はどう対応したか。その一つは臨時教育会議のなかでいわれた「家族制度ヲ健全ニ維持シ勤倹ノ美風ヲ保ツ」ために「一番大切ナモノハ農民」であり「農家ニ嫁入スル」女性を教育することであった。そして、この時期から社会教育行政が確立されて、農村での補習教育（義務教育終了後の青年男女の教育）や青年団、処女会の組織化がすすめられていった。その目指すところは「処女ノ徳性ヲ進メ女子ニ必須ナル事項ヲ研究シ以テ母タルノ素養ヲツクル」「従順ナル善良ナル母ヲツクル」（千野陽一『近代日本婦人教育史』）というように母親予備軍の養成であった。農村の母たちが天皇制秩序の基盤として位置づけられていった。

この段階の女性の組織化がどこまですすんだかということは、のちのファシズムの時代の女性統合を考えるうえで大切な視点となるが、いまここではそれにはふれない。ここではこうした国家の期待する母像がしだいに形づくられていたとき、現実の母たちの生活はどんな状態におかれていたかを考えてみたい。

2　女のくらしの諸相

第一次大戦後、独占資本主義の急速な発展は国民生活にさまざまな変化をもたらし、とくに女性はこれまでの家のなかにおける妻・母としての生活に安住できない状況におかれていった。いまその顕著な問題の二、三についてふれると、その第一は労働・職業への女性の進出が引き起こした問題である。

第一次大戦を境に女子労働者の数は約二倍に急増した。職業婦人もこの時期から増加の一途をたどり、女性の職種がひろがっていった（村上信彦『大正期の職業婦人』）。もとより工場労働者も職業婦人も若年未婚の女性が主体であったから、その意味では妻たり母たる基本的な生き方に急激な変化をもたらすものではなかった。

しかし巨大な紡績工場などと違い、都会地の化学工場・印刷工場などでは既婚女性も多く、鉱山労働者の大部分は既婚女性であった。これらの働く母親にとっての母性保護は不備で、一九一九（大正八）年第一回国際労働会議での「八時間労働、産休制」に関するＩＬＯ条約に日本政府は消極的な姿勢をとった。一二三年の工場法改正で、婦人労働者の要求によってようやく労働時間一一時間、産前産後休暇九週間と、一日二回各三〇分の乳児哺育時間が承認された状態であった（島田信義「日本における母性保護制度」『講座　現代の婦人労働2』）。

こうした状態のため工場労働者の乳幼児死亡率の高さが問題とされ、『女工哀史』の著者も「女工の子どもは実によく死ぬる……一般死亡率の二倍」であると書いている。工場労働者の乳幼児死亡が家庭婦人より高率であることは、こうした労働時間の長さや母性保護の不備によることはもとよりだが、さらに他の原因も考えられていた。それは「結婚前の数年を工場に生活し、家庭をはなれることによって育児に関する親達の貴重な経験を自分のものにすることが不可能になる。主婦としての教養の不足にある」ということであった（暉峻義等「乳児死亡の社会的原因」『日本婦人問題資料集成6　保健・福祉』）。婦人労働者であり、労働者家族であるということがすでに、母性の機能の喪失を運命づけられるという深刻な状態におかれていた、というべきであろう。

職業婦人の場合にも母たることの困難さはかわらなかった。職業婦人の先駆的存在の女教員は、大戦期に急増し、教員全体の約三分の一を占めていたが、そのうちの約七〇％は既婚者であった。男性教員と同じ職務のうえに家庭の責任を負う女教員の心身の負担は大きく、妊娠中の女教師が運動会の場で倒れ死亡するというような悲劇もあった。こうしたことから一九一七（大正六）年には、全国小学校女教員大会がもたれ、その運動によって二二年には産前産後の休暇がかちとられた。

大正末の一九二五年には東京市の例で、職業婦人の一六・四％、六人に一人は既婚者で、その半数以上が子どもをもつ女性であるといわれている。その後昭和恐慌の深まるなかで職業婦人の失業や就職難が起こり、「職業婦人の娼婦化」とか、「性の商品化」といわれる現象が生まれた。そして職業婦人の私生児問題が半ば興味本位に、また半ば批難をこめて取り上げられた。しかしそのもっとも問題とされなければならないことは、職業婦人の場合私生児の出生が家庭婦人に比して多いばかりでなく、私生児の死亡率が公生児のそれの二倍にのぼるということであった（金子しげり「職業婦人と私生子」『婦人公論』一九二九年十二月）。恐慌下の生活難と働く女性に対する偏見が、こうした母性と子どもの生きる権利をふみにじっていった。

子どもを生み育てることの困難は、都市の家庭婦人や農村婦人の場合も同様であった。米騒動のあった一九一八年にはスペイン風邪の流行もあって、乳幼児死亡は一八・九％と明治以来の最高に達している（『現代婦人運動史年表』）。その一方で多産も問題となった。第一回国勢調査の行われた二〇年の平均出生児数は五・二四人であった。とくに農村では多産多死が一般的で、出産回数を重ね、出産年齢が高くなるにしたがって出生児の死亡率が高くなる、すなわち母体の障害が多くなることが、やや のちの昭和に入っての研究によっても明らかにされている。生まれすぎる悩みと子を失う悲しみが農村婦人を苦しめていた（丸岡秀子『日本農村婦人問題』）。

大正から昭和期にかけて読売新聞や地方新聞の身の上相談を担当していた河崎なつは、相談のなかでもっとも多いのは多産の悩みであり、とくに農村婦人からの訴えが多く、その原因は経済的貧困であると語っている（『家の光』一九三二年十一月）。

多産の悩みは当然産児調節、産児制限への要望となっていった。とくに一九二二年米国の産児制限運動家のマーガレット・サンガーが来日して以来その関心は高まっていった。もっとも日本の政府は、サンガーが日本国内で講演を行うことを認めなかった。日本の支配層にとっては産児制限は女が子どもを生むことを拒絶する、もっとも危険な思想であり、家族制度ひいては天皇制国家への反逆を意味するものと考えられた。

婦人雑誌でも『婦人公論』がはじめて一九二〇年八月号に「我国の現状に照らして観た避妊の可否論」を特集し、この問題についての医学、教育、各方面の意見を求めた。そのなかで産児制限論者ばかりでなく、女子教育者の市川源三は、「避妊の方法を授け陥らんとする陰殺堕胎の罪悪から救う」ためにもそれは必要であると賛意を表した。また常盤松高女校長の三角錫子《みすみすずこ》は、「人妻は子産み器械のような虐待から救われる」と積極的にこれを支持し、「人口過剰のために戦争が企てられたり折角育てた我子を徒らに塹壕の埋草にされたり攻城の肉弾にされたりするような悲しい事からのがれ」、女が「妻であり母であると共に一人の人間としての生活を生き」るべきことを主張した（『婦人公論の五十年』（一九六五年）、岡満男『婦人雑誌ジャーナリズム』（年欠））。

これは女性の人権、そして平和という視点から産児制限を支持した格調高い主張であった。それは女医で教育家でもある吉岡弥生が、産児制限は性の享楽化を招くと危険視したことなどと比較すればいっそう明らかである。

しかし産児制限に対する一般家庭の主婦の関心は大きく、婦人雑誌への質問もあとを絶たなかった。こうした要望に応えて『主婦之友』は一九二六（大正十五）年八月「妻の心得べき特殊事情による妊娠中絶、避妊、人工妊娠」の記事を、また二七年二月にはこれに成功した経験談を掲載したが、伏字だらけとされた。また同年十二月の「妊娠暦の解説」の記事は版権侵害の理由で右翼の大統社から抗議を受け、石川武美社長夫妻の身に危険が迫るという事件が起こった（『主婦の友の五十年』、岡前掲書）。そしてこれ以後『主婦之友』の出産育児に関する記事は、「男女を思いのまま生んだ実験」「美しい子賢い子を生む秘訣」といった半ば興味本位のものとなり、産児制限の科学的知識の提供を期待することはできなくなった。

しかしこうした婦人雑誌の姿勢は、女たちが「子生み器械」のように子どもの生まれることを運命として受け入れていた時代から、自分の望む数の子どもを生みすこやかに育てたいという主体的な考え方へと成長していったことを反映していた。それだけに産児制限、産児調節は国家からは否定されねばならなかった。その圧力のもとで安部磯雄・山本宣治・石本シヅエ夫妻・賀川豊彦・馬島僩などはそれぞれの立場から、労働者・農民への普及に献身した。また一九三一（昭和六）年には「無産者産児制限同盟」が結成され、プロレタリア解放運動の一環としてこれに取り組んだ。しかし、日中戦争開始期にはこれらの運動は衰退した（太田典礼『日本産児調節百年史』一九七六年）。

女性が母たることに安住できない時代をもっとも端的に示したのは母子心中の激増であった。母子心中が問題になりはじめたのは、関東大震災後の罹災や失業という特殊な事情のもとでであった。これをきっかけに婦女新聞社長福島四郎は、母子扶助法制定の運動を起こすことを呼びかけ、のちに婦人参政権獲得同盟の市川房枝や金子しげりによる母子保護法要求の運動に引き継がれた。

一家心中や母子心中が大きな社会問題となったのは、大恐慌による極端な不景気、失業の増大が始まった一九三〇年ころからであった。当時の調査によると二七年七月から三五年六月までの八年間に、じつに一七三五件の一家心中が報告されている（中央社会事業協会・全日本方面委員連盟「新聞に現れた親子心中に関する調査」）。これは東京・大阪の四大新聞に掲載された事件の数であって、当然新聞に報道されなかった相当数の事件があったことが予想される。

この調査によると、親子心中のうち母子によるものが七〇％を占め、親子心中はすなわち母子心中であるといってもよい状況であった。事件の原因は生活難がもっとも多く、これについで家庭不和、精神異常があげられている。家庭不和、精神異常といったことも生活難がひきがねになっていることは想像にかたくない。そして子ども二人を道連れにしたものが半数を超え、三人がこれにつぐ。母親の年齢は二六歳から三一歳がもっとも多く、二一歳から三五歳までが、一三三三人中九八九人となっている。

第一次大戦期以来大都市を中心に単婚家族化がすすんで、核家族世帯はすでに一九二〇年に五四・〇％に達し、核家族化の叫ばれた一九七〇年の五七・〇％（フォーラム女性の生活と展望編『図表にみる女の現在』ミネルヴァ書房　一九九四年）に比しその率の低くないことがわかる。これらの家族は恐慌下の生活難や、それによって起こった家庭不和、離婚や遺棄によって母子家庭となったとき、家族の庇護や救済を期待することはまったくできなかった。ただしこの時期に離婚は必ずしもふえていない。子どもをかかえた女性が離婚をして自立することは今日以上に困難であった。しかも国家は家族制度の美風をとなえ、公的な福祉や救済をほとんど顧みられなかったもとで、母子心中は起こっていった（この間の実態については一番ヶ瀬康子「母子保護法制定促進運動の社会的性格について」『日本女子大学社会福祉』一四　一九六八年）。

しかしここで問題にしたいのは、そうした母子心中を社会がどうみていたかということである。一九二七年に書かれた川村顕雄『母性哀話――母が子を殺すまで』という書は母子心中を論じたものとしては比較的早い時期のもので、大正末期のデータにもとづいてこれを論じている。そして心中多発の原因を日本女性とヨーロッパ女性の体格や性格の相違に求めようとしており、その当否は検討されなければならないが、この著者は「親が子を殺す」ことは心中ではなく間接的殺人であるとはっきり指摘している。今日では母子心中は子殺しであり、母子心中、親子心中という表現は子どもの人権という点からみて不適当であるという考え方が受け入れられつつある。しかし当時においてこれはきわめて珍しい発言であった。というのは、この当時の新聞雑誌の多くは、同情や、むしろある種の讃美に近い感情をこめてこれを報道していたのである。この点について上笙一郎編『日本子どもの歴史6　激動期の子ども』は次のように指摘している。

　かなしく美しい行為という形で子どもを殺して自殺することにいわば社会的是認がある。（中略）つまり子どもを育てるという自己の使命を他者とりわけ「お上」に肩がわりしてもらうことをいさぎよしとしない日本人の「恥」意識を最も強固に保ち、あくまで子どもと運命を共にしようとする深い愛をもっているのが親子心中をする親である。それゆえ「母子心中を企てる母親は日本女性の鑑ともいうべき存在である」という考え方が存在し「子どもを残して死ねない」「子どもがかわいそうだから連れてゆく」という遺書を残す母は讃美の対象にならざるをえない。

母子心中の多発の原因は、これまでみたように経済的困窮による家庭崩壊と、その反面で社会福祉政策の欠如にあることはいうまでもないが、それと同時に前掲書のいうような母子一体感、親子運命共同体感や母性の強要の重圧がこれに拍車をかけたことは見逃せない。その意味ではこの時期の新聞報道での母子心中事件の増加ということ自体が、こうした思想を反映しているとさえいえよう。

こうして第一次大戦後の日本社会は、資本主義の急激な発展にともなってこれまでの家族のあり方や家庭生活にさまざまな変化が起こり、女性の生き方にも多様な可能性がひらける反面、深刻な生活難やこれまでの生き方への懐疑がひろがっていった。

3　母よ家庭に帰れ

一九二〇年代後半から三〇年代にかけての家族や家庭の危機、母たちの苦悩を打開し、よりよい社会への展望をひらくことを目指して、この時期の労働運動や婦人解放運動はよりはげしい闘いを続けた。

これに対して国家の側はそうした反体制運動を抑えこみ、やがて予想される戦争へ向けて国民を統合していく動きが強力に打ち出されていった。

女性を家庭と母の名によって組織していくこともその一環であった。満洲事変の前年一九三〇（昭和五）年十二月、文部省は「家庭教育振興ニ関スル文部大臣訓令」を出してその方針を示した。これは現時の社会風潮が「放縦ニ流レ詭激（ママ）ニ傾」きつつあること、そしてその責任は家庭が教育を学校に任せその責を果たさない、すなわち家庭教育がおろそかにされているためであると決めつけた。そして家庭教育での父母、とくに母親の役割が重大であり、家庭教育の重視と母親の自覚を高めることの必要を力説した。そしてこの訓令と同時に文部省の手で大日本連合婦人会がつくられて家庭婦人を一つに組織することが始まった。

この運動を推進した大日本連合婦人会事務局長（元文部省社会教育課）の片岡重助は次のように述べている。

確実に親であり子であるといふ事実は母性とその子によつて保証される。（中略）母は子の胎内に在る間から確実にその子の母でありその絶対の親であります。(中略)女性に関する教化運動の根柢はここにおかなければなりません。女性は母としての任務を全うする為めにまづ家庭を、次に社会をその行動の場所として修養し訓練さるべきであります。(『系統婦人会の指導と経営』)

これは女性を母性というゆるぎない事実によって組織すること、女性統合のシンボルは「母」であることを語ったものである。

大日本連合婦人会による家庭婦人の統合の構想がそれ以前の婦人組織と異なるのは、すべての女性を「地位・職業・資産・教養・趣味・信仰等」を超えて網羅的に組織しようとしたことであった(千野前掲書)。そしてそのためには、これまで各地域につくられていた小学校母の会や婦人会を組織するだけでなく、農村の婦人講集団をも組み込もうとした。この場合には「地蔵講・子安講・火神講・観音講などの育児や家政を中心とした婦人講」(同前掲書)が対象とされている。家庭婦人を地縁的結合にもとづいて網羅的に組織しその徹底をはかろうとしていったのであり、この場合に地位も職業も階層も超えて、さらに農村と都市の違いを超えて女性を一つにまとめていくことのできる原理こそ「母」であった。

連合婦人会の最大のキャンペーンとして毎年三月六日地久節(皇后誕生日)を「母の日」とする盛大な行事が行われたが、これは以上のような理由によった。しかもこの行事は母の最高の存在としての皇后の讃美を通して皇室への尊崇、さらに国体観念の強化をはかるという二重の意味がこめられていた。

家庭教育振興の呼びかけにこたえて愛国婦人会など既成の婦人団体も「母の日」運動や「報国運動」を始めて、国体観念の闡明、家庭を中心とする徳操の涵養についての細かい実行事項を打ち出していく。また中央教化団体連合会の第八回大会(一九三一年)でも、「家庭愛情ノ精神ヲ強調シ家族制度ノ真諦ヲ発揮セシメルコト、父母特ニ母性ノ慈愛ヲ以テ健全ナル思想並ニ精神ノ萌芽ヲ培フコト」を決めている。

しかしこうした運動がこれまでにもなされたような単なる思想善導の呼びかけであったならば、母親たちの心をとらえ動員していくことはできなかったであろう。そこで母たちが直面している悩みをくみ上げる努力も行われた。たとえばその一つとして帝国教育会教育相談所主催「母の日大会」の場合がある。これは三一年一月、東京府下の小学校女教員、小学校母の会代表、桜楓会員（日本女子大学同窓会）等百数十人を集めて開かれたが、その議題は①子どもの進むべき学校をいかにして選ぶか、②性教育、③思想問題であった。

翌三二年二月には第二回「母性中心教育大会」として開かれ、出席者一五〇人、中年から老年の母、小学校・中学校母の会員、小学校女教員が参加した。この場合にも①個性にあった職業指導、②学校選択に対する母の態度、③スポーツに対する態度、④性問題、⑤思想問題――子女をどうマルクス主義から防ぐか、が取り上げられ、性教育については果然議場が緊張、また思想問題についてはその解決方法として宗教、一家団欒などが話題になったという（『婦女新聞』）。

これでみると母親たちの関心や悩みはいつの時代も変わらないという感も抱かせられるが、また一面では昭和前期という時代を強く反映しているともいえる。この時期には大都市を中心に、年々高まる進学率とこれに対する学校不足から受験競争が激化し、入試方法の改善が叫ばれていた。また不況期の子どもの就職問題やエログロ・ナンセンス文化、性的混乱の事象が、父母たちの性教育への関心を高めていた。そして何よりも大きかったのは思想問題である。このころ、恐慌と戦争への危機感から多くの青年男女が社会の矛盾にめざめ、マルクス主義に共鳴したり革命運動に加わっていった。そして共産主義を「アカ」と呼び国家への不忠と信じ込んでいる父母たちとの断絶を深めていった。とくに治安維持法による弾圧の苛酷さが父母たちに、わが子を危険思想から遠ざけたいという思いをいちだんと強くさせていった。

母親たちへの呼びかけは、この悩みをたくみにとらえて母性愛による家庭での「思想善導」の必要を説いていった。この母たちの愛が、治安維持法によってとらえられた青年、息子や娘たちに転向を迫る警察によって利用されたことはよく知られている。転向の動機のもっとも多くは家族の説得、家族への負い目であった（鶴見俊輔『転向研究』一九七六年）。またこの時代に、労働争議に参加した女工たちの切り崩しをはかる資本家たちは、父母を呼びよせて説得、郷里へ連れ戻させるのが常套手段であった。

こうして母親たちの不安や悩みをとらえて家庭教育の必要を唱え、国家の側に母たちを組み込んでいく政策がすすめられていった。

これ以後、のちにみるように教科書・出版物等に母性論が急激にふえ、母の讃美がなされていく。同時にあらゆる機会を通して「母よ家庭に帰れ」「女子よ家庭に帰れ」という呼びかけがされていく。それは同じころドイツのナチスによって行われた「母よ家庭に帰れ」の運動に学んだものであった。だが日本の場合には、現実に母たちを職場から家庭に追い返すというよりは、これまでみたようなひたすら精神運動、思想教化としてのそれであった。

このように「母」とは階層を超え思想を超えて女性を一つにつつみこむ運動の原理であり、同時にそれは天皇制国家主義のしもべとして、共産主義や社会主義の思想への防波堤となる役割を担うものであった。

4　母の「戦陣訓」

母の存在が一段と国家に結びつけられるようになるのは、一九三七（昭和十二）年の『国体の本義』とこれに続く四一年の『臣民の道』においてである。

いうまでもなく一九三七年には日中戦争が始まり、国民精神総動員運動が大々的に展開される。そして四一年末には太平洋戦争へと突入していく。それぞれ歴史の歯車が大きくまわるその時点で天皇制教育の強化、国民精神の鼓吹が強められた。万古不易の国体、一大家族国家を説いた『国体の本義』では、親子の関係、家族の意味を概略次のように説明している。

> わが国民の生命の基本は個人でもなければ夫婦でもない。それは家である。家は個人的相対的の愛が本になってつくられたものではない、生み生まれるという自然の関係を本とし敬慕と慈愛を中心とするものである。家はすべての人が生まれ落ちるとともに一切の運命を託するところである。親子の関係は自然の関係であり、親子は一連の生命の連続であり、親は子の本源、子は親の発展である。

これは「家」の存続にとっては個人・夫婦が中心ではなく、親と子の一体的関係、運命共同体としての関係のみが存在することを語っている。かつては妻たり母たることを求められた女性は、いま母たることによってのみ家に結びつけられ、子との一体感を強要された。

この『国体の本義』の精神を国民の生活の末端にまで浸透させようとしてつくられたのが『臣民の道』であった。このなかでは、日本の「家」は欧米の夫婦中心の集合体とは異なって、夫婦の横の結びつきではなく、親子のたてのつながりが基本であることを重ねて説いている。そしてこうした「家」のあり方は、当然妻や母の役割や子育ての意味を規定していった。子女の養育はただ自分の子を育てると考えるべきではなくて、祖先の後継者をつくり、また将来御国に奉公する国民を育てることであった。親子の強いきずな、一体感がいわれながらその一方で、子育ては私的な行為でなく公への奉仕であるというまったく相反した親子観、子育ての論理が、ここでは矛盾なく統一されることになった。

戦時下の母性の強調は一方で子育ての公的意味を説き、その一方では限りない一体感を情緒的に訴えて、わが分身である子どもを国に奉ることで自らも国に殉ずる「軍国の母」をつくり出していった。

戦争の激化にともなって母の使命はこれだけに終わらなくなった。太平洋戦争の開始にともなってついにすべての婦人団体は一つに統合され、いっさいの自主的活動の組織は認められなくなった。部落会・町内会を通じて一人残らず主婦たちが組織されていった。と同時に一九四二（昭和十七）年、「母の戦陣訓」といわれた「戦時家庭教育指導要綱」が制定された。

これは『臣民の道』に説いた「厳粛な」母の役割だけでなく、次代の皇国民育成のために「健全にして明朗なる家」を実現するために、母たちが日本婦道の修練のうえに、さらに科学的教養の向上、健全なる趣味の涵養、強健な母体の錬成などにはげむことを求めている。近代戦に勝ち抜くためには女性にもこれまで以上の科学的知識も必要となっていた。さらに父を戦場に送った母子家庭の窮乏や、統制経済下での耐乏生活、健康の破壊など、どれ一つをとっても明るく明朗な家庭生活とはいえない状況に対してこの苦難を母の努力で支えていくこと、父にかわって一家の支柱となることが母に課せられていった。

戦争準備の時代から日中戦争をへて太平洋戦争の総力戦の時代へと、母親への期待と役割は、ここにみたようにしだいに加重され、それにともなって母性の賞揚が声高く叫ばれていった。

国家の政策として母性尊重論が形づくられていくのに並行して、マスコミや出版物でも厖大な数の母性論が世に送られていった。

婦人雑誌では、これまでもっぱら実用的な家事技術や生活知識の提供で読者をかち得てきた『主婦之友』が、さきにもみた産児制限問題の記事事件以後微妙な変化をみせていった。そして一九三〇年、家庭教育振興が叫ばれるころになると、その影響を紙面にはっきりとみせるようになった。まずこの年から徳富蘇峰の「我が母の生活」が一年間連載され、それにつづいて「今日の私をあらしめた子供時代の母の教育」といったような著名人による母の思い出が繰り返し掲載されるようになる。それはいずれも貧困のなかで子どもを育てた母の慈愛や犠牲的精神、困難に直面したわが子をはげます勇気と決断を讃えたものである。もちろんその場合の「子」は社会的成功者、とくに軍人や政治家をはじめ、それ自身国家への貢献者として世の尊敬を集めている人々であった。それはさきにもあげた山村賢明が分析した教科書のなかに登場する母と同じタイプであった。

そして三二年六月には「母親号」の特集があり、三五年には皇后皇太子の写真が口絵をかざるようになる。こうした傾向は『婦人倶楽部』等他の婦人雑誌の場合も同じである。三八年には「婦人雑誌ニ対スル取締方針」が出されて、恋愛や卑俗な小説、告白記事、性に関する記事等が禁じられるようになり、否応なく婦人雑誌の誌面は戦時色が濃くなっていった。

母性の賞揚をもっとも強力にくりひろげたのは大日本連合婦人会の機関紙『家庭』であった。『家庭』の毎年の三月号は「母の日」キャンペーンでみたされている。母の日を「一年一度世の母に捧る心からなる感謝の日、参加せよ人の子たるもの聖なる母の日」と呼びかけ、学校・工場・団体で母を讃える夕べ、母をねぎらう夕べを開くことを提唱している。そしていつもながら「わが母を語る」や母についての随想などが掲載されて、まさに食傷せんばかりである。『家庭』の誌面は婦人雑誌のような生活記事、実用記事、娯楽記事も少なく、ひたすら母の讃美、母への憧憬といったきわめて情緒的感覚的なものに終始して、その讃美と憧憬の頂点には慈母のごとき皇后の姿があった。

このように民衆女性への「母」の訴えがきわめて情緒的感覚的であるというのは、ファシズムと戦争の時代全般の特色であるといえよう。そしてこの甘美な母性讃歌のあいだに「軍国の母、今も水兵の母であり、戦場の倅思えば」「母を求めて――心のおきどころ、兵士のこの覚悟、陣中の夢」「覚悟ゆるがぬ荒鷲の母」などのように軍国の母が登場してくるのである。

山村前掲書は、一九四一年の国民学校制度下の教科書においては母に関する教材がこれまでより群を抜いて多くなり、五課に一課という頻度であると指摘している。そして戦場に散ったわが子の最後に帰りゆくところとして母のふところをうたい、「救いとしての母」をえがいていくと述べている。それは母子一体感の最後にたどりつくところであった。

5　戦時下の母性保護の意味

これまでみてきたように、ファシズムと軍国主義は母たちに絶大な期待をよせ責任を負わせていった。しかしその一方で母性への保護はどのように行われていただろうか。当時の母性保護政策の二、三の事例にふれてその姿勢をみたい。

その第一は、母子扶助法の制定である。さきにもふれた昭和恐慌下の母子心中の多発、それに名高い東北農村の凶作による窮乏、娘の身売りが直接の動機となって、その救済、とくに母子家庭の救済が婦人団体を中心に叫ばれた。

一九三四（昭和九）年には、これまで婦人参政権獲得をたたかってきた婦選獲得同盟など市民婦人団体、合法無産政党の社会大衆婦人同盟、紡織労働組合など、婦人団体が統一して母性保護法制定促進婦人連盟（三五年、母性保護連盟と改める）を結成した。市川房枝、金子しげり、山田わかなどがその中心的活動家であった。それは窮迫母子家庭救済のための母子扶助法と家庭崩壊の危機からの保護を目指した家事調停法の制定、母子ホームの急設、民法改正による母の権利の強化拡大、の四点を柱とした「総合的な母性の保護」（金子しげり「母子扶助法制定促進運動史」『日本婦人問題資料集成6　保健・福祉』）を目指すものであった。そして三七年、総合的な母性保護法制の一部としての母子扶助法の要求に対して「母子保護法」として成立し、翌三八年一月より施行されることになった。母子扶助法は生活扶助に限定した母子保護法と名称をかえ、それがあたかも母性保護のすべてであるかのように位置づけられた。その内容は「一三歳以下の子どもをかかえる貧困な母や祖母の生活扶助、子どもの養育扶助」を決めたものである（母子保護連盟の要求は一四歳であった）。

この法案審議の過程でも、このような法を設けることによって民法による扶養の義務はどうなるか、法の制定は悪意の母子の遺棄を助長するのではないかというような応酬がみられ、貧困母子の扶養は家族、親族が責任をとることこそ家族制度の美風という考え方がなお強く存在していたことがうかがえる。

のみならずこの法制定の趣旨について厚生省社会局は次のように説明している。

若しも一三歳以下の子女を抱えている母が（中略）不幸な境遇に陥り、その天職を遂行し得ない場合には、国家が保護を与へて、其の天職を遂行せしめ、併せて其の子女の健全な育成を期する。

（「母子保護法の其の後」『日本婦人問題資料集成6　保健・福祉』）

これでわかるように、母子保護とは母がお国のために子を育てる天職を全うしえなかったとき、これを全うさせるための援助であって、母であること、母たる人と子どもの基本的な人権としてその生活や権利が保護されるということではなかった。

この点については運動をすすめた女性側の思想も変わらなかった。母子保護連盟の請願書は請願の理由として「一、第二《ママ》国民を産み、これを養育する任にある母性の保護並に将来の日本を担って立つべき乳幼児及児童の保護は国家として当然の義務だと存じます」と述べている。

将来の日本を背負って立つ第二の国民の養育の重要さ、そのために母の生活も守られなければならないというい方は、当時としては要求を実現するための便法であったかもしれないが、それのみといいきれるであろうか。ここには、母と子の生活の保障は国家の当然の義務、国民としては当然の権利であるという主張は稀薄である。

母性保護連盟の運動は、参政権要求も困難になった満洲事変以後の市民婦人運動の最後の統一的運動として、一定の成果を実現したものとして高く評価されなければならない。しかしその母性保護のとらえ方にはここにみたような限界があり、「国家的母性論」に対決するものとはなりえなかった。そして山田わか、金子しげり、河崎なつなど運動の指導者たちは母性の立場を代弁することを自らの責務として、国民精神総動員運動や大政翼賛会などに参加する道をたどっていった。

第二は、婦人労働者に対する母性保護政策の問題である。

日中戦争が始まるとただちに、軍需工場、鉱山の女子労働者の労働時間延長、深夜業、休日の廃止など、保護の後退が始まり、やがて鉱山では坑内労働禁止が緩和された。坑内労働禁止は多年のたたかいののちようやく一九三三（昭和八）年に実現したばかりであった。太平洋戦争に入り、女性の工場労働への動員がすすむなかで工場法の保護規定はつぎつぎに改められ、産前産後休暇、哺乳時間のみが残される状態となった。ここにいたって「母性保護法制は母体保護＝妊産婦保護（それも非常に不完全なものであったことはいうまでもないが）に矮小化せしめられた」（白石玲子「戦時体制下における母性保護法制の動向」『阪大法学』一一四）。

また戦時下の生めよ殖やせよの政策を示した一九四一年の「人口政策確立要綱」のなかでも、「人的資源」確保のための「母性及乳幼児、児童の保護」がうたわれ、そのために婦人労働者の母性保護として産休・出産給付・保育所設置、授乳のための便宜などが必要とされた（前掲白石論文）。

戦時体制のすすむなかで労働者女性、農村女性の労働強化ははげしくなり、母性の破壊、その乳幼児への影響などが出ている。しかもその一方で生めよ殖やせよの人口増加、強い国民が要請され、そのジレンマのなかで妊産婦の保護という最低限の、母性保護が実現した。

おわりに

明治以後の歴史のなかでは、いくたびか家庭の意義が説かれ母の役割が強調されてきた。たとえば資本主義経済の飛躍的な発展にともなって国民生活が大きく変化し、家族のあり方や家族観がゆれ動き、また経済的にも家庭生活の困難さが加わったときである。また女性の社会的進出がすすみ、「女の思想が変化」したときである。これに対して旧来の社会体制の動揺をおそれる支配層がつねに試みるのは、家庭の意義を説き、そのなかでの母親の役割の大きさを力説することであった。

政治的権利をもたず、家庭内での平等も保障されていない女たちは、母であることを讃えられ、子どもとの一体感をささやかれるとき、そこに生き甲斐を見出し、そして家と国につながれていった。しかもそのひきかえに何がしかの母性の権利の容認や地位の向上がほのめかされるとき、その引力は大きかった。

はじめにもみたように、高度成長による社会生活の激変はふたたび家庭強化の声を大きくさせている。「家族のしあわせがあってはじめて国の繁栄が得られるのであり、家庭の平和があってこそ世界の平和も期待できる」という家庭観（「家庭生活問題審議会答申」布施晶子・玉水俊哲編『現代の家族』一九六七年）は、戦時下とはまったく反対の方向を目指しているといいきれるだろうか。

その意味では国家的母性論に対して女の側からなされた母性の主張――母性保護論争に始まるそれの、その後の展開、とくに戦争反対から戦争協力へと屈折していった姿勢と論理が、あらためてあとづけられなければならない。

参考文献

千野陽一『近代日本女性教育史――体制内婦人団体の形成過程を中心に』ドメス出版　一九七九年。

鹿野政直『戦前・家の思想』創文社　一九八三年。

村上信彦『大正期の職業婦人』ドメス出版　一九八三年。

香内信子『資料・母性保護論争』ドメス出版　一九八四年。

永原和子・米田佐代子『おんなの昭和史――平和な明日を求めて』有斐閣　一九八六年、『同増補版』一九九六年。

四　女性はなぜ戦争に協力したか

はじめに――女の戦争体験――

太平洋戦争の末期、五二五万の女性が職場に、三〇〇万の女子労働者が工場に、五〇万人が挺身隊として戦時労働に加わり、二〇〇〇万といわれる家庭婦人が、唯一の婦人団体となった大日本婦人会に組織されて総力戦の一翼を担った（伊藤康子『戦後日本女性史』）。

このほか老人子どもまでもがさまざまなかたちでの戦争協力に加わったわけだが、このような膨大な数の女性の動員、戦争協力はどのようにして実現したのであろうか。〝根こそぎ動員〟といわれる戦争政策の結果であるといってしまえばまさにそうであるが、そこにいたるまでの過程には考えるべき多くの問題がある。女たちは強制されてやむなく駆りだされたのか、すすんで協力したのかということ一つをとっても、どちらとも断定できないであろう。二つの側面は複雑にからみあっているからである。では女たちはそこに何を期待し、どのような思いを抱いて破局への道を突き進んでいったのだろうか。

近年、女性の戦争体験は自伝、手記、聞き書きなどさまざまなかたちで公刊されている（女性史総合研究会編『日本女性史文献目録』Ⅰ～Ⅳ参照）。また毎年八月十五日前後にはテレビや新聞でも特集が組まれて、あらたな証言は今日なおつきることがなく、私たちに戦争のもつはかり知れない残虐さを語りかけている。最近では〝昭和終焉の日〟をきっかけに戦争の回想が噴出している。しかしその多くは戦時下の窮乏生活、戦争末期の空襲、原爆、沖縄戦の体験、満洲、中国からの引き揚げにまつわる悲劇などを語ったものである。女性はとくにそうした傾向が強く、従軍看護婦の場合などを除いては、〝銃後〞が戦場となった太平洋戦争末期の体験を語ったものが大半である。

女たちはややもすれば被害者としての立場から戦争をみ、〝銃後〞が戦場になったときはじめて戦争の本性を知り、これを強く記憶し語っている。そこに、自ら銃をとり戦場におもむいてたたかった男性の戦争体験との相違があるといえよう。しかし事実は、太平洋戦争はもとより日中戦争の段階、あるいはそれよりはるかに早い時期から女性は戦争体制のなかに組み込まれ、有形無形の、直接間接の戦争協力を果たしてきたのである。戦争を戦争とは意識せずに女性たちがその一翼を担っていたことをふくめて、女性と戦争の問題を考えなければならない。

一九八〇年ころからは〝女性も戦争を担った〞(川名紀美『女も戦争を担った』など)ことが問われるようになった。たとえば鈴木裕子『フェミニズムと戦争』がその一つであるが、ここで著者は高良とみ、羽仁説子、市川房枝、山高しげり、奥むめおをはじめ、地方の婦人運動家もふくめた人々の戦時期の行動を詳細に追跡している。それはこの人々の自伝、伝記の多くが「戦時の行動について沈黙を守っているか語っても消極的部分的微温的である」ことから、「戦争に協力した婦人運動フェミニズムというものはどんな意図をその底にひめていようともやはり間違っている」ことを確認しようとしたものである。河野信子他『高群逸枝論集』は、同じように高群の全集から欠落した戦時下の発言を集めたもので、そこには日本女性を天皇崇拝と殉国にいざなったことばの数々があり、勇気をもってこれを正視することを私たちに迫っている。

こうした事実を明らかにすることはもとより今後も必要である。けれどもそれと同時に、この人々にそうした道を選択させたものは何であったかをもあわせて考えなければ、それはただの告発だけに終わってしまうおそれがある。

ここではその問題を、この人々が終始ともに在ろうとした庶民の女性たちのおかれてきた状況やその意識とのかかわりで考えてみたいと思う。

かつて私は、愛国婦人会の地方支部の幹部であり戦後も地域婦人会の働き手であった茨城県の一婦人が、「戦争中の活動がもっとも活発だった」と語るのを聞いて驚きをおぼえたことがある。この人ばかりでなくその周辺にいて一般会員であった人たちも、戦時中の共同炊事や生活改善の体験を楽しい思い出として語った。

この感想は一地方の特殊の例ではなく、しばしば私たちが出会う場面であり、庶民の女たちの戦争体験にはこうした一面があることを否定できない。

女性史家の村上信彦もこのような事実を指摘して、愛国婦人会から国防婦人会、のちには大日本婦人会へと「日本全国の女性が組織され」、「狭い家の枠に閉ぢこめられた妻たちが銃後活動を通していきいきとした表情と動作を取り戻した」と述べている（村上信彦『日本の婦人問題』）。また市川房枝が日中戦争初期に郷里の村の国防婦人会の集まりをみて、「かつて自分の時間をもったことのない農村の大衆婦人が半日家から解放されて講演をきくことだけでもこれは婦人解放であり」、「国防婦人会が燎原の火のように拡がって行くのはその意味でよろこんでよいのかもしれない」（『市川房枝自伝　戦前篇』）と記しているのは、今日ではすでによく知られているところである。

ここに婦人運動家の戦争協力への論理と民衆女性の心情の接点があり、それは家からの解放ということばだけでは説明しきれない問題をふくんでいる。女性たちが解放されたいと切望したその当時の家とはどのような状況におかれていたのか、女性は何を束縛と意識していたのか、またそれは国防婦人会などの戦時活動に参加することで解決し、要望は実現したのだろうか。この問題を、戦前期女性のおかれた状況とそこからの解放への願望がいかなるものであったかという点から考えたい。

1　女の生活の課題

戦時体制に入るまでの昭和初期は女性、とりわけ家庭の主婦たちが経済的危機のなかで家庭生活の直面する問題を社会的に解決することが求められ、また女性自身がその力量をたくわえていった時期といえる。

その動きはすでに第一次大戦後から始まっており、たとえば『婦女新聞』一九一九（大正八）年では「家庭改造の時期」、「新しい世界に一等国として仲間入りせんとしている我が国にとって避けて通れない課題」ということがいわれている。そして①衣食住の改造と②精神的・思想的改造として、結婚・夫婦の地位・財産関係・家庭教育の見直し、などをあげ、そのためには「主婦に一日三十分の読書を」とか「主婦に書斎を与えよ」、「母親の自由時間、中流家庭のために託児所を」などという提案がされている。これは女性向けの教育の場や婦人雑誌のなかでこれまでいわれてきた節約、勤勉、貯蓄、忍耐というかたちでの生活問題への取り組みとはちがって、生活の合理化や女性の自主性の確立を目指したもので、まさに第一次世界大戦以後の都市の中産層の主婦の増加という現象を反映したものである。

関東大震災から昭和恐慌へと続く経済変動のなかで、こうした生活改造はいっそう具体的なかたちをとってあらわれてくる。非活動的な和服の見直しとか家事労働の軽減のための台所の改善をはじめとした住宅の改造など、どれをとっても単なる生活の切りつめではない経済性・合理性を求めている。そればかりでなく、共同炊事や共同購入など、家庭生活を共同化、社会化することで主婦の負担の軽減や台所からの解放を志向している。しかもそこには働く女性がふえつつあることや、主婦が家事以外の自己の生活をもつことが予想されている[1]。

消費組合運動に女性が加わっていき、これを通して主婦が「家庭は申すに及ばず、国家社会に貢献していることを確信する」(大寺恵美子「主婦層と消費組合運動——一九二〇～三〇年代婦人運動の底流——」『歴史評論』四一〇　一九八四)ようになったという意識の変化までみられる。この時期に消費組合運動で活動した奥むめおは、主婦と働く婦人のため「家庭電化製品の共同購入、共同運用による共同炊飯や共同洗濯」など家庭生活の幅広い共同化を構想している(大寺前掲論文)。

さらに昭和恐慌期になると、市民婦人団体や消費組合を通じて主婦たちは家賃・電灯・水道料金値下げや公設市場の設置を東京市議会など地方行政に向けて要求し、生活の課題を政治の次元で解決しようとし、それはやがて地方政治への住民としての参加、すなわち公民権の要求を掲げるようになっていく。その一方で「台所の改善、消費経済の改善」に甘んじず「むしろ台所からの婦人の解放、いな台所そのものの徹底的な改造なくしては婦人の地位の改善はない」、「婦人はこの不愉快な家庭の台所から解放されるために模範的な設備ある食堂、飲食所、洗濯所、育児院等々を」(『女人芸術』一九二九年)(2)という叫びも起こっている。ここからは不経済、不合理、煩瑣な家庭生活の束縛から解き放たれたいという女たちの熱い思いがうかがえる。

都市の中産層の主婦たちが生活の改造を共同化、社会化という方向で実現しようとしたのに対して、農村ではいわゆる生活改善を旗印にして婦人たちが組織され参加していく。たとえば生活改善の構想を盛り込んだ大日本連合婦人会、連合女子青年団、生活改善同盟共同の「家庭生活更新要項」は「内容のない空疎な言葉をつらね」たもの(丸岡秀子『日本婦人問題資料集成7　生活』解説)という評価もあるが、そこであげられた衣食住の改善、たとえば学生・児童服の経済化、婦人帯の簡易化、食生活での主食・副食内容の見直し、栄養知識の普及とか、家庭経済のための副業奨励、貯蓄、時間の経済化、社交儀礼の改善、婦人礼服の簡単化、儀式の簡易化などは、スローガンだけに終わらずに、現に地域の問題として真剣に取り組まれている。その一例として、県下の模範団体と目されていた静岡県小山町の主婦会・女子青年団では、一九三〇（昭和五）年から不況下生活改善は急務であるとして一家の収入減の補塡、台所の節約、内職副業等をかかげて組織の徹底化をはかっていく。そして小学校児童服装の一定＝洋服化や、学校卒業後の女子常用の帯が高価すぎ「女子青年を有する家庭の最も苦痛」であるところから簡単で廉価な文化帯の普及、食パン製法の講習で相当の児童が食パン弁当を持参、結婚式改善、その模擬実習、結婚礼服の共同購入・使用などを、精力的に行っている。それらは不況下の生活に苦しむ家庭に歓迎され、「主婦の集合に戸主たる各家長が共鳴」協力していることが報じられている（『小山町報』）。こうした家庭生活の些細な部分の改善すら熱意をもって迎えられるほど生活の窮迫がはげしく、生活防衛が切実な問題であったことがわかるとともに、ささやかな運動が目にみえる成果をあげることに主婦たちが生きがいを見出していることがうかがえる。

やがて満洲事変が始まると、主婦たちは、出征兵士の見送り、留守家族の慰問、慰問袋の作製などにじつにすばやく対応している。これまでの活動とはまったく異質であるはずの軍事援護活動に、なんのためらいもみせずごく自然に参加している。それはじつは異質のものではなく、自分たちの住む町や村の近隣の問題であり、ときには自分の夫や息子の問題であって、これまでの生活問題の延長線上にあったからである。やがて全国各地で、主婦会などを母体に一九三四年には国防婦人会が組織されている（本書Ⅱ—三「女性・生活からみた地域の歴史」参照）。

国防婦人会が既存の婦人団体とは異なった軍事援護の組織として満洲事変を契機に誕生し、〝燎原の火〟のごとき勢いをもって全国的にひろがっていった、その秘密はどこにあったかについては近年多くの研究がなされている。

藤井忠俊『国防婦人会——日の丸とカッポウ着』（一九八五年）は国防婦人会の発端として、母親のような家庭婦人の〝見送りとお世話〟をあげ、カッポウ着が台所を出たことを指摘している。すでに生活改善問題をとおして主婦たちの地域活動があり、そうした主婦の役割への期待や評価があったこと、これを基盤にして軍事援護による戦争体制への協力が容易に実現されたというべきであろう。

2　戦争政策の陥穽

国民総動員、総力戦ということばが示すように、近代の戦争はあらゆる国民の力をいかに有効に引き出すかということに大きな関心がはらわれた。その一つが女性の力をいかに引き出すかということであった。

昭和に入ると、これは明確に政策のなかにあらわれてくる。たとえば一九二九（昭和四）年、緊縮財政の断行にあたって浜口内閣は、この問題について婦人運動の指導者や各界の女性代表と膝をまじえて懇談するというかつてない姿勢を示すとともに、政府の各種委員に女性を登用するということを始めた。さきの鈴木『フェミニズムと戦争』が批判した婦人界のリーダーたちの戦争政策への協力はこのときに始まる。それとともに「科学的工夫によって」「能率の高い個々の生活」を生み出すためには「家庭の実務を鞅掌《おうしょう》しこれを主宰する」女性の責任を強調する。そして女性代表も加えた勤倹奨励中央委員会での「消費経済改善に関する決議」にみられるように、消費経済の改善、生活の合理化のためには、社会的諸施設を講ずることを急務中の急務と認めている。そのためには水道、ガス、電気等公共的施設を完備する。家庭労務の軽減・生計費節約の趣旨をもって、食事・洗濯・入浴等にかんする共同的施設を奨励すること、生産品の標準化・単一化、共同購買・共同販売のための機関としての市場組織の改善などをあげている（前掲『日本婦人問題資料集成7　生活』）。このことは、これまで地方改良運動以来叫ばれてきた勤勉・節約・耐乏だけでは女性たちをひきつけ協力を求めることはできず、女性の要求であるくらしの合理化、社会化の実行を約束せざるをえなかったことを語っている。

満洲事変以後、市民婦人団体はこうした政府の提案に生活改造への期待をよせ、しかもその施策の具体化のために女性の代表も参加できるという夢をかけて協力していく。市政浄化運動や都市塵芥処理問題などへの積極的姿勢や、農村での自力更生運動への参加もその一環であった。

しかし非常時のかけ声が大きくなると、これらの運動は「単に実生活の改善を目指すのではなく、進んで家庭精神の発揚に重きをおき、国民精神の土台を涵養せん」（「家庭生活更新要項」一九三三年）というように、生活合理化よりも精神運動へと傾いていき、やがて祝祭日の家庭化、国旗掲揚、神社参拝など、のちの国民精神総動員のスローガンへと接近していく。

そして生活の共同化・社会化は皮肉にも、農村の労働力不足対策としての農繁期共同炊事や託児所の実施や出征兵士遺家族の乳幼児保育、生活物資の配給制度というかたちで行われる。もとよりこういうかたちはこれまで女たちが求めてきたものではない。しかしそれもこの時点では一つの目的の達成として受けとられた。

さきにもあげたように働く婦人の立場から家庭生活の共同化・社会化を主張しつづけてきた奥むめおは、婦選運動家たちの政府への協力には批評的姿勢をとりつづけてきたが、日中戦争が始まると、「千人針や慰問袋の荷造りでは充たされぬ大きな空虚感をなくすために……大いに働きたい」、そして国防婦人会など婦人が外出する機会がふえ、「婦人が社会的に活動するにあたって必ず先行すべき重大事」として「因習的な婦人及び家庭の生活をまず合理化してゆく努力」、「昔ながらの家事雑用から婦人を解放しようとする努力」を強調するようになっていく。

そして、これまで働く婦人のためにと彼女が設立したセツルメント事業が「いよいよ適切な時代が到来した」というように、銃後の女性が戦争に協力するために役立つことに勇気づけられている。後年書かれた自伝『野火あかあかと』のなかでも当時を回想して、「自治による生活の共同化、社会化への夢は戦争によっていびつな形をとりながら実現化の道を一歩ふみ出した。農村では、一九三八年には共同炊事実施組合が二一〇組合であったが四一年には一万八三六四組となり、共同託児所も三万九四九となって三年前の約一〇倍に増加した。四〇年には隣組が組織され生活の合理化、共同化へと進んだ」と肯定的に記している。家事や育児の社会化、共同化（といってもいわゆる農繁期共同炊事や共同託児所というきわめて簡便な、社会化とまでいいきれない程度のもの）によっても女性の家事負担が軽減され、家事から解放され、また農業労働や職場に進出することが「地歩獲得のためには絶好の機会」、「得がたいところの幸運の時機に遭遇」（『働く婦人』）と認識されている。ここには戦争そのものへの懐疑や躊躇はなく、動員のための政策は進歩として受けとられている。

なおこのほかにも、日中戦争の開始と国民精神総動員運動の展開期においての、女性や家族に対する政策には、これまでみてきたような現状の改善、女性の地位の向上とみられる側面が、多かれ少なかれ認められる。三八年に施行された母子保護法は、多年婦人運動や労働運動のなかで主張された母性保護という面が後退し、人的資源確保、家族制度維持という戦争政策的色彩のきわめて強いものとして成立するが、それでも婦人運動の側はこれを一定の成果として歓迎する。同じように母子保健のための保健婦の養成、巡回訪問制度は、いうまでもなく人口政策としての乳幼児保健への対策であるが、しかしそれによって現実に農村の衛生・栄養状態の改善、乳幼児死亡率の低下という積年の課題を解決する契機をつくっている。教育の面でも、三七年、近衛内閣の手で行われた教育改革では国防国家体制に向けて教育の充実が課題となり、国民学校の実施、義務教育の延長などが論じられている。とくに女子教育については大学令による女子大学の創設、男女共学、高等女学校の中学化などが俎上にのぼっている。軍国主義教育や伝統的婦徳を強調する家庭教育が台頭しつつある一方で、このような提案は何を意味するのか。これについて実業界出身の平生《ひらお》釟三郎《はちさぶろう》文相は「いまや家庭的にも社会的にも女は男の片棒を荷わなければならない」、そのためには「女子の教養を高めることは絶対必要である」と語っている。女に片棒をかつがせるためには一定の教育レヴェルの引き上げは必要という考えを端的に示したものである。これに対して多年女子高等教育推進を唱えてきた私立女子大学や女学校関係者が「男女協力して家庭を維持し国家の基礎を鞏固にする」ことを誓っている。このように総力戦のために女にも片棒をかつがせる政策がもった一面の合理性や進歩性が、女性に戦争協力を受け入れさせた。

3　参加と協力の破綻

戦争の合理性・進歩性の側面はやがてその矛盾を露呈する。総動員法の実施による配給制度、日常生活用品の欠乏はまず生活内容の充実、生活水準の向上という目標をまったく不可能なものとする。そして耐乏、節約、やりくりという消極的な方法での生活防衛だけが残された道となっていく。それは女性たちにかつてのような生きがいを感じさせるものではなかった。生活の統制というかたちでの女性のとりこみに対しては無言の抵抗があった。たとえば衣食住の問題一つをとってみても、一九四〇（昭和十五）年には男子の国民服が制定され、それにともなって女性の標準服制定の必要が叫ばれる。そして婦人雑誌上などでその原案を募集しコンクールが行われるが、一つとして決定的なものはなく、普及しなかった。とくに洋服型は不人気で和服型をということで和服の改良型も考案されるが、やはり同様であった。

さきにみたように、自力更生運動の時期の生活改善では庶民、とくに農家の家計を圧迫するような結婚衣裳の簡易化や帯の改良にはじつに真剣に取り組んだ主婦たちも、これまでの生活様式からまったく遊離した服装の〝制服化〟には共感を示さなかった。そればかりか、くらしに余裕のある婦人会幹部などが、〝ぜいたくは敵だ〟〝きもののたもとを切りましょう〃と呼びかけることが、窮乏を強いられている庶民女性の反感をかった。四二年には政府が「婦人標準服の制定及普及」の通達を出し、自由放任は思想上悪影響といってその実施を強く求めるが、統制というかたちでの生活の改造には女性はきわめて消極的であった。

女性の生活的要求をくみ入れながら自発性からの協力をとりつけていくことが困難になったときとられた方策は、愛国婦人会、国防婦人会、連合婦人会を統合して単一の組織、大日本婦人会（日婦）とし、二〇歳以上（二〇歳以下でも既婚者はふくむ）の日本婦人をすべてをその会員とし、「高度国防国家建設」決戦体制に動員することであった。日婦はその末端は町内会・部落会に班をおく、いいかえれば隣組組織と重複することで、もれなく家庭主婦を組み込む体制であった。このことは「天下りの官製団体にせよ……日本全国の女性が一つに組織されたことはいまだかつてない全く新しい現象」（前掲村上『日本の婦人問題』）と評価される。しかし現実にはこうした徹底化をはかったにもかかわらず、たえずその組織率を問題にせざるを得ず、もっとも組織率の低い県では五二・二％、該当者の約半数を組織したにとどまっている（永原和子『資料紹介　結城地方における愛国婦人会の活動』）。

全女性がもれなく加わったのは、食糧など全生活物資の配給と防空という切実な問題にかかわる隣組組織であった。しかしそこにはかつてのようないきいきした活動の余地はなかった。そしてその隣組と表裏一体であったはずの日婦になおかなりの未組織の女性がいたこと、これは何を意味するのであろうか。そこに戦争末期の女たちの語られていない本音、本当の姿がかくされているのではないだろうか。

おわりに

〝女性はなぜ戦争に協力したか〟という設問には、〝女性は本来平和を愛好するもの〟、〝母性愛は平和の守り手〟という想定、ないしはニュアンスがないだろうか。しかしはたして女性は平和の担い手と簡単にいえるだろうか。生命を生み育てる母は戦争には絶対反対というのは、むしろ戦後の平和運動や母親運動のなかではぐくまれた思想ではないか。(3)

一九二九(昭和四)年十一月『婦女新聞』は平和記念特輯号を組み、社説に元東京女高師校長湯原元一の「世界平和に対する女子の責任(女子は必ずしも平和の促進者ではなかった)」を載せている。このなかで湯原は「普通人の予想を裏切って昔から女性の平和に貢献したことは案外少い」といい、女性が連合して戦争を阻止したことは「東西古今薬にしたくもあるまい」、これは「彼等がまだ十分人道的に訓練されていないからだ、これまでの家庭本位の良妻賢母主義では……どうも物足りない」とこれまでの女子教育を批判している。

これに対して婦女新聞主筆の福島四郎は「女性は子供を生み育てなければならない職能の上から平和を愛する本能をもっている。だから女性の勢力が強ければ戦争ということは起らない。(女が男と)同等の地位に達したならば戦争はおこらないであろう。なぜならば女は全部平和主義者である」と反論している。

同じ年、新渡戸稲造は「世界の平和と母の責任」という論のなかで、「婦人も又自分の子供を戦争に出すことを名誉と心得……知らず知らずの間に自分のいとし子を将来の悲惨な戦争の中に誘っているようなもの」(『家の光』四―九)といって平和への母の責任を問うている。

国際協調か大陸進出かの岐路のときのこれらの論は相反する二つの立場ではあるが、いずれも女性が平和の守り手、戦争阻止に果たすべき役割を期待したものである。

しかし現実には、母性愛は戦争阻止の力とはなりえなかった。むしろこれ以降母性の強調は女性を戦争に統合するイデオロギーとなった（永原和子「女性統合と母性」）。それはなぜであろうか。その一つの鍵は新渡戸や福島は女性の戦争反対といっても「世界平和のために止むなく武器を取って起つ戦争ならば」これは容認しなければならず、そのときは「奮然起って祖国伝来の大和魂を」ということを述べている。それはすべての戦争への反対ではなく、日本の戦争はアジアの平和、世界のために行う正義の戦争、聖戦として認め、女も国家のためにたたねばならないとするものであった。

母性からの戦争反対、平和主張も正義のいくさを超えるものではなかった。これまでみたようなよりよい生活、女性の社会参加への期待を、総力戦政策の一面の進歩性にかけたとき、そしてそこにいきいきと生きがいさえ見出して女たちが加わっていったとき、女たちはそれが〝戦争であっても〟ということで、われとわが身を納得させていった。しかしそれは日本の国家がくわだて強行していく戦争を正しくみすえる目を欠落させていた。戦争の本質、戦争のゆくえについて盲目であったことは、教育や情報など女たちをとりまく状況のなかで不可避なことではあった。しかし生活の地平から女性の解放やしあわせを願う女たちが国家のしかける大きなわなをみすえることができなかった、その国家と女性のかかわりのあり方は、なおさまざまな角度からきわめなければならない。

註

（1）　たとえば『婦人公論』誌上での吉岡弥生、平塚明子、山川菊栄、奥むめお、山田わか、井上秀子、河合道子たちによる「女流震災善後懇話会」（『日本婦人問題資料集成7』）などはその状況をよく示している。

（2）『女人芸術』一九二九年一月の「誌上議壇」。ここでは長谷川時雨・神近市子・平林たい子などの討論が行われている。

（3）母性の立場からの平和を明確に主張したのは、一九二〇年新婦人協会の機関誌『女性同盟』創刊によせた平塚らいてうの「社会改造に対する婦人の使命」である。

五　戦争と女性

はじめに――なぜ戦争に加担を――

核の危機が日ごとに深まり戦争のにおいがいやでも身近に感じざるを得ない今日、〝女たちは戦争への道を許さない〟という叫びがあちこちにあがっています。女たちが真に平和のとりでたりうるか、私たちはかつての十五年戦争の歴史に学びながら、このことを真剣にわれとわが身に問いかけていかなければならないと思います。

この数年じつに数多くの女性の戦争体験記録が公刊され、新聞等にもそうした記事が多く取り上げられています。戦後四〇年近くへてなお、というよりは四〇年近い歳月をへてようやく口を開くようになった、それほど女たちの痛みが深いものであったことをいまさらのように知らされます。そして戦争体験は、一人ひとりによってそれぞれ異なる体験があり、一人でも多くの人が語ることによって戦争とは何であったかがようやく明らかにされようとしているといえます。それほど戦争の残したものはさまざまであり、しかも女は女なるがゆえに、より深く傷つき、戦後も長い年月を苦しみ生きなければならなかったことを多くの体験が語っています。

しかしそれと同時に、というかその反面、女たちが戦争の犠牲者であったばかりでなく、じつは戦争の協力者であり、他国民、ときには同胞に対して加害者であったという事実もつきつけられてきています。婦人運動の指導者たちがすすんで大政翼賛会の役員に加わり国策に協力したことや、女流作家が従軍して戦争報道記事で婦人たちの戦意をあおったことなどは、すでによく知られています。ある女教師は小学校の教室の入口に米国と英国の国旗を描き、子どもたちに教室の出入りのたびにベイエイと声をかけて反米思想をあおったことを、深い反省をこめて告白しています（退職婦人教職員全国連絡協議会編『校庭は墓場になった』）。また多くの主婦たちは、国防婦人会のたすきをかけ日の丸をふって男たちを戦場に送り出しました。すすんで協力したか、かり出されてやむなく行ったか、積極的か消極的かの違いはあっても、この時代に生きたということで、程度の差はあれ大多数の女性は戦争にくみしなければならなかったのです。

いま私たちはだれが被害者であり、だれが加害者であったかをふるい分けるのではなく、多年婦人解放に献身してきた活動家が、もっともまじめに子どもの教育にはげんだ女教師が、またわが夫、わが子を失うことをいちばん悲しんだ母たちが、旗をふって彼らを送り出したという事実をしっかりみつめなければならないと思います。女たちがどのような状況のなかで、どのような女の論理や心情をもって、そうした戦争加担の道を歩んだかをあとづけることが、今日の戦争反対をより堅固な確実なものにするために欠かせないことだと思うのです。

このことを考える手がかりとして、今日は二つの問題を取り上げてみたいと思います。その一つは、女性解放の指導者の戦争協力の例としての与謝野晶子についてであります。

1 与謝野晶子の思想

いうまでもなく与謝野晶子は、日露戦争のときに〝君死に給うことなかれ〟の詩によって敢然として戦争に反対した歌人として知られています。そして大正デモクラシーの時期には、彼女は詩人・歌人としてよりはむしろ評論家といってもよいほど精力的な評論活動を展開し、民主主義を論じ、個の確立や徹底した女性の自立を主張し、女性解放の急先鋒となりました。平塚らいてうたちとかわされた母性保護論争は、こうした晶子の一面を遺憾なく発揮したものです。

この与謝野晶子を知る人にとって、晩年、昭和期のファシズム台頭、軍国主義風靡のなかでの彼女の発言や詩歌は、ほとんど信じられないものがあると思います。なぜ、どのようにして与謝野晶子がこのように変わっていったのか、これをほんとうに理解するのには、彼女の膨大な評論や文学作品を詳細に分析し、この時代の彼女の生活のすべてを考察にいれなければ、正しい評価はできないことはいうまでもありません。たとえば晶子は一九四〇（昭和十五）年には病に倒れ、太平洋戦争開始の翌四二年には亡くなっています。そうした個人の肉体的・精神的状況というものを抜きにしてほんとうの思想を論じることはできないわけですが、ここでは限られた時間でもあり、それをすることが目的でもありませんので、ごく大雑把な議論をお許しいただきたいと思います。

結論からいいますと晶子のこうした思想の変化は、彼女の民主主義、自由・平等についての考え方、また国家とか皇室に対する考え方に深くかかわっていると思います。さきにも申しましたように、晶子は第一次世界大戦前後の時期に数多くの評論を発表していますが、それは単に数が多いというばかりでなく、もっとも徹底した民主主義の主張であったという点において評価されるべきものでした。そのなかで晶子は、当時一般にいわれた民本主義といういい方、考え方は不徹底なもので、自分はデモクラシーという言葉そのもので自分の思想を表現したいといっています。晶子のいうデモクラシーとは「すべての人間が自己の天性に適した労働にしたがい、けっして他人にのみ労働を押しつけず、各人の労働をもってたがいに補充し協同して生きる汎労働主義」「資本家と労働者の階級対立のない、分配も公平な文化主義」「資本家は労働者への寄生から、女子は男子への寄生から解放された平等主義」を内容とするものでした。それは資本家と労働者、男と女の寄生関係のない、経済的にも人格的にも自立した個人が、平等に協同して生きる社会を意味していました。女性の自立、個の確立、そして平等を願う彼女は、こうした社会をデモクラシーの社会、理想の社会と考えました。これを彼女はまた「人類無階級的連帯責任主義」という言葉でいいあらわしています。母性保護論争で晶子が女性の経済的自立を主張し、国家による保護や国家への依存を強く否定したのも、こうした考え方の一端を示すものでした。

しかし彼女は、この「人類無階級的連帯社会」を一〇〇年も二〇〇年も遠い理想社会であるとことわっているように、この理想社会をいかに実現するか、現実の政治体制、社会体制からこの理想社会への変革の過程、いいかえれば女性解放の道すじは、明確にはされませんでした。この時期に彼女が考えたのは、自立した人格の基礎としての男女平等の教育、婦人参政権の獲得などでありました。

また晶子が絶対的信頼をよせた民衆とか無産者という言葉は、そこに自分自身をもふくむような、階級という意味ではきわめて漠然たるものでした。それと同時にその対極にある国家という概念も政府・軍部などを指し、厳密な意味の国家権力ではありません。そこには天皇はふくまれていません。天皇はその上にある超越的存在として考えられていました。彼女にとっては天皇と民衆（無産者、人民）は善であり、悪はその中間にある政治家、軍人、資本家でありました。このような彼女の国家観、階級観念のあいまいさが、その後の思想の変転に大きな意味をもったといえます。

2　戦争への道と与謝野晶子

晶子の主張が微妙に変わるのは、米騒動をへて普選とともに治安維持法が成立する、世界史的にみればはじめての社会主義国ソビエトロシアが誕生する時期からです。晶子は普選をかねてからの主張であるデモクラシーの実現の第一歩として歓迎するとともに、その〝行きすぎ〟をチェックするための治安維持法を「命を拾うための小さな灸」(「普選案の犠牲」一九二五年)として容認します。個人の自由、個性の開花を願う彼女にとって、労農ロシアの政府は真に民衆の利益を実現するものではないという社会主義への批判があり、社会主義権力は是認できませんでした。しかし、そのために彼女はこの時点で、女性を排除した普選を認め、天皇制擁護のための治安維持法に妥協しました。

昭和期になり日本の軍部による中国侵略が始まるや、晶子はこれを批判するかわりに、中国軍閥の横暴を中国民衆にかわって日本が鎮圧する、日本の人口調節のために中国進出はやむを得ない、という日本の支配階級の立場を擁護する発言をしていきます。さらにこの時期高揚した無産運動への批判から「ブルジョアとプロレタリアの階級差別を超越した社会」、しかし「ロシアとは別種の文化軌道を走る」ことを唱えます。そして資本主義の後に出現する社会を「国家の統制、管理の下に一切の成人男女は一日五時間の労働とその余剰時間をもって真に人間らしい生活」をする、「陛下に対し奉っては忠良な臣民、家庭においては愛にみちた父母……」よりなる「国家社会主義のような社会」を理想とします。やがて満洲事変後、挙国一致の斎藤内閣の出現に対しては、ブルジョア、プロレタリアの階級意識による対峙のときではない、陛下の赤子として一つの目的に勇進すべき〝非常時の覚悟〟を説くようになります。そして婦人雑誌などに皇室賛美の歌を数多く載せるようになります。「人類無階級的連帯責任主義」は天皇のもとでの一君万民、天皇のもとでの平等へと導かれていきます。

ファシズムの台頭のなかで女性の統合が始まり、家庭の重視や母性尊重が叫ばれ、母性論が巷にあふれるようになります。これに対してかねてから母性主義に批判的であった晶子は反論を加えていきますが、それが同時にファシズムへの批判にはつながりませんでした。むしろ晶子は、母性主義が母性の特権を主張し、国家からの保護のみを求め、国民としての義務をまぬがれようとするものであると考え、むしろ母性を主張するのではなく、女性も男性と同じに国民としての義務を負担する、男なみに戦時体制にすすんで協力することの必要を唱えました。母性主義がファシズムの母性重視にからめとられていったと同様に、男女平等を求める女権論も、男社会への男なみの参加というかたちで国家への協力の道をすすんでいきました。

政治体制への批判をおいて、むしろそれに参加することによって男性との平等をかなえ、女性の権利の拡張、地位の向上をはかろうとしたのは、婦人参政権運動を中心とした市民婦人運動の活動家たちも同じでした。その経緯については、もっともすぐれた、もっとも良心的な指導者であった市川房枝が、その自伝のなかに偽ることなく語っています。（この点については鹿野政直、西川裕子、鈴木裕子などの研究があります）。

この人々は満洲事変から日中戦争とすすむなかで、はじめの戦争反対から、戦争そのものへの反対は困難でも、悪化する労働条件、生活条件のなかで、せめて女性や子どもの生活や権利を守るという責任から政府機関への参加にふみきっていきます。そして参加することによって女性の発言の場をひろめ、国家の非常事態に女性が協力することでその存在価値を認められることに期待をかけました。しかしそれは、結果的には国家の女性動員に手をかすことにほかなりませんでした。婦人運動の先輩たちがその真摯なたたかいのゆえに戦争協力に組み込まれていったということは、戦争反対ということが、ひとたびその状況にふみこんでしまったなかでいかに困難なことであるかを教えています。

3　国の戦争政策と女性

第二の問題としてこうした女性の協力をとりつけていった国家の戦争政策、婦人政策について考えたいと思います。

近代戦は総力戦といわれるように国力のすべてを投入して行われるものであります。戦争の遂行は国のすべての物力と人間がこれに動員されてはじめて可能になったといえます。そこでは戦時下の教育やマスコミにみられるような、きわめて非合理的な精神主義――愛国心や敵愾心、日本精神とか母性賛美、八紘一宇など――が強調されたわけで、国民の戦争動員というとき、私たちはこうした点について注目します。が、それと同時に、その一方で高度な科学や優秀な労働力とこれを統率、活用するしくみが必要だったわけです。そしてそのためには、むしろこれまで以上に教育水準を高めるとか生活を合理化することによって、一人でも多くの国民を優秀な労働者や強健な兵士としていくことが考えられたわけです。これまで家庭にとじこもり、社会的活動から疎外されていた女性を組織し、戦力として動員することもその一つでありました。

たとえば日中戦争の始まる前、広田内閣の文部大臣であった平生釟三郎――この人は財界から文部大臣になった人――は近代戦が科学戦、総力戦であること、こうした戦争を勝ち抜くためには単に愛国心など精神主義だけでなく、知識、技術の面でもすぐれた労働力や兵隊を必要とすることを考え、教育改革に乗り出し、義務教育の八年制（国民学校）や女子高等教育の振興、国立女子大学、大学の男女共学、女子高等学校の設置などを提唱しました。当時支配層の多くは女子教育は良妻賢母養成のためのもので足れりとし、高等教育にはつねに消極的姿勢をとりつづけてきました。とくにファシズムの台頭は女よ家庭に帰れという風潮を強めていましたので、この平生文相の政策は、一見これと矛盾するようにみえました。それだけに女子教育の振興を望む人々からは歓迎されたわけですが、ではなぜこのような声が出てきたのかという点について、平生は次のように語っています。

「国家非常の時、女も男の片棒をかついでもらわなければならない」。

すなわち男女平等の立場からの、また女性の真の自立や能力開発のための教育の振興ではなく、非常時において女性も男性とその責任を平等に分担し、戦争政策遂行に協力させるというのがその主眼でありました。この問題は、実現にいたらないうちに戦争が激化し、女子学生の動員や学年短縮などで教育の内容は逆に悪化し、実現は、戦後の教育改革をまたねばなりませんでした。

同じようにして昭和初年から始められた家庭婦人の統合政策のなかでは、託児所の設置、共同炊事、消費組合など家庭生活の合理化、科学化、社会化といったことが支配者の側からも提唱されてきます。これまで婦人運動が掲げながら家族制度や古い生活習慣にはばまれて実現できなかった生活の合理化、社会化の課題が、戦争のための婦人の動員の必要からはじめて具体化される機会を得たわけです。

また軍需産業への女子労働者の動員や生めよ殖やせよのためには、一定の母性保護政策も必要となり、母子扶助法の成立などをみました。農村の母子保健への取り組みが本格化して、乳幼児の死亡や疾病をへらすことができるようになったのも事実です。戦争政策は一面ではこうして生活の改善や女性の法的保護、地位の向上を実現しました。もちろんそれは「戦争遂行に必要」という条件つきのものであり、本質的に問題を解決したのではないことはいうまでもありません。しかしこうした女性の生活の改善や地位の向上、また女性の新しい職業分野への進出に対しては、市川房枝や奥むめお、そして戦争にもっとも批判的であった山川菊栄までが女性の社会進出として評価しています。

国防婦人会の発展が、これまで家庭にこもっていた主婦たちにはじめて社会参加の道をひらいたという見方もされました。市川房枝は国防婦人会に集まった主婦たちをみて、「これも一つの婦人解放か」という感想をもらしています。満洲事変当時、女の立場から戦争反対を叫んだ山高しげりも、「何人の目にも鮮かに印せられた女性の街頭進出」「非常時が日本の女を到頭街頭に進出させ、日本の婦人は家庭を忘れつくしたよう」だと感動し、この後、大政翼賛会に加わって、ためらう政府に女性の徴用制の実施を迫り、また大日本婦人会への婦人の組織化のために奔走するようになります。

このように戦争政策は一面では女性を家庭から解放し社会参加をうながし、女性のエネルギーをフルに活用しながらすすめられました。それが、疎外されていた女性たちに生きがいを与え、婦人解放運動の活動家たちにこれも〝女性解放か〟との期待を抱かせることになりました。

戦争動員が家族制度を弱体化させ、戦後の婦人解放への足がかりとなった、という評価の生まれるゆえんもここにあるといえます。

このように戦争への準備は、多年の婦人問題の懸案を実現し、女性の地位の向上、権利の一定の承認などを許し、それとひきかえに女性の戦争協力を実現していきました。これまで疎外され、男女差別の厚い壁に苦しめられてきた女性たちが、これに平等への足がかりを見出そうとしたことは容易に理解されることです。それは婦人運動の指導者たちばかりでなく、庶民の女たちについてもいえることでした。

おわりに——女性の真の自由と平等のために——

戦争と女性のかかわりを、女の側の論理と国家の政策の二つの面からごくかんたんにとらえてみて、あらためて私たちが考えることは、女性にとって真の平等とは何か、真の自由とは何かということ、また女にとって真に望ましい社会――男女平等や母性の保障される社会とは、ということです。男社会への参加、女が男なみになることでは真の平等は実現しないし、男のしくむ戦争への加担も許してしまうということを歴史は教えています。女だから母親だからというだけで平和を守り戦争を阻止する力とはならないことも事実です。

戦争の体験というとき、私たちはとかく戦時下の生活窮乏や、空襲・原爆の恐怖そして沖縄や満洲での悲劇を考えます。しかしある日突然そうした極限状況が出現したのではなく、そこにいたる長い戦争準備の時間、国民を戦争に組み込んでいく操作の時期があったことを忘れることはできません。ここではそのなかでどのようにして国民が、女たちが、からめとられていったかということの一端にふれてみました。さらに多くの女たちの生活や意識の面からそのかかわりをみることは、今後の私たちの課題です。それによって、女性の社会進出がすすみ自由を満喫しているかにみえる今日、真に平等が実現し、自由を保障されているのかを問い直し、ふたたびいつか来た道を歩くことのないよう、民主主義と平和を守っていくことが私たちの役割の一つといえましょう。

参考文献

『定本与謝野晶子全集』講談社　一九七九～八一年。

香内信子編『資料母性保護論争』ドメス出版　一九八四年。

鹿野政直「ファシズム下の婦人運動――婦選獲得同盟の場合」『家永三郎教授退官記念論集2　近代日本の国家と思想』三省堂　一九七九年。

西川裕子「戦争への傾斜と翼賛の婦人」女性史総合研究会編『日本女性史5　現代』東京大学出版会　一九八二年。

鈴木裕子「戦争と女性――女性の戦争協力を考える」鹿野政直・由井正臣編『近代日本の統合と抵抗4』日本評論社　一九八二年。

六　戦後女性運動再考

――地域の視点から「平和」「自立」を考える――

はじめに

戦後の市民運動・平和運動において女性が果たした役割は、女性史や戦後史の研究者によって高く評価されてきた。さらに、近年の地域女性史の開拓によって、運動の裾野の広さ、活動の多様さについて貴重な成果が提供されている。しかし、その一方で、これまでとは異なる評価も出されている。その一つは、女性の運動とくに平和運動が母性に訴えることで広汎な女性を一つにまとめ、大きな力を発揮しえたことに対して、この運動のかたちは戦前の婦人団体の戦争協力とそこに流れるロジックが似通っていること、つまり、家庭の中心である妻・母としての役割を強調することで女性の地位の強化をはかろうとしたものであるという指摘である（牟田和恵「女性と「権力」――戦争協力から民主化・平和へ」）。同じように上野千鶴子は、戦前の運動家がそのまま戦後も平和運動の指導的役割を果たしていてその間に転換がなく、戦争責任を明確にしていないこと、母性によって立つ運動には性役割の問い直し、ジェンダーの問題化がなく、これは女性の運動ではあってもフェミニズムではないとして、戦争責任、平和への反省と性役割の変革についての無自覚、しかもその二つは一つの問題であることを指摘した（上野千鶴子「戦後女性運動の地政学――「平和」と「女性」のあいだ」）。

この両者の説は、フェミニズムやジェンダー史研究者からの女性運動と女性史研究に対する貴重な批判であり、首肯される見解である。また、アンドルー・ゴードンは戦後の女性運動について論じたなかで、日本のフェミニストたちは、あるケースでは普遍的人権にもとづいた女性の権利を主張したが、平和運動ではこれを「母性主義」的立場と組み合わせ、反核実験などのアピールでは戦前の政府の「良妻賢母」のレトリックを引いた、と指摘している。戦前の良妻賢母と、平和運動での母の立場についてはなお検討を要すると思われる。

ここでは以上のような先行研究を念頭におきつつ、戦後の女性運動を次の二点から考察したい。その第一は、女性の平和運動が母を標榜してなされたのにはどんな意味があったか、第二は、性役割の問い直しがないとされたこの運動からは女性の自立の可能性は見出せないのか、という点についてである。これらの論文は一九五〇年代から六〇年代までを取り上げて語られているので、これを一九七〇年代以降まで視野に入れたときどのようなことがみえるか、また、それを運動の指導者の問題としてではなく、これを支えた、いわゆる草の根の運動についてみたとき何が明らかになるかを考えたい。なお、ここに取り上げるのは、東京二三区の一部の中野区、杉並区、世田谷区の場合である。この地域を取り上げたのは、都市のいわゆる新中間層主婦が戦前から多く居住し、戦後早くから地域の運動が活発に行われたこと、また筆者がその自治体女性史の編纂などを通して、直接その人びとの声を聴く機会をもったことによる。

女性活動家の平和と民主主義

1　地域女性運動における平和・いのち

戦後日本は、これまでの「一億玉砕」から一転して「民主主義」「平和」を指針として出発した。空襲や戦死への不安から解放された国民は、住む家も食べるものもない生活のなかでも、平和と民主主義ということばに希望を見出した。とりわけ、女性はそのことばに多くの希望を託した。

廃墟のなかからいちはやく立ち上がったのは、戦前の女性運動の指導者たちであった。その一人市川房枝は敗戦からわずか一〇日の一九四五(昭和二十)年八月二十五日、戦前の友人である山高しげり、山室民子、深尾須磨子らに呼びかけて戦後対策婦人委員会を組織し、マッカーサーの五大改革指令の出される前に政府に婦人参政権の実施を申し入れ、内諾を得た。婦人参政権は、女性自身の手で獲得したものと市川たちが主張するゆえんである。市川は十一月にはあらためて新日本婦人同盟(のちの婦人有権者同盟)を組織し、女性の啓蒙、政治教育に乗り出した。同盟の規約では政治と台所の直結、家庭生活の合理化・協同化、封建的諸拘束からの婦人の解放、婦人の政治意識を高め男子と協力して真の民主的・平和的な新日本の建設をすることなどを掲げ、平和については「世界の恒久平和」の一言を載せているにとどまっている。

また、宮本百合子、松岡洋子、佐多稲子ら、かつて反戦ないしは戦争に非協力的であった女性たちは、GHQの後援を得ながら一九四六年三月、婦人民主クラブを結成した。孤立していた女たちが手をつなぎ民主的になること、「婦人の生活上の力量がこの社会のより幸福な組み立てのためにどれほど重大な価値をもっているかを自覚すること」を訴えた。会の規約には①婦人に向けられた封建的な思想、制度および慣習に対しその解放のためにたたかう、②職域、地域、および家庭における新しき自主的生活展開のために協力する、③婦人の押さえられた全能力の発揮を期し日本の輝かしき民主化のために進むこと、を掲げて、とくに平和についてふれていない。

婦人民主クラブは、のちにみるように平和を守ることが課題となった五四年に綱領を改正し、婦人の解放と子どもの幸福を守る、日本の独立と世界の平和のために力をつくす、という項を加え、さらに五七年には「日本の独立」を「完全独立」に改め以後平和運動の先頭に立ちつづけた。

この二つの組織の例からわかるのは、戦後初期の女性市民の運動は封建的諸制度や慣習からの女性の解放、女性の自主性の確立や参政権の実現による男女平等、民主主義の実現を求めていて、子どもを育てる母性の役割を強調することはなかった。それは戦前、封建的抑圧からの解放を目指して戦ってきた人々としては当然のことであった。

一九四六年には日本国憲法が公布された。戦争放棄と基本的人権、男女の本質的平等を規定した憲法を女性はもろ手をあげて歓迎した。しかしその制定までの国会論議をみると「参政権を与えても主婦は家を守るのが主である」「家を守らなければならない主婦の立場との調和を」「男女は本質的には平等だが生理的心理的差異は認める」「次の国民は母の双肩にかかっている」などの意見が散見し、家族制度や女性の家を守る役割を温存しようとする意図が支配層のなかには強かった。男女平等であるべき新民法に、家制度的部分が残されたが、当時の女性運動の側からはこれについての批判は出されなかった。男女の役割分担の観念は長く深く残されることになった。

地域女性にとっての平和

中央で新しい女性の組織が活動を始めたころ、地域の主婦たちは、戦後の窮乏生活との戦いに追われていた。東京の二三区の西部に位置する杉並区や中野区は、都心の町に比べると戦災の被害が比較的少ない地域であったが、都心からの戦災者を受け入れた家庭も多く、食料の配給不足など生活の困窮は戦時中以上にきびしかった。町のあちこちで行動を始めた主婦たちがいた。近郊の農家と連携し仕入れた野菜を分けあったり、食料や日用品の共同購入や販売を始めたり、小さな購買組合や生活協同組合がいくつもつくられたりした。そのなかには戦前にこの地域で盛んであった西郊消費組合運動の経験者もあったが、多くはそうした経験もない主婦たちであった。やがて阿佐ヶ谷婦人生活会・方南和泉婦人生活会などの名前をもった主婦の会が組織され、町会の役員が会長以外は全員女性になったところもある。区内の婦人民主クラブの支部員が中心になった集まりでも、同じように生活用品の共同購入や内職の斡旋、洋裁や編み物の講習などの活動で二〇〇人の会員をもつまでに育った会もあった。主婦たちは自分の家族を守るためにも、かつての隣組や地域婦人会のように上からの命令や統制で動かされるのではない、自主的なつながりが必要であることを知った。この人々にとっては、それが民主主義であり平和な社会であった。やがて主婦たちは、行政の指導で町内会や婦人会復活の動きが起こると、いちはやくそれぞれの会が結束して自主的な組織、杉並婦人会をつくり、これを阻止した(『杉並の女性史――明日への水脈――』以下『杉並の女性史』)。

隣の中野区でも同じように主婦たちが米の不正配給に対し抗議行動を起こし、不足分の補償をかち取った。一人当たり一五グラというわずかの不足も見逃せないほど、食料の配給は切実な問題であった。「配給に不正があったことは戦時中からわかっていたが告発できなかった。戦争が終わったからこそできた」と一人の女性は語っている。これを契機に各所に生活協同組合が誕生した。あるときは衣類を売り質屋に通いながら、家庭を守ることに血眼だったという主婦たちはそのなかで、私鉄運賃、ガス、電気料金の値上げ反対のデモにも加わったり、大臣交渉にも杉並の主婦と手を携えて行動したりした。雑巾づくりの内職をしながら話し合いの会をもち、それを小さな文集「生活のうた」に育てた会もあった。そこには生活のこと、平和のことなどありのままが綴られ、家庭から社会へと目を移していく主婦の姿がみられた(『椎の木の下で――区民が綴った中野の女性史――』以下『中野の女性史』)。これらの小さな組織は、のちに原水爆禁止署名運動や母親運動を生み出し支える力となった。

このように、戦後いちはやく行動を展開した主婦とはどのような人たちであったか。東京区部の西端の中野・杉並は関東大震災前後から住宅地として開け、給与生活者（戦前はそのなかに軍人も含まれていた）と作家や画家など自由業の家族が多かった。その主婦のなかには、当時では女性として数少ない専門学校（当時の女子大学、女子高等師範学校）を出て教職など職業経験をもった人も少なくなかった。この人々の多くは、戦争に懐疑や批判の意識をもちながら時代に従ってきた人であった。なかには戦争反対を唱えて危険視されていた人や消費組合運動の弾圧を経験した人もあった。その多くは数人の子どもを育てる世代として、戦中戦後の窮乏生活の苦労を体験していた。それだけに「こんどこそ戦争に反対しよう」「もう二度と若者を戦場に送ってはいけない」との思いを強くしていた。それが敗戦直後からの運動に加わったり、のちに安井郁主催の杉の子会などで原水禁運動を支えたりした理由であると、この人々は語っている（『杉並の女性史』）。

〝平和を守る、いのちを守る〟の表明

「平和を守る」ということが現実の課題となったのは、いわゆる逆コースの時代に入ってからである。占領軍と日本政府の政策として平和と民主主義が喧伝され、その幸せを国民が享受できた時期は長くは続かなかった。戦争放棄をうたった日本国憲法が施行された翌年の一九四八（昭和二十三）年には、米ソの対立が深まり、アメリカは対日政策を転換し、日本を「反共の砦」とすることを表明、再軍備とそれに向けた経済復興が日本に求められた。軍事基地の増強されるなか、不況や首切りが進行し、平和の危機が実感された。

四八年五月には、二三の女性団体による政治的立場を超えて平和を守る集会、平和確立婦人大会の準備会がもたれた。そのきっかけとなったのは母子寮・保育所などの社会保障費の削減であったので、労組婦人部などは戦争の原因となる低賃金の改善という経済要求と結びつけて平和を要求した。これに対し市民婦人団体は「戦争は心の中に生ま

れる、心の中に平和の砦を」と主張して対立した。「心の平和」は戦後ユネスコの提唱した理念として共鳴する女性は多かった。こののちも統一組織、婦人団体連絡協議会（婦団協）を組織し統一への努力がなされたが対立は克服できず、朝鮮戦争開始の時期に婦団協は「戦争はいやです」という言葉を残して無期休会となった。

婦人団体が平和に向けて統一行動を実現できなかったとき、平塚らいてう、ガントレット恒子、上代《じょうだい》タノ、野上弥生子、植村環の五人が、五〇年六月朝鮮戦争開始の翌日に「非武装国日本女性の講和問題についての希望」をアメリカの国防長官宛に提出した。五人は戦前から婦人界の指導的立場にあった人々である。非武装、非交戦、絶対中立、中国との友好を求め、「夫や息子を戦場に送り出すことを拒否する」日本女性の平和への意志を示した。翌五一年には市川房枝の婦人有権者同盟と、さきの五人がそれぞれ要望書を提出、八月十五日には両者が合同で平和声明を出した。最初の平塚らいてうたちの声明では中国との関係について「中国とは歴史的、地理的、経済的のいずれの面から考えても今後友好関係を保って行きたい」とあって戦争責任については語られなかったが、五一年には「日本の侵略したアジアの国に対する賠償を」という文言に変わっていて、日本の戦争責任に一歩ふみこんだ声明となっている。そして最後に「人類の尊い生命を守る女性であり母であるものはまずヒューマニズムの立場においてものを考え行動したい」と述べている。市民女性の代表によって、生命を守る女性、母としての平和への決意が示された。これはすべての日本女性に向けてのメッセージといえる。

一九五一年、日教組婦人部は部長千葉千代世の提唱で「教え子を再び戦場に送らない」をスローガンに、女性教師が平和教育の中心となることを決議した。このことばはのちに日教組の運動のスローガンとして取り上げられた。こののち日教組では母と女教師の会が生まれ、地域の母親との連携を築いていった。戦時中の女教師には戦争責任を強く自覚した人もあった。杉並の石崎暾子《あつこ》のように敗戦後、教科書のすみ塗りなどで戦争加担の責任を痛感して教師を辞め、その後地域で教育問題、平和問題に献身しつづけている女性もある。

五二年には軍事基地の周辺の環境悪化を憂えた母たちは、教育学者長田新《おさだあらた》や評論家羽仁説子らとともに「子どもを守る会」を結成した。戦争の危機から子どもを守ろうという母親の声が大きくなった。

権利としての母親運動

いのちを守ることが現実の問題としてたちあらわれたのは、一九五四（昭和二十九）年三月のビキニの水爆実験であった。原爆の記憶も新しい日本人にとって、そのショックは大きかった。水爆反対の声は、反対署名運動となって全国に燎原の火のごとく広まった。その運動に大きな役割を果たしたのは主婦たちであった。事件が伝わると、魚が売れなくなった魚商の人々や労働組合が水爆実験反対の署名運動を始めていた。婦人民主クラブもいちはやく独自の署名用紙をつくり、それぞれの支部が運動を始めた。杉並区では魚商の主婦の訴えに始まった運動がたちまちひろがって区民の七〇％の協力を得た。

一人の声を受け止めて大きな運動にひろめたのは地域の主婦たちであった。戦後初期に地域で仲間をつくり、自治的な地域を育ててきた主婦たちは、ビキニ事件の直前には杉並公民館長の安井郁《かおる》の「思想や立場の違う人々も一致できるところでは一緒に行動しよう」との呼びかけで杉並婦人団体協議会を結成させていた。そのなかの一人保守政党の女性区議は区議会に署名を提案、区長以下議員の賛同を得た。安井郁のもとで学習していた杉の子会のメンバーも駅頭に立った。こうして主婦の手だけで二〇万の署名を集めた。杉並区では運動のはじめに杉並アピールを掲げた。そこには「人類の生命と幸福をまもりましょう」の一節があった。

やがて署名運動の全国協議会が結成され、安井郁が事務局長になり、全国の署名簿は杉並に集められ、「原水禁運動の原点となった杉並」のことばがひろまった。しかし、同じような活動は他の地域でも起こっていた。隣の中野区でも、杉の子会の会員であった主婦が署名簿を持ち帰って区民に訴え運動をひろげた。また、同じころ世田谷区の梅が丘の婦民会員が中心の梅が丘主婦会は、婦民の呼びかけで集めた署名簿に手紙を添え、これを国連議長のパンディエット夫人に送った。梅が丘主婦会は、毎月の無尽の会での生活助け合いや講師を招いての学習を続け、会報『街のすみから』も発行していた。五二年、日本の独立が実現するや、いちはやく原爆写真展を小田急線の駅前で行って平和を訴えてきた人々であった（『街のすみから世界へ――地域における女たちのささやかな奮斗――』一九九三年）。

戦争から子どものいのちを守ろうという運動は、国際的運動としてひろまった。一九五四年十月、婦団連などの婦人団体は連名で「全世界の婦人にあてた日本婦人の訴え――水爆の製造・実験・使用禁止のために――」を発表した。この日本からの原爆反対の訴えを受けて、五五年七月世界母親大会が開かれることになった。大会は「母の名において死から生命を守り、憎しみから友情を守り、戦争から平和を守るために団結を」、「（すべての人は）民族の独立を尊重しつつ自由に生活する権利を持っています。そして女性の男性からの圧迫、強い国の人々による植民地の圧迫、国の中の一つの階級による他の階級の圧迫からの解放されねばならない」と呼びかけた。

これに応えて、日本での母親大会の準備がすすんだ。その呼びかけは「明日の生活を立て直すために悩むお母さん、かたくなな家のおきて、社会のしきたりのなかに苦しむお母さん、子どもの成長にすべての望みをかけて働くお母さん、母親大会に集まりましょう」というものだった（『母親がかわれば社会がかわる――母親運動三十年史』以下『三十年史』）。

女性解放と民族の独立、諸階級の平等という理念を明示した世界大会の呼びかけと、母性への訴えを主とした日本での呼びかけのトーンの違いには、それぞれのおかれた状況の違いがあった。世界大会の会場には、英・仏・伊・独・

露・印度・アラビア・中国の八カ国語で「世界母親大会」と書かれたことでもわかるように、ここでは世界の各国・各地の女性に向けて、戦争から命を守ることと同時に、女性の解放、植民地差別、階級差別からの解放を訴えた。その背景には、米ソ対立のもとでの戦争への危機感があった。このときの世界母親宣言（一九五五年七月十日）では、原子兵器使用の破棄の要求と同時に「原子力が平和利用のみに使用されることをのぞみます」ということばが入れられていた（『三十年史』）。

これに対して日本の場合は戦後ようやく一〇年、生活の苦労、家の重圧、因習に耐えて、語ることもできない母親が一人でも多く集まることを願ってのことばであった。第一回の日本母親大会は、涙の大会と呼ばれる集会となった。そして世界大会にも普通のお母さんを送ることとした。

世界母親大会は、社会主義国寄りであるとの理由から国連の諮問機関の地位を失い、以後開かれなかったが、日本ではその後も毎年母親大会が開かれている。

第二回大会では「生命を生み出す母親は生命を育て生命を守ることを望みます」という世界大会に送られたギリシャの女性詩人の詩の表題をスローガンとすることになった。この詩はわが子を失った母の悲しみをうたったものである（『三十年史』）。

さらに、第二回大会では、「母親」の意味について討論され、「母の名はもっとも美しいなつかしいすべての人間に愛情を抱かせるもの、現在母である人はもとより母となるべき若い人もおとしよりもみんなを対象に」と情緒的な母の愛への訴えを繰り返している。しかし大会の記録では、「生命を生み出す母親は生命を育て生命を守る権利を主張しましょう」とあって、生命を守ることを「母の権利」として確認した（『三十年史』）。

翌年の第三回では、運動を母親運動と呼ぶことが決められた（『母親運動十年のあゆみ』）。これについて田中寿美子はのちに次のように書いている。

第一回の集会は泣いて訴えることが解決にならないことを悟った。わが子を守りたいという素朴な願い、自分の子どもの命を守ることにとどまっているかぎり安心はできない。集まった母親たちの団結した努力ですべてのいのちを守り運動をひろげねばならないことを学んだのである。こうして第二回母親大会では「生命を生み出す母は生命を育て生命を守る権利を持っています」という宣言を発し（中略）生命の平和を脅かすものを身の回りから一つ一つとりのぞく地域の政治活動として浸透し始めた。

（田中寿美子「日本における母親運動の歴史と役割」『思想』四三九　一九六一年）

「生命の平和を脅かすものを身の回りから取り除く地域の政治活動」は、どのように受け止められ発展したのであろうか。杉並では、世界大会直後に区の母親大会を開き、社会教育費の増額、軍事基地をなくす、原水爆戦争の危機がなくなるまで戦うという意志を決議文とした（『女性と地域の活動――杉並母親運動の史料から――』以下『女性と地域の活動』）。また女性団体のゆるやかな協議体としての杉並母の会、のちの杉並母親連絡会がつくられた。ここには原水禁運動でともに活動した女教師、区内にある都職労や公務員、企業の組合の女性、それに主婦たちの組織三十数団体が参加した（『女性と地域の活動』）。

母親たちは毎年全国大会への参加と地域の課題への取り組みを精力的に続けた。子どもを幸せに育てるために遊び場を増やすこと、要保護児童への保護費の支給、母子家庭の保護、保育所の増設、公立高校の増設などの請願や要望を掲げ、その実りは大きかった（『女性と地域の活動』）。

一九五五（昭和三十）年には、のちに五五年体制といわれた自民党の長期政権が成立し、経済大国、軍事大国を目指して突き進み、平和を望む国民との溝が深くなった。教員の勤務評定問題から警察官職務執行法（警職法）反対や安保闘争など、人権と平和を脅かす問題にいやおうなく地域の主婦たちも直面した。勤務評定問題は教師の自主性を脅かし、戦後の民主的な教育、平和教育を逆行させるものとして母親たちの関心も大きく、教員組合の運動を親たちも支援した。これは母親運動が政府の政策に批判の姿勢をとった最初といわれる。これに対して東京都教育委員会がこれまでの母親大会の後援名義を打ち切り、各県教育委員会もこれに従った。五九年には自民党からのアカの誹謗や福島県大会で県の補助金打ち切りなどが続いた。この年、東京での大会では分科会の一つ杉並の会場で、右翼の街宣車が押しかけるという出来事もあった。

一九六一年の小児マヒ流行に対してのソ連の生ワクチン輸入要求運動では、文字どおり子どもの命を守るための全国的な運動となり、中野、杉並の母親たちはその中心となって厚生省に押しかけ、必死の行動でワクチンの輸入を認めさせた。

母親運動の展開に対し文部省は、一九六〇年、女性関係の社会教育費を増額し、翌年には婦人教育課を設置して、地域の婦人会の育成に乗り出した。

明るい社会から平和へ——草の実会

母親運動と時を同じくして生まれた市民女性の運動に草の実会があった。一九五五（昭和三十）年六月、『朝日新聞』の投稿欄「ひととき」の投稿者の有志が「投稿するだけでなく集まって大きな声にしたい、少しでも社会を明るくしたい」と投稿者名簿を頼りに呼びかけたのが最初であった。会の司会をすることさえ不安でいっぱいだったというような主婦の集まりだった。草の実という名称には、名もない草の種が地に落ち、やがてそこに根をはり、ふえていくというささやかな願いがこめられていた。会には会長も代表もなく、地域ごとのグループに分かれ、それぞれ家族制度の問題、健康問題、老人問題、ＰＴＡ問題などのテーマでの話し合いをもつ一人ひとりを大切にする集まりであった。最初は、呼びかけ人の一人関根敏子の杉並区内の自宅に事務所をおいた。朝日新聞の後援もあって会員は全国にひろがった。

会誌『草の実』には会員の声の片隅に、地方の会員と手を結んでの農産物の友愛セールや不用品交換、内職の紹介などが載っていて、学習と生活の助け合いを両立させているのはこの時代の主婦の集まりに共通の顔である。

会の規約、目的には「お互いの向上をはかり、手をつないで世の中を明るくする、民主主義の土台づくり」ということが繰り返しいわれていて、平和や戦争反対を声高に叫ぶことはなかった。しかし中心的会員の一人宮下喜代は戦災で家族を失っていて平和への思いは強かったことを語っている。

主婦の思いを会誌に綴り、お互いの共感を確かめあい、明るい社会をと願う会は、近くに母親運動をみ、警職法反対運動や安保闘争などの政治問題に直面する。そのつど、会では話しあいを重ね、全員の意思を確かめて態度を決した。母親運動にも第三回から会として参加、安保闘争では「母と娘の大行進」に参加した。こうした経験から六三年の大会では「私たちの考える明るい社会とは」とあらためて問い、「戦争のない平和であること、貧乏に苦しむことのない社会であること、軍備より社会保障に力をいれる政治と言論の自由」を願って、話しあい、勉強を続けることを確認する。言論の自由ということばに草の実会らしさをみる。

こうしてみてくると草の実会の歩みは非常に遅々としているようにみえる。しかし一つ一つのことを話し合い、各自が納得したうえで行動に移る。そこには一人ひとりの意見を尊重し誰から命令されることもない真に民主的な姿勢がみられる。会誌『草の実』には家庭をもち子育てをする主婦としての苦労や喜びを綴っているものも多い。しかし「明るい社会を」ということばはあっても、母であることを掲げて行動することはなかった。より自由で自立した人間としての生き方を求めていたのであろうか。草の実会は、原水禁運動や母親運動に政党やイデオロギーによる紛糾が起こると列を離れた。しかしそのあと一九七〇（昭和四十五）年二月から毎月十五日の反戦デモを始める。十五日デモといわれたこのデモは、七六年からは五月八月の二回となったが二〇〇二年には一〇〇回に達した。「くらしの中に憲法を貫こう」の横断幕を掲げたデモは二〇〇四年まで続き、平和への姿勢を貫いた。

草の実会のなかでもとりわけ平和問題に強い関心をもち、一貫して運動を続けたのは、斉藤鶴子であった。斉藤は『朝日新聞』が「ひととき」欄に一般主婦の投稿を載せるようになった最初の年から投稿を始めた。平和運動にかかわるようになったのは原水禁運動のとき、誘われて中野区から杉並の杉の子会に参加し安井郁に学ぶようになってからである。

平和問題の考え方について直接イギリスの哲学者バートランド・ラッセルに手紙を書いたのは、ラッセルの「全体的破滅を避けるという目標は他のあらゆる目標に優位しなければならない」という思想に共鳴したからと自ら語っている（一九九一年二月二十一日　筆者の聞き書きによる）。原水禁運動がその路線をめぐって対立したのち斉藤は杉の子会を離れ、かねてから参加していた草の実会を活動の場とし六七年、平和問題研究グループをつくった。原水禁運動はもともと思想信条を超えた運動のはずという斉藤は、七七年草の実会として社共両党に原水禁運動の統一を申し入れる。同じように杉並の原水爆禁止署名運動の働き手であった小沢綾子たちも「原水禁運動を私たちに返して」という声をあげていた。地域の女性たちにとって平和を守ることは「思想信条を超えた」切実で厳粛なこと、いのちを守ることであった。ここには政党の方針やイデオロギーに左右されない女性の運動の自主性がうかがえる。

このの ちも斉藤は第五福竜丸保存運動に力を注ぎ、また、ビキニ事件四〇周年集会や原水爆禁止世界大会国際会議に出席するなど活動を続けた。一九九〇年代の会誌『草の実』に「核不拡散条約を」「原発と核兵器」「核廃絶二〇〇〇に関する報告」「このままだと二〇年後のエネルギーはこうなる」「目指せ世界の非核化――北東アジアに非核地帯実現を」などを載せ、九二歳で亡くなるまで平和への強い訴えを続けた。

2　地域運動における主婦の自立への模索

主婦の多様な生き方

一九七〇年代には平和や地域の生活の課題を母という立場で担っていくことに一つの転機がおとずれた。七〇（昭和四十五）年、アメリカで起こったウーマンリヴの運動に呼応して、日本でもその声があがった。母、妻、主婦という性役割から解き放たれ、一人の女としての自分をみつめようと集まった人たちは「性と体の解放」「産む、産まないは女がきめる」とはげしく叫んだ。そこには大学闘争を戦った学生や働く若い女性がいた。ウーマンリヴのなげかけた課題は、その後フェミニズム運動や女性学によって整理、理論化されて女性問題のテーマとなった。

女性雑誌でも、のちに第三次主婦論争といわれた論争が起こり、武田京子が「主婦こそ解放された人間像」と述べたのに対して、林郁の「主婦はまだ未解放である」、伊藤雅子の「主婦よ幸せになるのはやめよう」などが応酬した。なかでも伊藤は、「主婦は自由だから市民運動でもなんでもできるというが、主婦はたいていが労働者の妻であり夫を通して企業に拘束されているのが実態で、夫が雇われている企業にたいして反旗をひるがえす公害阻止闘争になんのためらいもなく打ち込める主婦がどれだけいるだろうか」などと主婦の座に安住する生活や運動にゆさぶりをかけた。

主婦が変わるその契機の一つは、運動の担い手の世代や層が変わったことである。すでにみたような主婦の活動が

表21　主婦の生活スタイル

- （Ⅰ）社会参加型
  - （A）就業者
    - ①フルタイム正規雇用者
    - ②不安定就業者——パートタイマー・アルバイター・派遣社員 etc.
    - ③自営的就業者——業主・家族従業者・内職者
  - （B）無業者
    - ①個人型
      - ㋑教養・趣味・レジャー・スポーツ etc.
      - ㋺
        - (a)婦人問題・社会問題の学習・活動
        - (b)資格・技術修得のための研修
    - ②集団・組織型
      - ㋑既成組織型——PTA・婦人会 etc.
      - ㋺市民・社会運動
- （Ⅱ）非参加型

高揚した時期は、いみじくも高度成長期のまっただなかにあり日本社会のあらゆる分野がはげしく変化した。一九六〇年に七三八万であった女性の雇用労働者は七五年には一一六七万、雇用労働者全体の三二%を占めた（九〇年には一八三四万）。その一方でこの時期は専業主婦も増加し、統計的には七〇年はその比率がもっとも高くなったとされている。これはなぜだろうか。高度成長期の新しい産業の電気、機械、精密工業や流通産業等はたしかに多くの女性労働者を迎えたが、それは高校・短大卒業の若年・未婚の女性であった。二五歳定年、結婚退職などのことばが公然といわれ、好むと好まざるとにかかわらず多くの女性がこの道を選んだ。そして彼女たちは、これらの企業に働くような男性と結婚、家庭に入った。都会にはこうした新しい給与生活者の家族が急増した。団地の二DK、二LDKに住み、夫婦と子ども二、三人の核家族という新しい生活スタイルは女性の夢でもあった。戦後教育を受け、就労の経験もある女性が主婦となった。家事育児を一手に引き受ける妻の存在は、後顧の憂いなく働く男性を求める企業の要請でもあった。給与や税制もこうした家族を前提に組み立てられた。男女平等をうたった戦後の教育も変質して、女性の特性を重視して、六二年には中学教育の家庭科教育が女子の家庭科と男子の技術科に分けられ、六三年には高校教育で家庭科の女子必修が決まった。女性の家庭責任や役割が強調されるようになった。

しかし、さきにみたような主婦という存在への批判もあり、自立のためまた経済的理由から、困難をおしても働きつづける女性は確実に増加した。また、パートやアルバイト、さらにのちには派遣労働というかたちで働く主婦が増加し、主婦と働く女性という区分は崩れていった。専業主婦ということばが使われるようになったのはこのころからである。この時期における主婦の意識や社会参加の実情について論じた松村尚子「生活の現代的特徴と主婦役割」は、主婦の生活スタイルを表21のように整理している。これによると、さきにみたような地域の活動を担うのは（B）—②に属する主婦である。しかし、のちにみるような地域の事例では、その他の生活スタイルに分類される、就業と家事育児を行っているいわゆる兼業主婦も、身近に問題が生じたときには組織の活動に参加したり、新たな運動を起こしたりしている。地域の活動の担い手は専業主婦という役割の分担も崩れ、新しい動きが地域に始まった。

地域の課題の多様化

一九七三（昭和四十八）年十月、第四次中東戦争が起こり、中東の石油に依存する日本経済は大打撃を受けた。高度成長の時代は終わって、そのひずみがうかび上がった。大気汚染、騒音公害、食の安全などの公害問題、環境問題がつぎつぎに起こった。公害をテーマとした国際シンポジウムが開かれて経済学者の都留重人が、清浄な環境を求める権利は、人権の一つ「環境権」であるという考え方を提唱したのも一九七〇年であった。

七〇年七月、環状七号線に近い杉並区内の私立高校で運動中の生徒が倒れ、幹線道路の車による大気汚染、光化学スモッグの被害として大きく報道された。近隣の主婦たちは、高校の父母や医師、弁護士、近くの気象研究所の技師たちと話し合いをもち「高円寺から公害をなくす会」を組織、区に働きかけて、健康被害調査や大気汚染の測定などを行わせた。また、環状七号線沿道に緑地帯をつくることを区に要請したり、大気汚染測定の器具を取り付けることや、朝顔の栽培で汚染を観察するなど、区内の住民と協力して測定をすることを一〇年も続けた、大都市の課題として注目されたゴミ焼却場設置問題では主婦たちは、ゴミの自区内処理という原則と、地域の安全の両立をはかる具体案を提示した。その一方で中央高速道路開通にあたっては、子どもの通学の安全や健康被害への不安から、体を張ってこれを阻止するなど硬軟の運動で地力を示した。

また、新宿の副都心に近い中野区では、密集地に唯一残った緑地が大企業に買収され高層ビルが建つことに主婦たちは、「布団が干せる環境がほしい」「環境は金銭には代えられない」と立ち上がり、日照権、排気ガス・騒音などの公害について学習、運動費用も自分たちの小遣いから捻出して企業や東京都、隣接の渋谷区との交渉にあたり、ときにははげしい妨害や脅迫にあいながらも七二年から一〇年にわたって戦った、その中心には「七人の侍」といわれた女性たちがいた(『中野の女性史』)。

食品添加物や中性洗剤など食の安全や健康が問題になったのもこの時代であった。はやくから消費者問題に取り組んでいた主婦連合会のほかに生活者ネットワークのような新しい組織や、賢い消費者を目指した「消費者の会」「合成洗剤を考える会」「消費者グループ連絡会」などそれぞれの課題ごとに組織をつくり、独自の粘り強い運動を続けた。栄養士の経験をもつ中野区の一主婦は、全国でもまだ少なかった牛乳パックの回収運動を始め、八トン余を集め、その収益をすべて公園植樹にあてるというユニークな活動を続けた。二年後には区内二〇の消費者団体に呼びかけて中野区消費者団体連合会を組織した(『中野の女性史』)。

八〇年代には、母親大会でも「いのちを育て守る環境を――大気・土・水の汚染」をテーマに話し合いが行われるようになった。

環境、いのちの安全、そして平和にとって、もっとも憂うべきは核問題であった。八〇年代には各国の核実験に対し、世界各地で核廃絶の運動が盛り上がった。日本では、米軍の核搭載艦船の日本への寄港が伝えられ、核持ち込みの反対運動が起こった。母親大会はこれまでの主張である核廃絶の声を大きくし「五〇〇〇万人母親はがき運動」を展開、八二年には国連軍縮会議に代表を送る運動を行った。こののちも毎年の大会で「母と子に核はいらない」「地球を死の星にしてはならない」などのことばを掲げて訴えた。

一九八六（昭和六十一）年のチェルノブイリ原子力発電所の事故のさいには「原発止めろ一万人デモ」が起こり、これまでの核廃絶運動団体だった政党、労組、女性団体などのほかにフェミニストグループや消費者団体、宗教家などが加わり二万人近い参加者があった。中野区の子どもを抱えて働く母、木村結は、このときの「各自治体に測定器を」の呼びかけに応えて、子どもの友達の母親たち数人と区議会に放射能測定器購入を陳情した。これが議会を通過して保健所に設定が決まると、木村は放射能測定連絡会を結成、「放射能ニュースピコピコ」を発行し、学校給食の食材の検査も実現させた。さらに企業のサポート制度に応募して活動資金をつくるなど若い働く母の行動力を発揮した（『中野の女性史聞き書記録』永原所蔵）。

七〇年代以後、母たちはいのちの安全を守るためには大きな組織に頼ることなく、仲間と手をつなぎ声をあげ、独自の活動を始める行動力と創造力を発揮した。

個としての生き方を求める

女性運動の大きな転機となったのは、一九七五（昭和五十）年の国際婦人年とこれに続く「国連婦人の一〇年」という国際的な運動である。その世界行動計画の「平等、発展、平和」は各国の女性施策と女性運動の方向を明確に示したものであった。

日本でもいちはやく民間の女性たちによって家庭科の男女共修を進める会、国際婦人年をきっかけとして行動を起こす会が生まれて、女性差別につながる身近な慣習や意識の点検作業を始めた。「国連婦人の一〇年」の中間年をまえに一九七九（昭和五十四）年には、「婦人に対するあらゆる形態の差別の撤廃条約」（略して差別撤廃条約）が国連総会で採択され、日本政府もその批准に向けて国内法の改正、整備を行うことになった。差別撤廃条約は「子女の養育における両親の役割、出産における女子の役割が差別の根拠となるべきでなく、子の養育には男女および社会全体がともに責任を負うこと、社会および家庭における男子の伝統的役割を女子の役割とともに変更すること」と、母性の重要性を認めながらこれまでの性別役割を克服すべきことを強く求めた画期的なものであった。

差別撤廃条約のひと言ひと言は、地域の女性運動への大きな励ましとなった。一九七五年十月、国際婦人年日本大会がもたれた。それに先立って杉並区では、女性団体の総力をあげた記念行事として婦人のつどいが開かれ、区内に住む評論家吉武輝子の「女にとって家庭とはなにか」と題した講演が行われた。会場は後方に立つ人でいっぱいの盛会となり、企画をした女性たちは「この日の感激は忘れられない」と語っている。このあと「杉並女性ニュース」が発行された。そのなかで一人の女性は「このとき、なにかしなくてはという気持が爆発した」と書いている。

一九七九年には、区内の女性団体が自主的に参加し交流する杉並婦人団体連絡会が生まれ、区民女性の実態調査の結果を区の婦人総合政策に生かし、各種審議会に女性委員を送り女性の意見を区政に反映させるような努力を始めた。また、婦人学級の話し合いのテーマにも、女性の生きがい、仕事と社会参加、主婦とは何かなどが取り上げられ、一人の女性としていかに生きるかに関心が向けられるようになった（『杉並の女性史』）。

各都道府県や市町村がこぞって行動計画を策定し、地域に女性の活動を支援する女性会館や女性センターが建設され、女性問題への行政の関心が大きくなった。たとえば八二年には中野区で区民女性や有識者による「中野区婦人行動計画推進区民会議」が設けられ、「自立して広く社会参加する婦人」の理念の実現をはかった。八四年六月には、「国連婦人の一〇年」最後の年として「中野区婦人行動計画の推進充実について」を企画し、日常生活のすみずみでの男女平等、女性の自立の実態調査などを行った。

また女性会館は、「自己充実ハンドブック」をつくり、各ライフステージごとのこれからの生き方について話し合いをもったが、そのなかでは「私の二四時間、夫の二四時間」「地域の担い手が女性ばかりということはおかしい、新しい地域社会を作ろう」「家族のためだけでなく社会のために、地域の中の暮らしを大切に」「女性はこれまで何度自分の名前（固有名詞）で呼ばれた経験があるか、〇〇さんのおかあさん、奥さんではなく、母でもなく妻でもなく、嫁でもなく主婦でもないひとりの女性として生きよう」などの声があり、役割観念、ジェンダーの見直しへの意欲を示した。また、「地域活動をさらに発展させたかたちで収入に結びついた自分たちの職場をつくろう」という発想も生まれてくる。女性にとって社会参加とは自分の固有名詞を取り戻すことであり、一人の女性として生きることであった。

一九九三（平成五）年、国は中学・高校の家庭科の男女必修、九四年に育児休業法、九五年には選択的夫婦別姓をふくむ民法改正案など関連の法の整備を行った。国際婦人年と「国連婦人の一〇年」は日本の女性にとって「遠くで鳴る鐘」ではなかった。

「国連婦人の一〇年」からさらに一〇年の九五年に中国の北京で開かれた第四回の世界女性会議はこれまでのテーマである「平等・開発・平和」をさらに実効あるものにするため、女性のエンパワーメントを課題とした。エンパワーメントとは、これまで制度や組織の方針決定の外におかれていた女性が、男子と同じに社会のあり方について意思決定ができるように力をつける（井上輝子・江原由美子編『女性のデータブック第二版』）という意味である。これに応えるかたちで、日本政府は翌九六年「男女共同参画年プラン」をたて、二〇〇〇年までの国内行動計画を示した。そこには政策・方針決定過程への女性の参画、職場・家庭・地域における男女の共同参画、女性の人権の推進擁護などをあげ、これについて詳細な実行項目を掲げた。

一九九九（平成十一）年には「男女共同参画社会基本法」が制定されたが、この基本法の前文には以下のような文言があり「男女共同参画社会」の実現が急がれる理由や政府が期待する「男女共同参画」の本質を語っている。

少子高齢化と国内経済活動の成熟化などわが国の社会経済情勢の急速な変化に対応していく上で、男女互いの人権を尊重しつつ責任を分かち合いその個性と能力を十分に発揮することが男女共同参画社会の実現に緊急の課題である。

（さらに家庭生活における活動と他の活動の両立については）相互の協力と社会の支援のもとで子の養育、家族の介護その他家庭生活における活動について家族の一員としての役割を円滑に果たし、かつ当該活動以外の活動ができるようにすることを旨として行われなければならない。

ここでは第一に、急速な少子高齢化、バブル経済崩壊後の不況への対応のために、女性にも応分の負担を期待する。そこでは、家庭生活と社会活動の両立については、子の養育や介護など家庭生活の責任を果たしさらにそれ以外の社会活動をすることを求めている。それは、男女双方に求めているようにみえるが、家庭の役割分担の見直しの保障がない限り、現実には女性が家庭責任を優先し、そののちに社会活動に参加することになるのは明らかである。ここには、差別撤廃条約で強調された男女の役割の変革が平和と平等の達成に欠かせないという強いメッセージは読み取れない。

二〇〇〇年からは、都道府県、市町村各段階での男女参画条例の制定が行われた。その過程で、自治体によっては、

「家庭を支えている主婦を支援すること」とか「男らしさ女らしさを否定することなく」などの男女の共同参画に危惧をはさむ意見が、憲法改正や夫婦別姓反対を主張する日本を守る会や新しい歴史教科書を作る会の人々から出された。これまで、行政も使用していたジェンダーフリーの用語を、故意に曲解しての攻撃も行われ、二〇〇六年、地方自治体ではこのことばは使用しないことになった。その背景には、高齢化社会の支え手としての家族や女性の役割への期待があったことは否定できない。

さきにあげた松村論文は、主婦の多様な生き方のタイプをあげたのちに「このようなタイプわけは当人と家族員のライフ・ステージや何らかの状況の変化によって容易に各タイプ間を移動する」と述べて、就業や社会活動を選択した女性も、家族の養育や介護などの必要によってたちまち家事専業に引き戻される危うさがあることを示唆している。男女共同参画の政策にはこうした問題についての曖昧さが残されている。

その一方で、国は、議員や審議会など行政の「意思決定の過程」への女性の「参画」を促し、これらの機関の女性の比率三〇%を目標にした。生活者ネットワークのような地域の女性グループが仲間を議員、委員に送り込む運動も成果をあげつつある。杉並区では二〇〇二年、区議会議員は二九・九%、二三区のなかでは第一位であった。しかし女性の委員は、行政委員会では少なく、女性、子ども、消費者、環境問題などの分野に偏っていることが問題にされている。また女性のある委員経験者は「区民と行政が同じテーブルで話し合う建前だが事務局は行政側にあって、その提出した案を認めてもらうための会になっている」と語っていて、共同参画の実態がうかがわれる。

思えば国から地方自治体へとおろされてくる共同参画事業に「参画」するだけでは参加の域を出ないばかりか戦前の、参加することが国策への翼賛となった轍を踏まないとはいえない。冒頭にあげた牟田論文の指摘、国策に協力することで地位の強化をはかるというロジックは、むしろこの場合にあてはまるのではないだろうか。戦争前夜「女の力を借りたい」といった為政者のことばが思い出される。

おわりに――二一世紀の課題――

これまで戦後六十余年の地域女性の歩みを平和運動と女性の自立への志向の二点について概観した。平和運動が母性に訴えることで広汎な女性を糾合しえたことは、たしかに戦前の市民運動や国家の女性統合の場合との共通性を否定できない。しかし、子どもを守る、いのちを守ることを母親の権利として自覚したことは、それが義務であったときとは決定的に異なるのではないか。母親の運動はいのちと平和を脅かす日常のさまざまな問題に立ち向かう力と創意をもち、ときには権力とも対決する勇気を示した。その意味で母の運動は戦前のそれとは決別していたといえよう。

戦後半世紀以上、母親はわが子を戦場に送ることはなかった。しかし、いまそれで終わってしまってよいのだろうか。グローバル化の時代、子どもや若者をめぐって多くの問題が渦巻いている。幼いときから受験戦争に追われる子ども、学生生活の多くの時間を就職活動にさかなければならない若者、こうした状況に向かいあうためには母親自身の生き方が問われる。母親が自立した人間であることが、現実を直視し、子どもに依存せず、過剰な期待をかけず、ほんとうの意味での子どもの幸せを考えることを可能にするであろう。

本論では母親、主婦が一人の人間として自立する、その模索の一端をたどり、着実にそれがすすみつつあることをみた。その一方でその達成には多くの障碍があることも知らされた。とりわけ自立の大前提である経済的自立は困難となっている。今日、働く主婦、母親はますますふえているが、その多くはパート、派遣社員などで正規労働者はむしろ減少している。不正規労働者の約七〇％は女性といわれ、雇用機会均等法、男女共同参画政策で実現した権利や条件を享受できるエリート層と、同じ職務、同じ時間を働きながらその権利や保障のないパート待遇に甘んじなければならない層とに二極分解され、女女格差ということばさえ生まれている。家事、育児、介護などの必要からあえてこの道をえらばざるを得ない場合もあって、女性の経済的自立は容易ではない。このようなとき、地域での女性の連帯をどうつくり上げていくかも課題として残されている。

本論執筆中の二〇一一年三月、東日本大震災、つづいて福島の東電第一原発事故が起こった。地震、津波の残した瓦礫の山は戦争の無残さを、原発事故はヒロシマ・ナガサキそして原水禁反対運動のときの緊迫感を思い起こさせる。いのちを守るということの重さをあらためて思う。

福島第一原発事故の収束もみえず、被害が拡大している六月、福島や全国の母親たちが「いのちを守るお母さん全国ネット」を結成し、六月三日、経済産業省、農林水産省、文部科学省を訪れ、世界七〇〇〇人以上の署名と要望書を手渡した。そこには「人の命を最優先に考えてほしい」「日本全国の子どもたちが安心して暮らせる社会をつくりたい」などのことばがこめられていたという。これまで行政に要望などしたこともないという母親が立ち上がり、その活動はさらにひろまりつつある。

子どもの幸せ、人間らしいくらし、戦争のない世の中への願いを「いのちを守る」というひと言にこめて戦争反対、原水爆反対、安全な環境、核廃絶など、その時々の課題に取り組んできた女性たちの思いはいまも変わらない。

しかし、ほんとうは、母親たちが必死で「子どもを守る」と叫ばなくてもよい政治、社会こそ私たちの願いではないだろうか。これから新しく築いていく社会がこうした女性たち、母親たちの願いを十分に活かした社会となるように、そのためにも真の意味での男女の共同参画が必要なのではないだろうか。

本論では「平和」と「自立」という一見次元の異なることばで戦後の女性運動の考察を試みたが、最後に思うことは、ここでは家族、家庭と女性の役割、地域の生活と女性のかかわり、母性と女性の自立、女性の戦争責任など、この書の中の各論文で取り上げ考えてきた問題が凝縮されているということである。その意味でこのテーマは本書の総括とも考えている。

ここでは課題を限られた地域の場合について考えてきたが、これを地域女性史などで掘り起こされている各地の事例と比較検討し、問題の意味をさらに深める必要をいま痛感している。さらに、ここではまったくふれることがなかった問題として、地域の生活、地域での平和運動に男性はどうかかわってきたのかということがある。男性がひたすら企業人間として中央にあって活動し、地域の問題は女性が引き受ける、地域でも男女の役割分担が決まっているという時代は明らかに過去のものになっている。その変化は地域の生活や運動にどのように反映しているのか、生活、地域の問題をジェンダーの視点から考えることも今後に残された課題である。

参考文献

牟田和恵「女性と「権力」――戦争協力から民主化・平和へ」岩波講座『近代日本の文化史8　感情・記憶・戦争一九三五～五五　二』岩波書店　二〇〇二年。

上野千鶴子「戦後女性運動の地政学――「平和」と「女性」のあいだ」西川祐子編『戦後という地政学』(シリーズ『歴史の描き方2』)東京大学出版会　二〇〇六年。

アントルー・ゴートン「五五年体制と社会」歴史学研究会・日本史研究会編『日本史講座一〇　戦後日本論』二〇〇六年。

依田精一『家族思想と家族法の歴史』吉川弘文館　二〇〇四年。

植野妙実子「憲法制定過程・民法改正過程とジェンダー」米田佐代子他編『ジェンダー視点から戦後史を読む』大月書店　二〇〇九年。

米田佐代子「平和とジェンダー――「男性支配の暴力」から「女性参加の平和」へ」『前掲書』。

山本真理『戦後労働運動と女性の平和運動「平和国家」の創生を目指して』青木書店　二〇〇六年。

日本母親大会十年史編纂委員会『母親運動十年のあゆみ』日本母親大会連絡会　一九六六年。

母親運動三十年史編纂委員会『母親がかわれば社会が変わる――母親運動三十年史――』日本母親大会連絡会　一九八七年。

中野区女性史編纂委員会『椎の木の下で――区民が綴った中野の女性史――』ドメス出版　一九九四年。

杉並区女性史編さんの会『杉並の女性史――明日への水脈――』ぎょうせい　二〇〇二年。

戦後女性史研究　和の会『女性と地域の活動――杉並母親運動の史料から――』二〇〇七年。

草の実会『草の実会一〇年の記録――第一〇回総会を記念して』草の実会　一九六四年。

松村尚子「生活の現代的特徴と主婦役割」『日本女性生活史5　現代』東京大学出版会　一九九〇年。

鹿野政直『現代日本女性史――フェミニズムを軸として』有斐閣　二〇〇四年。

永原和子・米田佐代子『増補版おんなの昭和史』有斐閣　一九九六年。

初出一覧

Ⅰ―一　平民主義の女性論・家庭論――『国民之友』と『家庭雑誌』――（原題「平民主義の婦人論」『歴史評論』三一一　一九七五年）

二　良妻賢母主義教育における「家」と職業（女性史総合研究会編『日本女性史第四巻　近代』東京大学出版会　一九八二年）

三　木村鐙子の良妻賢母思想――『木村熊二・鐙子往復書簡』から――（『木村熊二・鐙子往復書簡』解説　東京女子大学比較文化研究所　一九九三年）

Ⅱ―一　民俗の転換と女性の役割（女性史総合研究会編『日本女性生活史第四巻　近代』東京大学出版会　一九九〇年）

二　地方史のなかの女性を考える（『茨城県史研究』四九　一九八二年）

三　女性・生活からみた地域の歴史――静岡県小山町を例に――（静岡県小山町史編纂委員会編『小山町史　第八巻　近現代通史編』一九九八年）

Ⅲ―一　『婦女新聞』にみるアジア観（婦女新聞を読む会編『『婦女新聞』と女性の近代』不二出版　一九九七年）

二　大正・昭和期農村における婦人団体の社会的機能――愛国婦人会茨城支部をめぐって――（原題「大正・昭和期における婦人団体の社会的機能」『茨城県史研究』三六　一九七六年）

三　女性統合と母性――国家が期待する母親像――（脇田晴子編『母性を問う――歴史的変遷　下』人文書院　一九八

五年）

四　女性はなぜ戦争に協力したか（藤原彰・今井清一他編『日本近代史の虚像と実像　三』大月書店　一九八九年）

五　戦争と女性（自由民権百年全国集会実行委員会編『自由民権と現代』三省堂　一九八五年）

六　戦後女性運動再考——地域の視点から「平和」「自立」を考える——（書き下ろし）

あとがき

「今、働いているお母さんたちにも読めるような女性史を書いては」と吉川弘文館の斎藤信子さんからお話があったのは、私が一人暮らしを始めて間もないころであった。期待に沿えないのでは、とためらっているうちに時間が過ぎ、もう時効と勝手に決め込んでいた。ところが最近になって、日ごろ一緒に研究会を続けている若い友人たちから、自分の始末は自分でつけておくべきだといわれるようになった。それも怠っているうちに見かねて、手伝うからとの申し出まであり、とうとう旧稿を集めて出版するという、絶対にやりたくないと考えていたことで責めを果たすことになった。

「まえがき」にもふれたように、ここに収録したのは長い期間にわたって個別に発表したものを、Ⅰ家族・家庭、Ⅱ生活・地域、Ⅲ戦争・平和の三つのキーワードに整理・編集したものなので、その意図や背景について記しておきたいと思う。

私が女性史をきちんと勉強しなおしたいと思い、東京女子大学の青山なを先生のもとに伺うようになったのは一九七〇年ごろであった。大学の比較文化研究所で『女学雑誌』や『木村熊二文書』の収集・整理のお手伝いをしながら、明治思想史・女子教育史についてご教示を受けた。

女性の教育ということは、当時の私にとってもっとも関心が深い問題であった。戦争末期の高等女学校教育の息苦しさや空疎さが身にしみていた私にとって、そののちに進学した東京女子大学ではそれとは対照的に一人ひとりが認められていることがなによりうれしかった。しかし、卒業して社会人になったとき、男女別学時代の女性の〝高等教育〟の限界を痛感しなければならなかった。なぜ日本の女性の教育が〝女子教育〟といわれ、男性のそれとは別個のものであったのかが体験から出た私の疑問であった。

比較文化研究所で明治・大正期の雑誌を読みあさるなかで女子教育の問題が戦前の「家」と深くかかわっていること、しかしその一方で、これに批判的な思想や運動が生まれ、女性の自立への道を拓いていったことも教えられた。そこには「家事は女性の天職か」という戦後にまでつながる問題もあった。その課題を考察したのがⅠ―一・二の論稿である。

しかし、Ⅰにおいては言説としてみた家族・家庭の実態について考えたのは、むしろⅡの生活・地域においてであった。Ⅱ―一「民俗の転換と女性の役割」では、女性にとっての「家」・家族・家庭の具体的なありようとそこにおける女性の役割について、前近代から近代への移行、また都市と農村の比較を念頭におきながら考察することを試みた。また、Ⅱの他の論稿は、家庭だけでなく地域社会のなかで女性がどのようなくらしを営み、役割を果したかを、特定の地域の事例から具体的にとらえようとしたものである。

以上Ⅰ・Ⅱの各論稿は、「まえがき」にみたような一九七〇年代から八〇年代の女性史研究の諸成果と、社会史・地域史・生活史からの問題提起に多くの示唆を受けている。

Ⅲ戦争・平和のテーマについては、戦争の時代に育ち、戦後民主主義の高揚期に社会人となったひとりとしてこれに向き合うことは当然の責務との思いが強い。女性と戦争についての研究は、被害体験の掘り起こしから始まり、指導者・活動家の戦争責任を問う研究へとすすみ、一九九〇年ごろからそれに加えて戦後世代もふくめた女性の「戦後責任」の問題に関心が向けられるようになった。しかしⅢの三、四、五では責任を問うことよりは、そのなかの一つの論文名にもあるように、女性はなぜ戦争に協力したか、協力せざるをえなかったかということを共通の課題としている。指導層の女性から庶民女性までが、よりよい生活をと願いながら、その努力が結果として戦争肯定へと導かれていったメカニズムを追及することに努めた。それはけっして責任はなかったということではなく、今日でも同じ轍を踏む恐れがないとはいえないことが念頭にあったからである。

また、与謝野晶子についての小論は、女性解放の思想と運動における母性と国家・戦争の関係という大きな問題の一端を取りあげたもので、これについてはその後多くのすぐれた研究も発表されており、今後もなお自分自身の課題として極めたいと思っている。また、女性の戦争協力の根底にあった他民族観、とりわけアジアの人々への視線、「帝国」意識がどのように形成されたかは、女性の戦争肯定の根源ともいえる。Ⅲ―一ではこれを『婦女新聞』という一つの言論の場合について考察した。母性と国家のかかわりや他民族観の問題は今日も問われている重い問題である。

Ⅲ―六「戦後女性運動再考」は、以上各論稿で指摘した問題を戦後の平和運動との関連のなかで考えるべく新たに書き起こしたものである。最近では、戦後の女性の運動が戦前と同じように母・妻・主婦の座に安住して行われていたという批判も出されている。このような批判を念頭におきながら、女性が平和と生活を、また家族やこどもを守るために行動することで母の座に安住することにとどまらず、「個」としての自己を確立することができるかをめぐっての模索を試みた。これを考える契機となったのは地域の女性史編纂に加わり、地域での粘り強い女性の平和運動や活動家の真情にふれる機会をもったことである。また、各地の地域女性史の蓄積も多くの示唆を与えてくれた。

本論の執筆をほぼ終わったときに東日本大震災と福島の原発事故に出会い、いのちを守るということ、くらしをつむぐということの重さをあらためて思い知らされた。これまでも女性は子どもを守る、いのちを守る、そして平和を守るために健闘してきた。真剣に核廃絶を訴え続けてきた。しかし、いまはこれを外に向かって叫ぶだけではなく、自身のありかた、たとえば原発に依存しても追及してきた豊かで便利な生活そのものを根底から見直すことが課題となっている。このことを女性は運動のなかでどこまで追及してきたであろうか。その意味では本論は、なお取り上げるべき多くの問題を残していることを、いま痛感している。これこそ、今後の女性史研究の課題であり、この書がその踏み台ともなれば望外の喜びである。

私は戦争末期から戦後のあわただしい時代に、そうした外界に左右されることのない姿勢で指導してくださった家永三郎先生や川崎庸之先生の古代史や思想史の授業から歴史を学びつづけたいという思いを強くもった。しかし、学業を終えた後にそれを続けることは自分自身の環境としても、また当時の社会状況としても無理であった。そして、何かの勉強ができることを期待して農林省農業総合研究所という、まったく畑違いの世界に飛び込んでしまった。それでも「女の助手はお茶くみ」という雰囲気のなかで農政学者で所長の東畑精一先生から農村婦人の問題を勉強するよう勧められ、古島敏雄先生には農村調査にも参加させていただいて新しい世界を知った。私が農村というものに目覚めた最初である。同じころ在野の女性史研究グループの末端に加わる機会もあった。その後、家庭生活のこともあり、いずれも中断し、あれこれ道草の後に女性史を学びなおすことを志した。今思えば、それまでの経験や道草もみな私にとっての貴重な糧であった。

再出発の気持ちで女性史を始めた一九七〇年代はちょうど女性史の成長期であり、何か熱気のようなものが感じられる時代であった。やがて脇田晴子さんを代表とする女性史総合研究会の共同研究に誘われて、歴史学以外の分野の研究者とともに問題を考えるという貴重な機会に恵まれた。同じころ東京を中心に総合女性史研究会もうまれ、自分より若い世代の人々との交わりのなかでじつに多くの刺激を受け、新しい問題や方法を学ぶ場をもった。それから三〇年あまり、ともに会を育て、自分自身も育てられて今日にいたった。

この間、これらの友人たちと同じように、近現代史の研究者をはじめとして直接、間接の学恩を受け、私が勝手に「自分の先生」と思っている方々も多い。しかし、その学恩の何分の一も報いていないことを思うと、お名前をあげることはかえって失礼ではないかと考えて、あえて控えさせていただいた。

冒頭にも書いたように本書の刊行にあたっては総合女性史研究会の友人たちの強い勧めがあり、とりわけ金子幸子さん・石崎昇子さんには「戦後女性史研究　和の会」の友人たちとともに、本書の構成から字句の訂正にいたるまでじつに親身の助言や協力をいただいたことに深く感謝している。

また、約束をたがえた私の無理な希望を快く引き受けて、出版への努力を惜しまれなかった吉川弘文館編集部の斎藤信子さん・並木隆さんはじめ関係者の方々には心からお礼を申し上げます。

最後に、私が今日までこの道を歩きつづけることができたのは、すぐれた先生や友人に恵まれたこととともに、歴史学の深さ、厳しさ、そして楽しさをそれとなく教えてくれた亡き夫の存在があったからとの思いを深くしている。

二〇一二年　初冬

永原和子

索　　引

本索引は，I 事項，II 人名に分類の上，採録した．
イタリック体は，まえがきの該当頁を示す．

I 事　　項

あ　行

か　行

さ　行

た　行

な　行

は　行

ま　行

や　行

ら　行

わ　行

II 人　　名

あ　行

か　行

さ　行

た　行

な　行

は　行

ま　行

や　行

わ　行

著者略歴

一九二六年　東京に生まれる
一九四七年　東京女子大学歴史科卒業
一九四八年　東京女子大学研究科中退

〔主要編著書〕

『日本女性史4　近代』(共編、東京大学出版会、一九八二)、『おんなの昭和史』(共著、有斐閣、一九八六)、『日本女性史』(共著、吉川弘文館、一九八七年)、『日本女性生活史4　近代』(共編、東京大学出版会、一九九〇)、『婦女新聞と女性の近代』(共編、不二出版、一九九七)

近現代女性史論
家族・戦争・平和

二〇一二年(平成二十四)二月一日　第一刷発行

著者　永《なが》原《はら》和《かず》子《こ》

発行者　前田求恭

発行所　株式会社　吉川弘文館
郵便番号一一三—〇〇三三
東京都文京区本郷七丁目二番八号
電話〇三—三八一三—九一五一(代)
振替口座〇〇一〇〇—五—二四四番
http://www.yoshikawa-k.co.jp/

印刷＝株式会社　三秀舎
製本＝株式会社　ブックアート
装幀＝山崎　登

近現代女性史論（オンデマンド版）
—家族・戦争・平和—

Digital Publishing

2019年9月1日　発行

著　者　永原和子《ながはらかずこ》
発行者　吉川道郎
発行所　株式会社 吉川弘文館
〒113-0033 東京都文京区本郷7丁目2番8号
TEL 03(3813)9151(代表)
URL http://www.yoshikawa-k.co.jp/

印刷・製本　株式会社 デジタルパブリッシングサービス
URL http://www.d-pub.co.jp/

永原和子（1926～2018）
ISBN978-4-642-73812-5